Einführung in die Volkswirtschaftslehre

Übungsbuch zur Preistheorie

Von

Dr. Horst Demmler

Professor für Volkswirtschaftslehre

3., verbesserte Auflage

R. Oldenbourg Verlag München Wien

Die Deutsche Bibliothek - CIP-Einheitsaufnahme

Demmler, Horst:
Einführung in die Volkswirtschaftslehre / von Horst Demmler.
- München ; Wien : Oldenbourg.

Übungsbuch zur Preistheorie. - 3., verb. Aufl. - 1996
ISBN 3-486-23632-6

Gesamtherstellung: R. Oldenbourg Graphische Betriebe GmbH, München

ISBN 3-486-23632-6

Inhaltsverzeichnis

Vorwort

Das vorliegende Übungsbuch ist geeignet, mein Lehrbuch zu begleiten, das im Oldenbourg Verlag unter dem Titel "Einführung in die Volkswirtschaftslehre - Elementare Preistheorie" erschienen ist. Der Aufbau des Übungsbuches entspricht dem Aufbau des Lehrbuches. Das Übungsbuch ergänzt das Lehrbuch. Es kann auch als allgemeines Übungsbuch zur Preistheorie verwendet werden und unabhängig vom Lehrbuch benutzt werden. Auch für Studenten im Hauptstudium und als Examensvorbereitung ist es eine nützliche Lernhilfe.

Die mikroökonomische Theorie, deren Kernstück die Preistheorie ist, ist eine Einführung in das ökonomische Denken. Den Studenten wird ein Instrumentarium vermittelt, das sie befähigen soll, ökonomische Probleme zu analysieren. Diese Fähigkeit erlangt man nicht allein dadurch, daß man eine Lehrbuch liest. Man lernt nicht zu schwimmen, indem man ein Buch über die Kunst des Schwimmens liest; man muß ins Wasser gehen und üben. Nur wer kontinuierlich sein Lehrbuchwissen anwendet, um ökonomische Aufgaben zu lösen, wird die wünschenswerten Fähigkeiten erwerben. Wer glaubt, es genüge Lehrbuchwissen reproduzieren zu können, gleicht dem Schwimmer, der zufrieden ist, wenn er sich auf dem Trockenen des Landes bewegen kann.

Das Übungsbuch enthält 291 Aufgaben zur Preistheorie mit Lösungen. Es ist kein Buch, das man auf dem Sofa liegend lesen sollte. Aktive Mitarbeit ist erforderlich. Man muß Papier und Bleistift zur Hand nehmen, um zu versuchen, die Aufgaben möglichst selbständig zu lösen. Die Erfahrung zeigt, daß dies auch Freude machen kann. Die Lösungen im Übungsbuch sollen es ermöglichen, die gefundenen Antworten zu überprüfen. Mitunter wird es notwendig sein, die Lösungen zu Rate zu ziehen, um den Lösungsweg zu finden.

Ich danke den Mitarbeitern, die mir geholfen haben. Herr Georg Wenisch hat die Zeichnungen angefertigt. Herr Heinz Bellendorf, Frau Silke Specht, Herr Erik Theissen und Frau Jutta Venitz haben Teile des Manuskripts korrekturgelesen und waren auch an der Formulierung der Antworten in den beiden ersten Kapiteln beteiligt. Herr Axel Besser half mit seiner profunden Kenntnis in der Textverarbeitung und hat das gesamte Manuskript sorgfältig gelesen. Mein besonderer Dank gilt Frau Kornelia Mambour, die mit großer Übersicht und ausgezeichneten Kenntnissen in der Textverarbeitung eine unmittelbar reproduktionsfähige Vorlage erstellte.

Für kritische Anmerkungen, Hinweise auf Fehler und Verbesserungsvorschläge bin ich den Lesern dankbar.

Horst Demmler

A. Der Markt: Angebot und Nachfrage: Ein erster Überblick

Der Markt

1. Was versteht man in der Volkswirtschaftslehre unter einem Markt?

2. Erläutern Sie den wesentlichen Unterschied zwischen einem organisierten Markt und einem nicht organisierten Markt.

3. Nach der quantitativen Besetzung der Angebotsseite unterscheidet man Monopol, Oligopol und Polypol.

   Erläutern Sie diese Begriffe. Legen Sie insbesondere dar, wie das Oligopol sich vom Polypol unterscheidet.

4. Wann spricht man von einem vollkommenen Markt?

5. Bei der Anwendung der Preistheorie auf reale Märkte ist es notwendig, die Grenzen des Marktes zu bestimmen.

   Nach welchen Kriterien wird entschieden, ob zwei Produkte auf dem gleichen Markt angeboten werden?

6. Gibt es Ihrer Meinung nach einen einheitlichen Markt für alle nichtalkoholischen Getränke? Oder müßte man jeweils einen Markt für Cola-Getränke, Mineralwasser und sonstige Getränke unterscheiden? Oder sollte man sogar bei Mineralwasser jeweils einen Markt für sprudelnde und stille Wasser bilden?

Lösungen der Aufgaben 1 - 6

1. In der Volkswirtschaftslehre versteht man unter einem Markt "den ökonomischen Ort des Tausches, an dem sich die Preisbildung vollzieht". Man meint damit die Gesamtheit der Beziehungen zwischen Anbietern und Nachfragern, durch die die Preisbildung erklärt werden kann.

2. Auf einem **organisierten Markt** wird im Gegensatz zu einem nicht organisierten Markt der Preis mit Hilfe eines Maklers oder Auktionators bestimmt, der versucht, Angebot und Nachfrage zum Ausgleich zu bringen.

3. Man spricht von einem **Monopol**, wenn es auf der Angebotsseite nur einen Anbieter gibt. Wenn wenige Anbieter um die Gunst der Käufer konkurrieren, sprechen wir von einem **Oligopol**. Gibt es viele Anbieter, haben wir es mit einem **Polypol** zu tun.

   Ein Oligopol läßt sich nicht eindeutig von einem Polypol abgrenzen. Ein **Oligopol** liegt vor, wenn die Zahl der Anbieter so klein, der Marktanteil des einzelnen Anbieters so groß ist, daß der einzelne Anbieter durch seine Entscheidungen Absatz und Gewinn der Konkurrenten fühlbar beeinflussen kann.

Von einem **Polypol** sprechen wir dann, wenn die Zahl der Anbieter so groß und der Marktanteil des einzelnen Anbieters so gering ist, daß der einzelne Anbieter das Marktgeschehen nicht fühlbar beeinflussen kann.

4. Von einem **vollkommenen Markt** spricht man, wenn die Homogenitätsbedingung erfüllt ist und vollständige Markttransparenz herrscht.

5. Produkte werden dann auf dem gleichen Markt angeboten, wenn sie sich hinsichtlich ihrer **Eigenschaften, Verwendungszwecke** und **Preisklasse** so ähnlich sind, daß die Käufer sie als austauschbar ansehen. Die Produkte müssen also nach Auffassung der Käufer gute **Substitutionsprodukte** sein.

6. Der Markt für nichtalkoholische Getränke ist kein einheitlicher Markt, da die verschiedenen Getränke sich in ihren Eigenschaften so stark unterscheiden, daß sie im Urteil der Käufer nicht funktional austauschbar sind. Cola-Getränke und Mineralwasser werden in aller Regel von den Käufern nicht als austauschbar angesehen. Ob stille und sprudelnde Wasser auf dem gleichen Markt angeboten werden, ist weniger klar. Die meisten Verbraucher werden stille und sprudelnde Wasser nicht als austauschbar betrachten. Das Bundeskartellamt hat allerdings die Meinung vertreten, daß Heilwasser, stille und sprudelnde Wasser auf einem einheitlichen Markt angeboten werden (Tätigkeitsbericht 1975).

Die Nachfrage

7. Bei der speziellen Nachfragefunktion wird die von einem Gut nachgefragte Menge als Funktion des Preises dieses Gutes aufgefaßt.

   Soll damit behauptet werden, daß die Menge, die pro Periode nachgefragt wird, nur vom Preis dieses Gutes abhängt?

   Nennen Sie die sonstigen Bestimmungsgründe der Nachfrage.

8. Erläutern Sie, wie graphisch aus den individuellen Nachfragekurven die Gesamtnachfragekurve abgeleitet wird.

9. Die Nachfragefunktion des A sei $x_A = 10 - p$.

   Die Nachfragefunktion des B sei $x_B = 8 - p$.

   Bestimmen Sie die Gesamtnachfragefunktion.

10. Wie verschiebt sich die Nachfragekurve für X, wenn

    a. das Einkommen steigt und X ein normales Gut ist?
    b. das Einkommen sinkt und X ein inferiores Gut ist?
    c. der Preis eines Substitutionsgutes sinkt?
    d. der Preis eines Komplementärgutes sinkt?

11. Geben Sie bei den folgenden Aussagen an, ob sie wahr oder falsch sind:

Die Nachfrage nach Pfifferlingen sinkt, wenn

a. der Preis für Pfifferlinge steigt.

b. wegen Tschernobyl befürchtet wird, daß der Verzehr von Pfifferlingen gesundheitsschädlich ist.

c. der Preis für Steinpilze sinkt.

d. wegen Tschernobyl vor dem Verzehr von Wild gewarnt wird.

12. Im Jahre 1966 hob der Papst für die Katholiken das Verbot auf, freitags Fleisch zu essen. Welche Auswirkungen hatte dies vermutlich auf die Nachfrage nach Fisch?

13. Wenn der Preis eines Gutes sinkt, werden die Bürger erwarten, daß der Preis in der Zukunft noch weiter fällt. Sie werden deshalb trotz der Preissenkung nicht mehr, sondern weniger kaufen. Dies ist ein Widerspruch zum Nachfragegesetz. Stimmen Sie zu?

Lösungen der Aufgaben 7 - 13

7. **Nein!** Die spezielle Nachfragefunktion gibt an, welche Menge eines Gutes die Käufer **ceteris paribus** bei alternativen Preisen pro Periode zu kaufen wünschen. Die ceteris paribus Klausel bedeutet, daß man gedanklich die sonstigen Bestimmungsgründe der Nachfrage konstant hält. Die wichtigsten sonstigen Bestimmungsgründe der individuellen Nachfrage sind:

   a. die Preise anderer Güter
   b. das Einkommen des Haushalts
   c. die für die Zukunft erwarteten Preise
   d. die Präferenzen des Haushalts.

8. Die individuelle Nachfragekurve gibt an, welche Mengen der einzelne Nachfrager bei alternativen Preisen zu kaufen wünscht. Die Gesamtnachfragekurve oder Marktnachfragekurve gibt an, welche Mengen die Käufer insgesamt pro Periode zu kaufen wünschen. Die insgesamt nachgefragten Mengen sind die Summe der von den Individuen (den einzelnen Haushalten) in einer bestimmten Periode nachgefragten Mengen. Wir erhalten deshalb graphisch die Gesamtnachfragekurve durch horizontale Addition der individuellen Nachfragekurven.

9. Bei der Bestimmung der Gesamtnachfragefunktion muß man eine Fallunterscheidung vornehmen.

   Bei $8 \leq p \leq 10$ fragt nur der Nachfrager A das Gut nach. Seine individuelle Nachfragefunktion ist in diesem Bereich die Gesamtnachfragefunktion.

   Bei $p < 8$ fragen beide Nachfrager das Gut nach. Die Gesamtnachfragefunktion ist die Summe der individuellen Nachfragefunktionen. Es gilt:

$$x_G^n = x_A^n + x_B^n$$
$$= (10 - p) + (8 - p)$$
$$= 18 - 2p$$

Die Gesamtnachfragefunktion ist:

$$x^n = 10 - p \quad \text{für } 8 \leq p \leq 10$$
$$x^n = 18 - 2p \quad \text{für } p < 8$$

10. a. Wenn X ein **normales Gut** ist, wird bei einer Einkommenserhöhung bei alternativen Preisen mehr nachgefragt als in der Ausgangssituation. Die Nachfragekurve von X verschiebt sich nach rechts (und oben) von N_0 nach N_1 (Abbildung A.1).

Abb. A.1

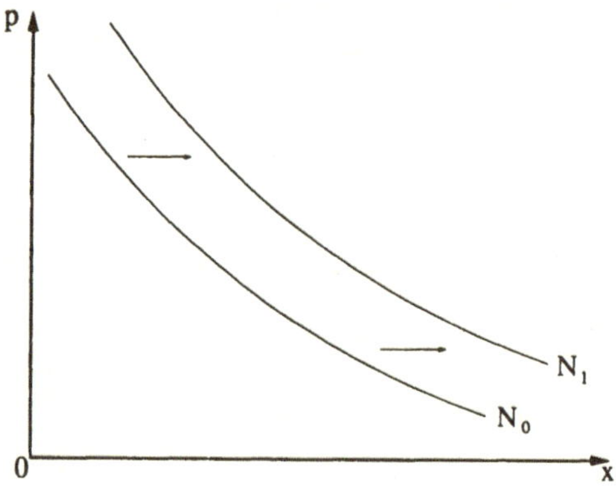

b. Güter, bei denen die Nachfrage sinkt, wenn das Einkommen steigt und bei denen die Nachfrage steigt, wenn das Einkommen sinkt, nennt man **inferiore** Güter. Wenn das Einkommen sinkt, verschiebt sich die Nachfragekurve wie in Teilaufgabe a. nach rechts (und oben).

c. **Substitutionsgüter** sind Güter, die das gleiche Bedürfnis befriedigen. Wenn der Preis eines Substitutionsgutes sinkt, wird die Nachfrage nach X sinken, da das relativ teurer gewordene Gut X durch das Substitutionsgut ersetzt wird. Die Nachfragekurve für X verschiebt sich von N_0 nach N_1 (Abbildung A.2) nach links (und unten).

Abb. A.2

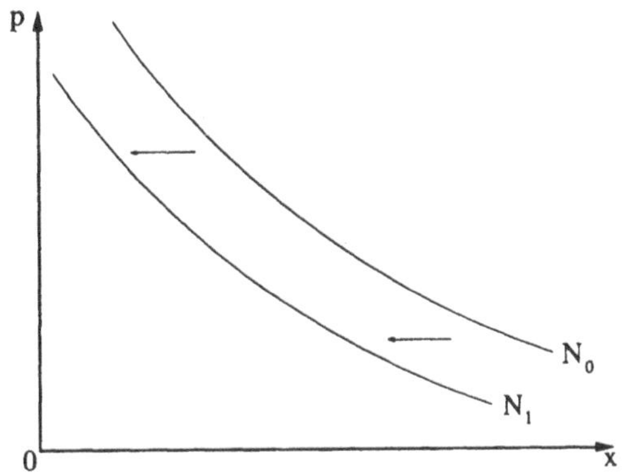

d. **Komplementärgüter** sind Güter, die gemeinsam zur Befriedigung eines Bedürfnisses benötigt werden. Wenn der Preis eines Komplementärgutes sinkt, wird die nachgefragte Menge steigen. Da zur Bedürfnisbefriedigung auch das Gut X benötigt wird, wird sich die Nachfrage nach X ebenfalls erhöhen. Die Nachfragekurve für X verschiebt sich nach rechts (und oben).

11. a. Die Aussage ist **falsch**, da sich bei einer Preiserhöhung nicht die Nachfrage, sondern die nachgefragte Menge verändert.

b. **Wahr!**

c. Wenn Steinpilze und Pfifferlinge Substitutionsgüter sind, wird bei fallendem Preis für Steinpilze die Nachfrage nach Pfifferlingen sinken. Die Aussage ist **wahr**.

d. Wenn Wild und Pfifferlinge Komplementärgüter sind, wird die Nachfrage nach Pfifferlingen sinken. Die Aussage ist **wahr**.

12. Da Fleisch und Fisch Substitutionsgüter sind, wird die Aufhebung des Verbots zu einer erhöhten Nachfrage nach Fleisch und einer sinkenden Nachfrage nach Fisch geführt haben.

13. Die Aussage widerspricht nicht dem Nachfragegesetz, da die ceteris paribus Bedingung verletzt ist. Die erwartete Preissenkung führt nicht zu einer Änderung der nachgefragten Menge, sondern zu einer Änderung der Nachfrage. Es kommt nicht zu einer Bewegung auf der Nachfragekurve, sondern zu einer Verschiebung der Nachfragekurve.

Das Angebot

14. Bei der speziellen Angebotsfunktion wird die von einem Gut angebotene Menge als Funktion des Preises dieses Gutes aufgefaßt. Bedeutet dies, daß die Menge, die pro Periode angeboten wird, nur vom Preis dieses Gutes abhängt?

15. Nennen Sie die wichtigsten sonstigen Bestimmungsgründe des Angebots.

16. Erläutern Sie, wie graphisch aus den individuellen Angebotskurven die Gesamtangebotskurve abgeleitet wird.

17. Die individuellen Angebotskurven der Unternehmen I und II seien

$$x_I^a = -10 + p$$

$$x_{II}^a = -6 + p$$

Wie lautet die Gesamtangebotsfunktion?

18. Eine Stücksteuer wird eingeführt. Die Unternehmen, die das Gut X produzieren, müssen pro Ausbringungseinheit eine Steuer in Höhe von t DM zahlen. Begründen Sie sorgfältig, daß sich in diesem Fall die Angebotskurve um den Betrag der Steuer nach oben verschiebt.

19. Die Unternehmen, die das Gut X produzieren, erhalten pro Ausbringungseinheit eine Subvention von s DM. Wie verändert sich die Lage der Angebotskurve?

20. Die Angebotsfunktion sei $x^a = -10 + 5p$.
Die inverse Angebotskurve ist also $p = 2 + 0{,}2x^a$.

Pro Ausbringungseinheit muß eine Steuer von einer DM gezahlt werden. Wie lautet die neue Angebotsfunktion? Wie lautet die neue inverse Angebotsfunktion?

Lösungen der Aufgaben 14 - 20

14. **Nein!** Die spezielle Angebotsfunktion gibt an, welche Menge eines Gutes **ceteris paribus** bei alternativen Preisen angeboten wird. Die ceteris paribus Bedingung bedeutet, daß man gedanklich die sonstigen Bestimmungsgründe des Angebots konstant hält.

15. Die wichtigsten sonstigen Bestimmungsgründe des Angebots sind:

 a. das technische Wissen
 b. die Preise der Produktionsfaktoren, die für die Produktion benötigt werden
 c. Staatliche Auflagen
 d. Steuern und Subventionen.

16. Die individuelle Angebotskurve gibt an, welche Mengen der einzelne Anbieter bei alternativen Preisen verkaufen möchte. Die Gesamtangebotskurve gibt an, welche Mengen bei alternativen Preisen insgesamt von allen Anbietern zusammen pro Periode angeboten werden. Das Gesamtangebot ist die Summe der individuellen Angebote. Graphisch erhalten wir die Gesamtangebotskurve durch horizontale Addition der individuellen Angebotskurven.

17. Bei der Bestimmung der Gesamtangebotsfunktion muß man eine Fallunterscheidung vornehmen.

Bei $6 < p \leq 10$ biete nur der Anbieter II das Gut an. Seine individuelle Angebotsfunktion ist die Gesamtangebotsfunktion.

Bei $p > 10$ produziert auch der Anbieter I das Gut X. Die Gesamtangebotsfunktion ist die Summe der individuellen Angebotskurven. Es gilt:

$$\begin{aligned} x_g^a &= x_I^a + x_{II}^a \\ &= (-6+p)+(-10+p) \\ &= -16+2p \end{aligned}$$

Die Gesamtangebotsfunktion lautet:

$$\begin{aligned} x^a &= -6 + p \quad &&\text{für } 6 < p \leq 10 \\ x^a &= -16 + 2p \quad &&\text{für } p > 10 \end{aligned}$$

18. Wenn es bisher für die Anbieter lohnend war, bei dem Preis p_1 die Menge x_1 anzubieten, so wird es auch nach Einführung der Steuer für die Anbieter lohnend sein, die Menge x_1 anzubieten, wenn der Nettopreis, das ist der Preis, der dem Anbieter verbleibt, nachdem er die Steuer gezahlt hat, p_1 beträgt. Dann muß aber der Bruttopreis um t DM höher sein als p_1, damit der Anbieter die Menge x_1 anbietet. Das bedeutet, daß sich die Angebotskurve um den Betrag der Steuer, also um t DM, nach oben verschiebt (Abbildung A.3).

Abb. A.3

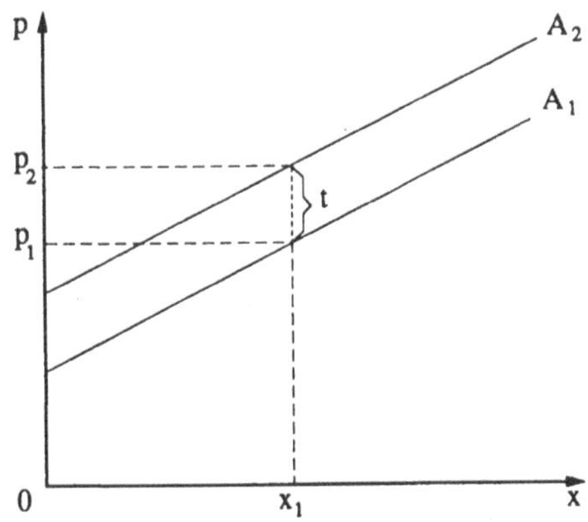

19. Wenn das Unternehmen pro Ausbringungseinheit eine Subvention von s DM erhält, wird der Anbieter bereit sein, eine gegebene Menge zu einem Preis anzubieten, der um s DM niedriger ist als der Preis, bei dem er die gleiche Menge ohne Subventionen anbietet. Graphisch bedeutet dies, daß sich infolge der Subventionen die Angebotskurve um s DM nach unten verschiebt (Abbildung A.4).

Abb. A.4

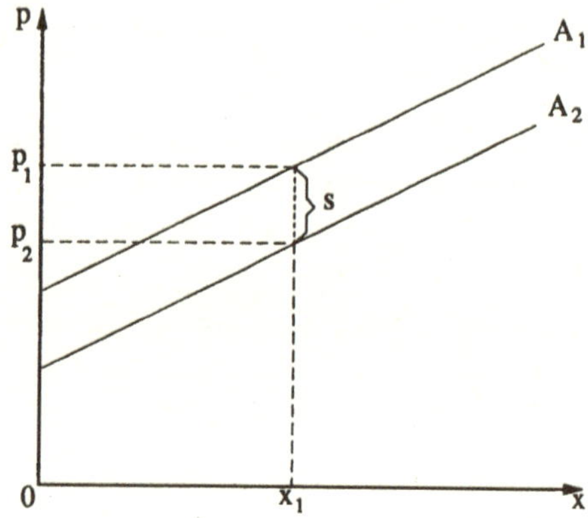

20. Die neue Angebotsfunktion lautet:

$$x^a_{neu} = -10 + 5(p - 1)$$
$$= -10 + 5p - 5$$
$$= -15 + 5p$$

Die neue inverse Angebotsfunktion ist

$$p_{neu} = (2 + 1) + 0{,}2x^a$$
$$= 3 + 0{,}2x^a$$

Das Marktgleichgewicht

21. Die Marktnachfrage und das Marktangebot werden durch die speziellen Nachfrage- und Angebotsfunktionen

$$x^n = 140 - 10p$$
$$x^a = -10 + 5p$$

beschrieben.

a. Stellen Sie die Nachfrage- und Angebotskurve in einem Preis-Mengendiagramm dar. Ermitteln Sie graphisch die Gleichgewichtsmenge und den Gleichgewichtspreis.

b. Bestimmen Sie algebraisch Gleichgewichtspreis und Gleichgewichtsmenge.

22. Wie verändern sich Gleichgewichtspreis und Gleichgewichtsmenge für Gut X, wenn

   a. die Nachfrage nach X sinkt?
   b. das Angebot an X steigt?
   c. die Nachfrage nach X steigt?
   d. das Angebot an X sinkt?

23. Der Fernsehreporter berichtet: Die Nachfrage nach Eintrittskarten für das Europapokalspiel überstieg das Angebot. Was wollte der Reporter sagen?

24. Im Sommer werden mehr Tomaten verkauft als im Winter. Trotz der größeren Nachfrage ist der Preis im Sommer niedriger. Die Aussage: "Wenn die Nachfrage steigt, steigt der Preis", ist also falsch. Stimmen Sie zu?

25. A und B, zwei Studenten der Wirtschaftswissenschaften, unterhalten sich:

   A erklärt: "Wenn die Nachfrage steigt, steigt der Preis". B behauptet: "Wenn der Preis steigt, sinkt die Nachfrage". Karl Alfred Zarski, Student der Logik, der zugehört hat, sagt: "Die Aussage des A muß falsch sein, wenn die Aussage des B wahr ist". Wer hat recht, A, B oder Karl Alfred?

Lösungen der Aufgaben 21 - 25

21. a. Graphisch bestimmt man die Gleichgewichtsmenge durch den Schnittpunkt von Nachfrage- und Angebotskurve. Nur im Schnittpunkt ist die nachgefragte Menge gleich der angebotenen Menge.

Abb. A.5

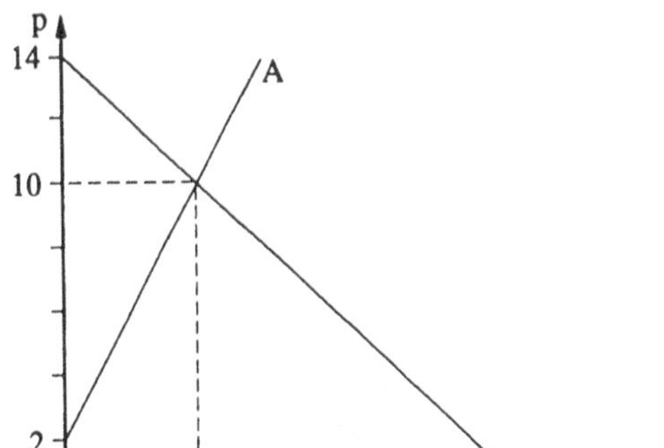

Man sieht in Abbildung A.5, daß bei einem Preis in Höhe von zehn die angebotene Menge in Höhe von vierzig gleich der nachgefragten Menge ist.

b. Algebraisch erhält man den Gleichgewichtspreis und die Gleichgewichtsmenge als Lösung des folgenden Gleichungssystems:

1. $x^n = f(p)$ spezielle Nachfragefunktion
2. $x^a = g(p)$ spezielle Angebotsfunktion
3. $x^n - x^a = 0$ Gleichgewichtsbedingung

Für die Nachfragefunktion $x^n = 140 - 10p$ und die Angebotsfunktion $x^a = -10 + 5p$ muß im Gleichgewicht gelten:

$$140 - 10p + 10 - 5p = 0$$

$$15p = 150$$

$$p = 10$$

$$x = 40$$

22. a. Wenn die Nachfrage nach X sinkt, verschiebt sich die Nachfragekurve nach links (und unten). Der Gleichgewichtspreis und die Gleichgewichtsmenge sinken.

b. Wenn das Angebot an X steigt, verschiebt sich die Angebotskurve nach rechts (und unten). Der Gleichgewichtspreis sinkt, die Gleichgewichtsmenge steigt.

c. Wenn die Nachfrage nach X steigt, verschiebt sich die Nachfragekurve nach rechts (und oben). Der Gleichgewichtspreis und die Gleichgewichtsmenge steigen.

d. Wenn das Angebot an X sinkt, verschiebt sich die Angebotskurve nach links (und oben). Die Senkung des Angebots führt dazu, daß der Gleichgewichtspreis steigt und die Gleichgewichtsmenge sinkt.

23. Der Fernsehreporter verwechselt die Begriffe Nachfrage und nachgefragte Menge sowie Angebot und angebotene Menge.

Der Reporter will sagen, daß zu dem festgesetzten Preis die nachgefragte Menge nach Eintrittskarten größer war als die angebotene Menge. Es lag ein Nachfrageüberschuß vor.

24. Wenn im Sommer mehr Tomaten verkauft werden als im Winter, so bedeutet dies **nicht**, daß die Nachfrage gestiegen ist. Die nachgefragte Menge mag sich erhöht haben, weil das Angebot gestiegen und der Preis gesunken ist (Abbildung A.6).

Im Winter befindet sich der Markt im Gleichgewicht bei einem Preis p_0 und der Menge x_0. Kommt es im Sommer zum Beispiel wegen des zusätzlichen Verkaufs von Freilandtomaten zu einer Erhöhung des Angebots, verschiebt sich die Angebotsfunktion nach rechts (und unten). Die neue Gleichgewichtsmenge x_1 ist beim niedrigeren Preis p_1 höher als in der Ausgangssituation.

Abb. A.6

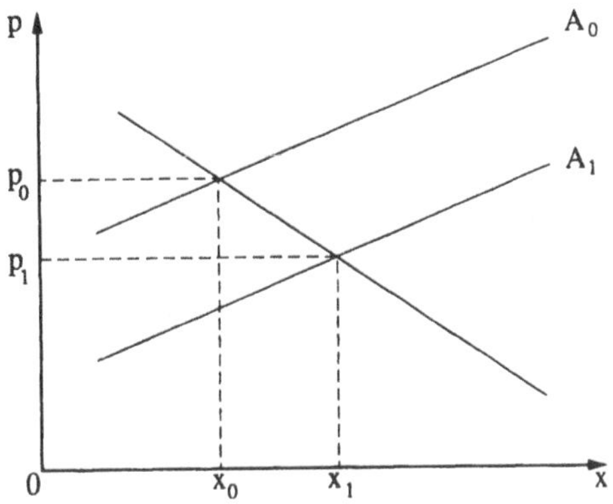

Selbst wenn im Sommer auch die Nachfrage größer wäre als im Winter, widerspricht ein niedrigerer Preis nicht der Aussage: "Wenn die Nachfrage steigt, steigt **ceteris paribus** der Preis. Der niedrigere Preis kann darauf zurückzuführen sein, daß auch das Angebot gestiegen ist (Abbildung A.7).

Abb. A.7

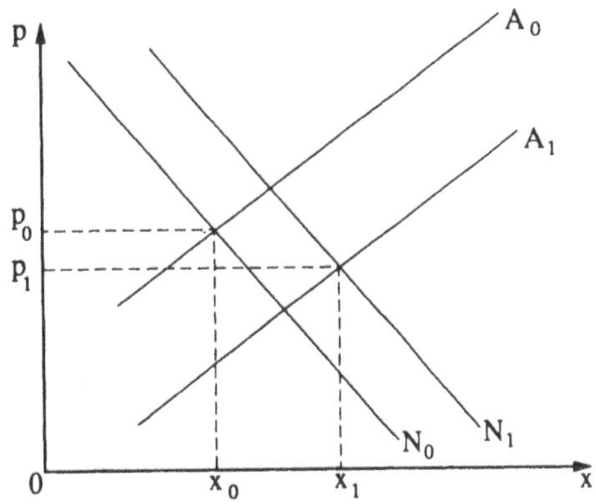

25. Karl Alfred hat recht, wenn die Begriffe, die von A und B verwendet werden, die gleiche Bedeutung haben.

Karl Alfred transformiert die Aussage des B "Wenn der Preis steigt, sinkt die Nachfrage" in die logisch äquivalente Aussage "Wenn die Nachfrage nicht sinkt, steigt der Preis nicht." Diese Aussage stellt einen Widerspruch zur Aussage des A dar, der erklärte, "Wenn die Nachfrage steigt, steigt der Preis", sofern A und B mit Nachfrage dasselbe meinen.

Tatsächlich hat der Begriff Nachfrage für A und B unterschiedliche Bedeutung.

A behauptet, daß sich bei einer Nachfrageerhöhung die Nachfragekurve nach rechts (und oben) verschiebt. Die Nachfrageerhöhung führt zu einem höheren Preis (Abbildung A.8).

Abb. A.8

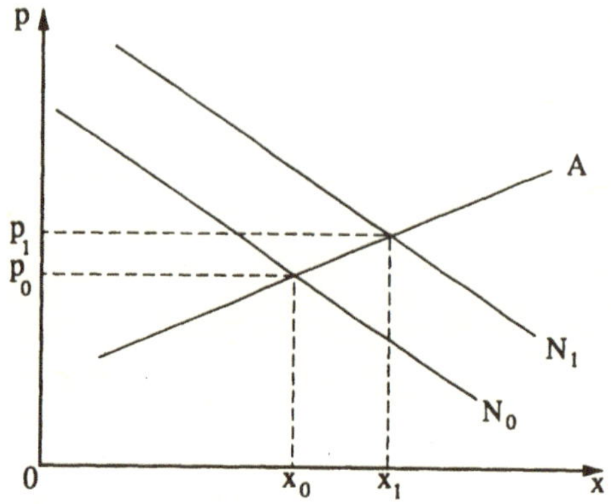

Bei normal verlaufender Angebotsfunktion ist die Aussage wahr.

Die Aussage des B ist dagegen **falsch**. Wenn der Preis steigt, so bedeutet das nicht, daß die Nachfrage sinkt, sondern daß die nachgefragte Menge sinkt. Graphisch kommt es nicht zu einer Verschiebung der Nachfragekurve, sondern zu einer Bewegung auf der Nachfragekurve.

Die Interdependenz von Märkten

26. Das Angebot an Baumwolle steigt. Wie verändert sich der Preis für Wolle? Unterstellen Sie, daß Baumwolle und Wolle Substitutionsgüter sind und die Angebotskurven und Nachfragekurven normal verlaufen.

27. Die Nachfrage nach Baumwolle steigt. Deshalb steigt der Baumwollpreis. Wegen des höheren Baumwollpreises steigt die Nachfrage nach Wolle. Der Preis für Wolle steigt. Deshalb steigt der Baumwollpreis; das führt zu einer steigenden Nachfrage nach Wolle und zu steigendem Preis für Wolle, etc. Die Preise schaukeln sich gegenseitig in einem circulus vitiosus hoch, ohne daß der Preisanstieg ein Ende finden könnte. Stimmt das?

28. Die Angebots- und Nachfragefunktionen für die Güter X und Y seien:

$$x^n = 13 - 2p_x + p_y$$

$$x^a = -2 + 2p_x$$

$$y^n = 10 - 2p_y + p_x$$

$$y^a = -2 + 2p_y$$

a. Stellen Sie für die Güter X und Y die Überschußnachfragefunktionen auf.

b. Bestimmen Sie die Preise p_x und p_y, bei denen beide Märkte im Gleichgewicht sind.

c. Eine Steuer auf Gut X wird eingeführt. Pro Einheit müssen die Produzenten von X eine Steuer in Höhe von 1,50 DM zahlen. Wie groß sind die neuen Gleichgewichtspreise für die Güter X und Y?

29. Die Inlandsnachfrage und das Inlandsangebot seien:

$$x^n = 1100 - 100p$$

$$x^a = -100 + 50p$$

a. Wie hoch ist der Inlandspreis und wie groß ist die im Inland produzierte Menge, wenn das Gut weder importiert noch exportiert werden kann?

b. Der Weltmarktpreis für das Gut X beträgt $p_x = 6$ DM. Zu diesem Preis können beliebige Mengen importiert werden. Beim Import werden keine Zölle erhoben. Transportkosten fallen nicht an. Wie groß ist die Menge, die importiert wird? Wie groß ist die im Inland produzierte Menge?

c. Auf die importierte Menge wird ein Zoll von einer DM pro eingeführte Einheit erhoben. Wie groß ist die im Inland produzierte Menge? Wie groß ist die importierte Menge?

d. Eine Einfuhrquote wird festgelegt. Pro Periode dürfen nur noch 75 Einheiten importiert werden. Wie hoch ist der Inlandspreis?

30. Um die inländische Produktion zu schützen, beschließt die Regierung, einen Zoll von t DM pro importierter Einheit festzusetzen. Die Opposition kritisiert den Plan der Regierung und schlägt vor, die inländische Produktion mit t DM pro Einheit zu subventionieren und den Inlandsverbrauch mit t DM zu besteuern.

Wie unterscheiden sich die vorgeschlagenen Maßnahmen in bezug auf

a. die Menge, die importiert wird?

b. die im Inland produzierte Menge?

c. die im Inland nachgefragte Menge?

d. die Einnahmen des Staates?

Erläutern Sie Ihre Antwort mit Hilfe einer Graphik. Wodurch unterscheiden sich die Vorschläge außerdem noch?

31. Der Dollarkurs (das ist der Preis für einen Dollar, ausgedrückt in DM) beträgt in Frankfurt 2,10 DM pro Dollar. Der DM-Kurs (der Preis für eine DM, ausgedrückt in Dollar) beträgt in New York 0,445 Dollar pro DM. Zu den angegebenen Kursen können DM und Dollar gekauft und verkauft werden. Gibt es eine Möglichkeit für gewinnbringende Arbitrage?

32. Während des spanischen Bürgerkrieges wurden die Bauern aufgefordert, ihr Getreide nach der Ernte nicht wie bisher an die Spekulanten zu verkaufen. Den Spekulanten wurde vorgeworfen, durch spekulative Käufe den Weizenpreis in die Höhe zu treiben. Man verjagte sie. Zu aller Freude bewirkte dies, daß nach der Ernte Weizen und Brot so billig waren wie noch nie. Arme Leute, die sich lange kein Weizenbrot leisten konnten, kauften es jetzt in großen Mengen. Brot wurde sogar dazu verwendet, um das Vieh zu füttern, weil es billiger war als normales Viehfutter. Später wandelte sich das Bild. Man wünschte sich die Spekulanten zurück. Warum?

33. Der Zeitraum nach der Ernte bis zur nächsten Ernte ist in der folgenden Zeichnung in zwei Perioden gleicher Dauer eingeteilt worden: in die Periode 1 unmittelbar nach der Ernte und in die sich daran anschließende Periode 2, die den Zeitraum bis vor der nächsten Ernte umfaßt.

Abb A.9

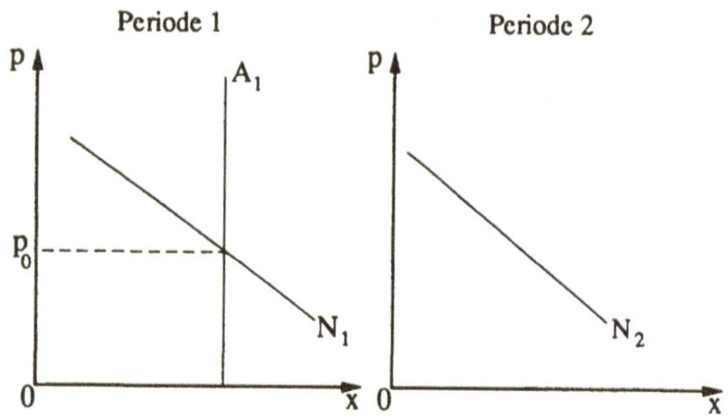

Die Ernte fällt in die Periode 1. Wird sie in dieser Periode verkauft, bildet sich der Preis p_0. In Periode 2 gibt es kein Angebot. Wovon leben die Bürger in Periode 2? Erläutern Sie mit Hilfe der Zeichnung die Wirkungen der Spekulation.

34. Besitzer von Lagerhäusern für Getreide kaufen Getreide, um es zu lagern. Sie müssen aber damit rechnen, daß der Preis für das Getreide gestiegen oder gesunken ist, wenn sie es nach drei oder sechs Monaten verkaufen wollen. Durch welchen Kontrakt können sie es vermeiden, das Preisänderungsrisiko tragen zu müssen? Wieso tragen die Spekulanten dazu bei, daß die Besitzer von Lagerhäusern oder die Müller kein Preisrisiko zu tragen brauchen, wenn sie das nicht wollen?

Lösungen der Aufgaben 26 - 34

26. Steigt das Angebot an Baumwolle, wird der Preis für Baumwolle sinken. Wenn Baumwolle und Wolle Substitutionsgüter sind, wird die Nachfrage nach Wolle sinken, weil der Baumwollpreis gesunken ist. Die sinkende Nachfrage nach Wolle bewirkt, daß auch der Preis für Wolle sinkt.

27. Die Aussage, daß der steigende Baumwollpreis dazu führt, daß auch der Preis für Wolle steigen wird et vice versa, ist richtig, wenn Baumwolle und Wolle Substitutionsgüter sind und beide Angebots- und Nachfragekurven normal verlaufen. Die Preissteigerungen werden jedoch in der Regel immer kleiner werden, und die Preise für Baumwolle und Wolle nähern sich in sehr kleinen Schritten bestimmten Werten, den neuen Gleichgewichtspreisen.

28. a. Die Überschußnachfragefunktionen erhält man, indem man von der Nachfragefunktion für jedes Gut die jeweilige Angebotsfunktion abzieht.

$$x^{nü} = x^n - x^a = 15 - 4p_x + p_y$$

$$y^{nü} = y^n - y^a = 12 - 4p_y + p_x$$

b. Im Gleichgewicht ist der Nachfrageüberschuß gleich Null. Man erhält ein System mit zwei Gleichungen und den beiden zu bestimmenden Variablen p_x und p_y.

$$15 - 4p_x + p_y = 0 \qquad (1)$$

$$12 - 4p_y + p_x = 0 \qquad (2)$$

Multipliziert man Gleichung (1) mit vier, erhält man

$$60 - 16p_x + 4p_y = 0$$

$$12 - 4p_y + p_x = 0$$

Werden beide Gleichungen addiert, ergibt sich

$$72 - 15p_x = 0$$

$$15p_x = 72$$

$$\mathbf{p_x = 4{,}80}$$

Eingesetzt in (1) ergibt sich der Gleichgewichtspreis p_y

$$15 - 4 \cdot 4{,}80 + p_y = 0$$

$$\mathbf{p_y = 4{,}20}$$

c. Nach Einführung der Steuer lautet die neue Angebotsfunktion für X

$$x^a = -2 + 2(p_x - 1{,}5)$$

$$x^a = -5 + 2p_x$$

Das neue Gleichungssystem ist

$$18 - 4p_x + p_y = 0 \qquad (1)$$

$$12 - 4p_y + p_x = 0 \qquad (2)$$

Multipliziert man Gleichung (1) mit vier, erhält man

$$72 - 16p_x + 4p_y = 0$$

$$12 - 4p_y + p_x = 0$$

Werden beide Gleichungen addiert, ergibt sich

$$84 - 15p_x = 0$$

$$15p_x = 84$$

$$\mathbf{p_x = 5{,}60}$$

$$18 - 4 \cdot 5{,}60 + p_y = 0$$

$$\mathbf{p_y = 4{,}40}$$

29. a. Im Gleichgewicht ist das inländische Angebot gleich der inländischen Nachfrage, das heißt

$$x^n - x^a = 0$$

$$1100 - 100p - (-100 + 50p) = 0$$

$$1200 = 150p$$

$$\mathbf{p = 8}$$

Setzt man den Gleichgewichtspreis $p = 8$ in die inländische Angebots- oder Nachfragefunktion ein, erhält man die Gleichgewichtsmenge

$$x^a = -100 + 50 \cdot 8 = \mathbf{300}$$

b. Die inländische Produktion bei einem Weltmarktpreis $p = 6$ beträgt

$$x^a = -100 + 50 \cdot 6 = 200$$

Zum gleichen Preis wird im Inland aber die Menge

$$x^n = 1100 - 100 \cdot 6 = 500$$

nachgefragt. Die Differenz zwischen nachgefragter und angebotener Menge (500 - 200 = 300 Einheiten) wird zum Weltmarktpreis p = 6 importiert.

c. Wird ein Einfuhrzoll in Höhe von einer DM je Einheit erhoben, ist p = 7 der neue Inlandspreis. Zu diesem Preis werden im Inland

$$x^a = -100 + 50 \cdot 7 = 250$$

Einheiten angeboten und

$$x^n = 1100 - 100 \cdot 7 = 400$$

Einheiten nachgefragt. Die Differenz von 150 Einheiten wird importiert.

d. Der Inlandsmarkt ist im Gleichgewicht, wenn der inländische Nachfrageüberschuß gleich der Menge ist, die importiert werden darf. Es muß also gelten

$$x^n - x^a = 75$$

$$1100 - 100p + 100 - 50p = 75$$

$$1125 = 150p$$

$$p = 7{,}50$$

Der neue Inlandspreis beträgt **7,50** DM.

30. **Die Vorschläge der Regierung und der Opposition unterscheiden sich gar nicht.** In der folgenden Abbildung sind A_1 und N_1 die inländische Angebots- und Nachfragefunktion der Ausgangssituation. Zum Weltmarktpreis p_w können ohne Zoll beliebige Mengen importiert werden.

Abb. A.10

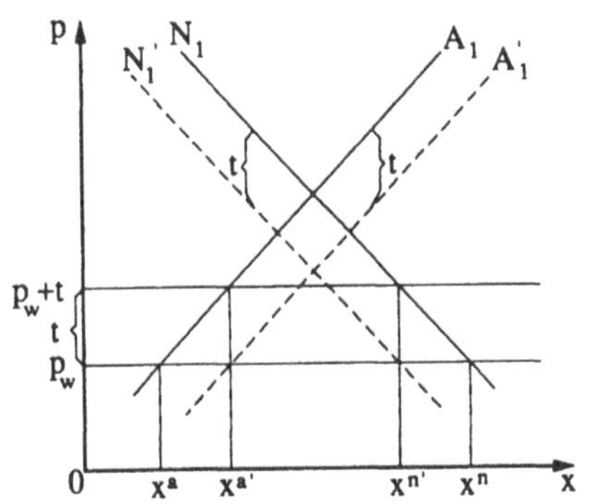

Wird ein Einfuhrzoll in Höhe von t DM erhoben, sinkt die im Inland nachgefragte Menge von x^n auf $x^{n'}$, und die im Inland produzierte Menge steigt von x^a auf $x^{a'}$. Damit sinkt die importierte Menge von $x^n - x^a$ auf $x^{n'} - x^{a'}$. Die Zolleinnahmen des Staates betragen $t\,(x^{n'} - x^{a'})$.

Wird, wie von der Opposition vorgeschlagen, die inländische Produktion mit t DM pro Einheit subventioniert, verschiebt sich die Angebotskurve um den Betrag der Subvention je Einheit nach unten. Die im Inland angebotene Menge steigt von x^a auf $x^{a'}$. Die Besteuerung des Inlandsverbrauchs mit t DM pro Einheit verschiebt die Nachfrage um den Betrag der Stücksteuer nach unten. Die im Inland nachgefragte Menge sinkt von x^n auf $x^{n'}$. Damit sinkt auch bei diesem Vorschlag die importierte Menge von $x^n - x^a$ auf $x^{n'} - x^{a'}$. Den Steuereinnahmen des Staates in Höhe von $t \cdot x^{n'}$ stehen die Ausgaben für die Subventionen $t \cdot x^{a'}$ gegenüber. Dem Staat verbleiben folglich Nettoeinnahmen von $x^{n'} \cdot t - x^{a'} \cdot t = t\,(x^{n'} - x^{a'})$, die den Zolleinnahmen aus dem Vorschlag der Regierung entsprechen.

31. Unter der Voraussetzung, daß es keine Kapitalverkehrsbeschränkungen gibt und bei der Arbitrage keine Transaktionskosten anfallen, lohnen sich Arbitragegeschäfte dann, wenn der Preis für eine Währung an beiden Finanzplätzen unterschiedlich ist. Für einen US$ muß man in Frankfurt 2,10 DM bezahlen. In New York kostet ein US$ aber 1/0,445 US$/DM = 2,247 DM. Arbitrageure werden folglich US$ in Frankfurt kaufen, um diese mit Gewinn in New York zu verkaufen.

    Beispiel:

    Man kauft in Frankfurt 50 Mill. US$ für 105 Mill. DM (= 50 Mill. US$ multipliziert mit 2,10 DM / US$). In New York verkauft man die 50 Mill. US$ für 112,35 Mill. DM (= 50 Mill. US$ multipliziert mit 2,247 DM / US$).

    Dem Arbitrageur verbleibt ein Gewinn von 7,35 Mill. DM.

32. Infolge der hohen nachgefragten Menge bei den relativ niedrigen Preisen wurden Mehl und Brot bald so knapp, daß eine Hungersnot ausbrach. Das Brot fehlte zu jener Zeit, in der sonst das Angebot der Spekulanten auf dem Markt erschien. Diese senkten durch ihr Angebot den Preis. Man hatte übersehen, daß Spekulanten zwar zu einer Preissteigerung beitragen, wenn sie kaufen, aber auch zu einer **Preissenkung beitragen**, wenn sie verkaufen.

33. In Periode 2 leben die Bürger von dem Angebot der Spekulanten. Diese treten in Periode 1 als zusätzliche Nachfrager auf, die Nachfragekurve verschiebt sich um die zusätzlich nachgefragte Menge nach rechts. Bei dem vollkommen unelastischen Angebot steigt der Preis von p_0 auf p_1. In der zweiten Periode treten die Spekulanten mit der in Periode 1 gekauften Menge als Anbieter auf den Markt.

Abb. A.11

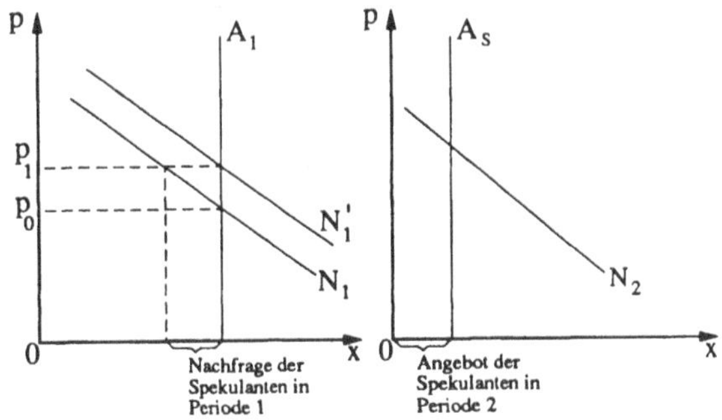

34. Durch Abschluß von Termingeschäften können Besitzer von Lagerhäusern das mit ihrem Geschäft verbundene Preisänderungsrisiko ausschalten. Sie haben die Möglichkeit, das gerade gekaufte und eingelagerte Getreide noch am gleichen Tag am Terminmarkt zum Terminpreis zu verkaufen. Sie verpflichten sich damit, zu dem in dem Kontrakt vereinbarten späteren Termin die Ware zu liefern. Der Terminpreis ist der zukünftig erwartete Kassapreis für ein Gut. Spekulanten, die mit einem höheren zukünftigen Kassapreis rechnen, kaufen das Getreide per Termin und verkaufen es später zu dem Kassapreis, der höher oder niedriger als der erwartete Kassapreis sein kann. Sie übernehmen damit das Preisänderungsrisiko.

Höchst- und Mindestpreise

35. Die Nachfrage- und Angebotsfunktionen seien:

$$x^n = 140 - 10p$$

$$x^a = -10 + 5p$$

Ein Höchstpreis p = 8 wird festgesetzt. Wie groß ist der Nachfrageüberschuß?

36. Werden Güter nach dem Windhundverfahren verteilt, so erhalten die Bürger das Gut, die am längsten zu warten bereit sind. Die Güter werden so entsprechend der Dringlichkeit des Bedarfs verteilt. Eine solche Verteilung ist gerechter als eine Verteilung nach der höchsten Zahlungsbereitschaft, weil die Einkommen ungleich sind, die Zeit aber gleichmäßig verteilt ist. Für jeden Bürger hat nämlich der Tag genau 24 Stunden. Stimmen Sie zu?

37. Die volkswirtschaftlichen Kosten der Verteilung nach dem Windhundverfahren können vermieden werden, indem man das Los entscheiden läßt. Deshalb sollte man Höchstpreise festsetzen, die unter dem Gleichgewichtspreis liegen und die Güter an die verlosen, die zum Höchstpreis bereit sind, das Gut zu kaufen. Nehmen Sie zu diesem Vorschlag Stellung.

38. Die Nachfragefunktion für das Gut X sei $x^n = 1200 - 100p$. Der Staat setzt einen Höchstpreis von vier DM fest. Zu dem staatlich festgesetzten Höchstpreis werden 400 Einheiten des Gutes X angeboten.

   a. Wie groß ist beim staatlich festgesetzten Preis der Nachfrageüberschuß?

   b. Um Warteschlangen zu vermeiden, wird das Gut administrativ rationiert. Es werden kostenlos Bezugsmarken für 400 Einheiten ausgegeben. Mit einer Bezugsmarke kann man eine Einheit des Gutes X kaufen. Die Bezugsmarken werden gehandelt. Stellen Sie die Nachfragefunktion für Bezugsmarken auf. Wie groß ist der Gleichgewichtspreis für eine Bezugsmarke? Was kostet den Käufer eine Einheit des Gutes X, wenn er es mit einer kostenlos zugeteilten Bezugsmarke kauft?

39. Für ein landwirtschaftliches Gut wird ein Mindestpreis festgesetzt. Um einen Angebotsüberschuß zu vermeiden, wird eine Angebotsbeschränkung erlassen, durch die bewirkt wird, daß nur die gleiche Menge angeboten wird, die zum festgesetzten Mindestpreis auch nachgefragt wird.

   Warum führen die Maßnahmen zu einer Fehlallokation der Ressourcen?

40. Die Nachfragefunktion und die Angebotsfunktion für ein landwirtschaftliches Gut seien

$$x^n = 16000 - 1000p$$

$$x^a = -5000 + 2000p$$

   a. Bestimmen Sie den Gleichgewichtspreis und die Gleichgewichtsmenge.

   b. Ein Mindestpreis von neun DM pro Einheit wird festgesetzt. Der Angebotsüberschuß wird vom Staat aufgekauft und gelagert und später auf dem Weltmarkt verkauft. Der Erlös aus dem Verkauf deckt genau die Lagerkosten.

      Wie groß sind die Ausgaben des Staates für das Aufkaufprogramm? Wie groß sind die volkswirtschaftlichen Kosten (der Wohlfahrtsverlust) des Aufkaufprogramms?

   c. Statt den Angebotsüberschuß zu kaufen, veranlaßt der Staat die Bauern, die gesamte zum Mindestpreis angebotene Menge auf dem freien Markt zu dem Preis zu verkaufen, zu dem diese Menge nachgefragt wird. Die Differenz zwischen dem Mindestpreis und dem am Markt erzielten Preis wird den Bauern als Subvention gezahlt.

      Wie hoch sind die Ausgaben des Staates für das Subventionsprogramm? Wie groß sind die volkswirtschaftlichen Kosten (der Wohlfahrtsverlust) des Subventionsprogramms?

Lösungen der Aufgaben 35 - 40

35. Wenn ein Höchstpreis von p = 8 festgesetzt wird, beträgt die nachgefragte Menge $x^n = 140 - 10 \cdot 8 = 60$. Da beim Preis von acht nur die Menge $x^a = -10 + 5 \cdot 8 = 30$ angeboten wird, ergibt sich ein Nachfrageüberschuß in Höhe von dreißig.

36. Beim Windhundverfahren wird das Gut an diejenigen verkauft, die zuerst da sind. Es gilt das Motto: Wer zuerst kommt, mahlt zuerst.

    Auch wenn für jeden der Tag 24 Stunden hat, die Zeit also gleichmäßig verteilt ist, sind die Kosten der Zeit unterschiedlich hoch. Rentnern, Pensionären und Nichterwerbstätigen entstehen beim Warten in der Schlange geringere Kosten als denjenigen, die auf ein mehr oder weniger hohes Einkommen verzichten müssen.

37. Es ist richtig, daß bei einer Verlosung der Güter die Wartekosten vermieden werden können, doch entstehen beim Losverfahren volkswirtschaftliche Kosten, weil die Verteilung rein zufällig ist. Nicht diejenigen erhalten die Güter, die sie - gemessen an ihrer Zahlungsbereitschaft - am dringendsten zu haben wünschen. Wenn zum Beispiel A ein Gut erhält, der maximal 10 DM für das Gut zu zahlen bereit ist, während B, der 30 DM zu zahlen bereit ist, nichts erhält, so ist die sich ergebende Verteilung nicht optimal. Man könnte durch Umverteilung beide besser stellen (zum Beispiel B zahlt A 20 DM und erhält dafür das Gut, das ihm 30 DM wert ist). Tatsächlich wird es in der Regel zur nachträglichen Umverteilung durch Tausch kommen, die aber mit zusätzlichen Transaktionskosten verbunden ist.

38. a. Beim staatlich festgesetzten Preis von vier DM beträgt die nachgefragte Menge $x^n = 1\,200 - 100 \cdot 4 = 800$. Da zu diesem Preis nur 400 Einheiten des Gutes X angeboten werden, ergibt sich ein Nachfrageüberschuß in Höhe von 400.

    b. In Abbildung A.12 ist die Gerade AB die Nachfragekurve nach dem Gut X. AC ist die aus der Nachfrage nach dem Gut X abgeleitete Nachfragekurve nach Bezugsmarken. Der vertikale Abstand der Nachfragekurve von der Preisgeraden $p_{max} = 4$ gibt an, wie hoch der Preis ist, der sich bei alternativen Mengen von X auf dem Markt für Bezugsmarken bildet.

Abb. A.12

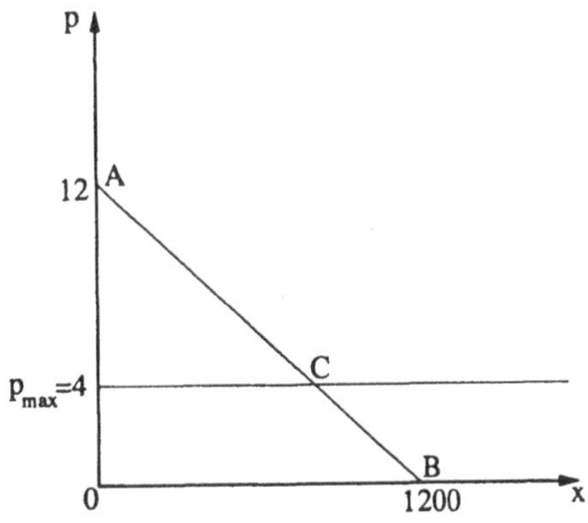

Algebraisch erhält man die Nachfragfunktion nach Bezugsmarken für das Gut X, indem man den staatlich festgesetzten Preis von der inversen Nachfragefunktion subtrahiert.

$$x^n = 1200 - 100p$$

$$p = 12 - 0{,}01x^n \qquad \text{(inverse Nachfragefunktion)}$$

Die inverse Nachfragefunktion für Bezugsmarken ist

$$p = (12 - 4) - 0{,}01x^n$$

$$p = 8 - 0{,}01x^n$$

Die Nachfragefunktion für Bezugsmarken ist somit

$$x^n = 800 - 100\,p$$

Beim Gleichgewichtspreis ist die angebotene Menge gleich der nachgefragten Menge. Es gilt: $x^n = x^a$.

$$800 - 100p = 400$$

$$100p = 400$$

$$p = 4$$

Die Kosten pro gekaufter Einheit betragen acht DM. Der Käufer muß den Höchstpreis von vier DM zahlen. Durch den Kauf einer Einheit von x verzichtet er außerdem auf den Erlös von vier DM, den er erhielte, wenn er die kostenlos zugeteilte Bezugsmarke zum Marktpreis von vier DM verkaufte.

39. Der soziale Überschuß ist beim Mindestpreis p_{min} um a kleiner, wenn statt der Menge x_0 die Menge x_1 produziert würde (Abbildung A.13). Man könnte (theoretisch) alle besser stellen, wenn statt der Menge x_1 die Menge x_0 produziert wird. Der Zuwachs an Produzentenrente infolge des Mindestpreises ist kleiner als der Verlust an Konsumentenrente.

Abb. A.13

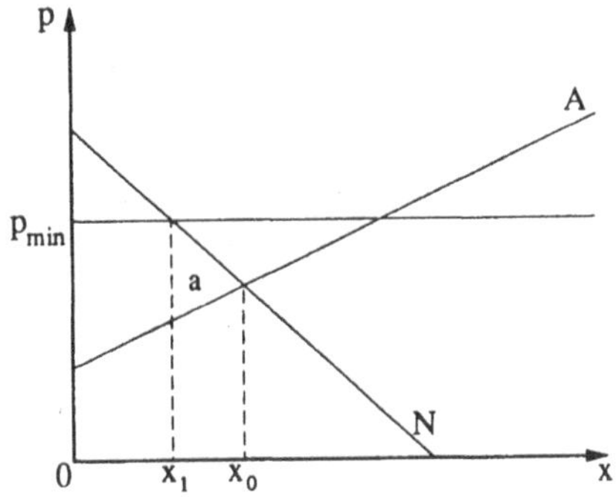

40. a. Im Gleichgewicht ist die angebotene Menge x^a gleich der nachgefragten Menge x^n.

$$-5000 + 2000p = 16000 - 1000p$$

$$3000p = 21000$$

$$\mathbf{p = 7}$$

$$\mathbf{x = 9000}$$

b. Bei einem Mindestpreis von $p = 9$ werden 7 000 Einheiten nachgefragt und 13 000 Einheiten angeboten. Es ergibt sich ein Angebotsüberschuß von 6 000 Einheiten.

Die Ausgaben des Staates für das Aufkaufprogramm betragen

$$6000 \cdot 9 = \mathbf{54000}$$

Die Höhe der volkswirtschaftlichen Kosten wird mit Hilfe der Abbildung A.14 ermittelt.

Abb. A.14

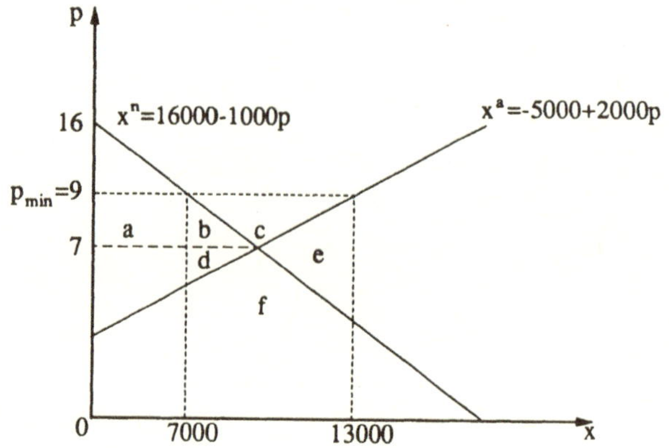

Infolge der Festsetzung des Mindestpreises steigt die Produzentenrente um a + b + c. Die Konsumentenrente sinkt um a + b. Die Ausgaben des Staates sind b + c + d + e + f. Es ist also:

$$\Delta KR = -a - b$$

$$\Delta PR = a + b + c$$

$$\Delta T = -b - c - d - e - f$$

Die volkswirtschaftlichen Kosten sind also gleich b + d + e + f. Das ist gleich den Ausgaben des Staates für das Aufkaufprogramm minus c.

Wegen $c = \frac{1}{2} \cdot (13000 - 7000) \cdot 2 = 6000$ betragen die volkswirtschaftlichen Kosten des Aufkaufprogramms

$$54000 - 6000 = \mathbf{48000}$$

c. Es muß zuerst der Preis ermittelt werden, zu dem die zum Mindestpreis angebotene Menge x^a = 13 000 auf dem Markt verkauft werden kann.

$$13000 = 16000 - 1000p$$

$$1000p = 3000$$

$$\mathbf{p = 3}$$

Pro Ausbringungseinheit muß also eine Subvention von 9 - 3 = 6 gezahlt werden.

Die Ausgaben des Staates beim Subventionsprogramm betragen also:

$$13000 \cdot 6 = \mathbf{78000}$$

Die Höhe der volkswirtschaftlichen Kosten des Subventionsprogramms können mit Hilfe der Abbildung A.15 bestimmt werden:

Abb. A.15

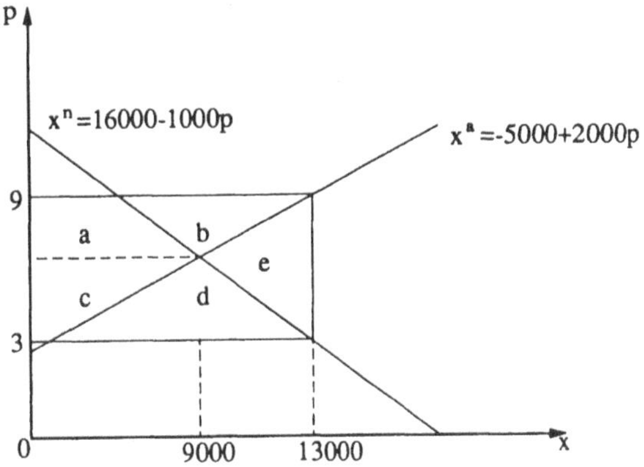

$$\Delta PR = a + b$$

$$\Delta KR = c + d$$

$$T = -a - b - c - d - e$$

Die volkswirtschaftlichen Kosten betragen $\Delta PR + \Delta KR + T = e$.

$$e = \frac{1}{2} \cdot (9-3) \cdot 4000 = \mathbf{12000}$$

Fazit: Das Subventionsprogramm ist zwar teurer, die volkswirtschaftlichen Kosten sind aber mit 12 000 erheblich niedriger als beim Aufkaufprogramm.

Steuern und Subventionen

41. Stellen Sie graphisch dar, wie die Einführung einer Stücksteuer sich auf den Preis und die Menge des betrachteten Gutes auswirkt. Angebots- und Nachfragekurve verlaufen normal.

42. Im Parlament wird über die Einführung einer speziellen Verbrauchsteuer diskutiert. Ein Redner erklärt: "Wenn die Steuer eingeführt wird, wird der Preis steigen. Wenn der Preis steigt, sinkt die Nachfrage. Wenn die Nachfrage sinkt, sinkt der Preis. Die Einführung einer Steuer wird also letztlich bewirken, daß der Preis des besteuerten Gutes sinkt". Stimmen Sie zu?

43. Den Produzenten wird eine Subvention von s DM gezahlt. Kommt den Produzenten die Subvention in voller Höhe zugute, wenn Angebotskurve und Nachfragekurve normal verlaufen?

44. Die spezielle Nachfragefunktion und Angebotsfunktion seien:

$$x^n = 1100 - 100p$$

$$x^a = -100 + 100p$$

a. Bestimmen Sie den Gleichgewichtspreis und die Gleichgewichtsmenge.

b. Eine Steuer von zwei DM pro Mengeneinheit wird eingeführt. Wie verändert sich der Gleichgewichtspreis?

c. Den Produzenten wird eine Subvention von zwei DM pro Ausbringungseinheit gezahlt. Wie verändern sich Preis und Menge?

45. Die inverse Nachfragefunktion sei $p = a - bx$. Die inverse Angebotsfunktion sei $p = c + dx$.

a. Wie hoch ist der Gleichgewichtspreis?

b. Wie hoch ist der Gleichgewichtspreis, wenn eine Stücksteuer von t DM eingeführt wird?

c. Bei welchem Steuersatz werden die Steuereinnahmen des Staates maximiert?

46. Das Angebot an einem landwirtschaftlichen Gut sei nach der Ernte vollkommen unelastisch. Auch die Nachfragekurve verläuft relativ steil. Ernteschwankungen führen deshalb zu relativ großen Preisschwankungen, wie folgende Graphik zeigt:

Abb. A.16

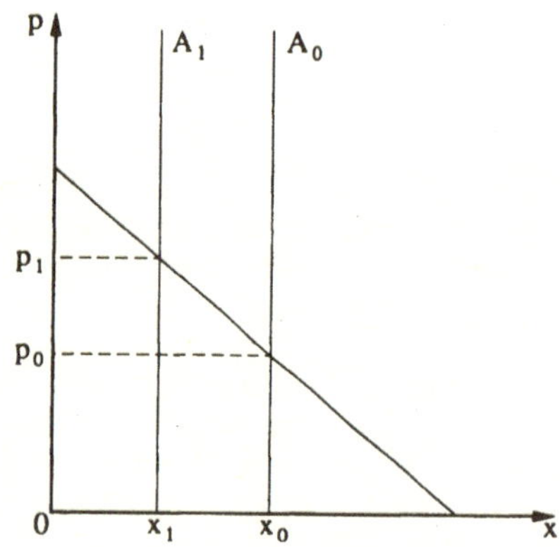

Damit die Bezieher kleiner Einkommen auch bei schlechter Ernte eine ihrem "Bedarf" entsprechende Menge des Gutes X kaufen können, beschließt das Parlament, allen Bürgern die Hälfte des Kaufpreises zu erstatten, falls die Ernte kleiner als x_0 ist. Man argumentiert, daß eine solche **Subventionierung** des

Konsums deshalb in erster Linie den Beziehern geringer Einkommen zugute kommt, weil bei ihnen der Anteil der Ausgaben für das lebensnotwendige Gut X an den Gesamtausgaben größer ist als bei den Beziehern höherer Einkommen.

Wem nützt die vorgeschlagene Maßnahme? Erläutern Sie Ihre Antwort graphisch!

Lösungen der Aufgaben 41 - 46

41. Wenn eine Stücksteuer in Höhe von t DM eingeführt wird, verschiebt sich die Angebotskurve um den Betrag der Stücksteuer nach oben (Abbildung A.17).

Abb. A.17

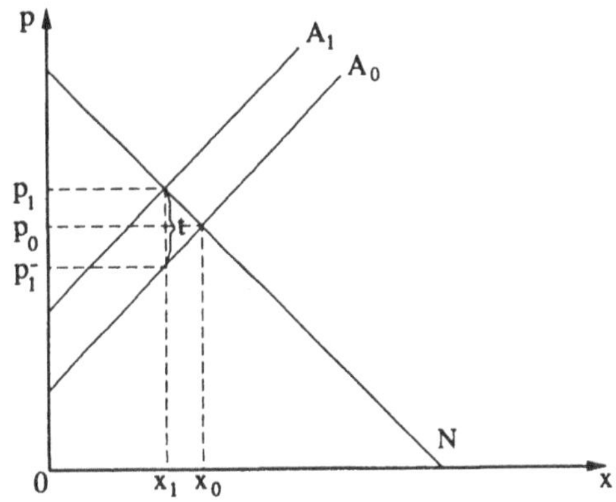

Der Preis steigt, wie Abbildung A.17 zeigt, bei normalem Verlauf der Angebots- und der Nachfragekurve um einen Betrag, der kleiner als t ist ($p_1 - p_0 < t$).

42. Der Parlamentsredner verwechselt Nachfrage mit nachgefragter Menge. Es muß heißen: Wenn die Steuer eingeführt wird, wird der Preis steigen. Wenn der Preis steigt, sinkt die nachgefragte Menge.

43. Wenn eine Subvention in Höhe von s gezahlt wird, verschiebt sich die Angebotskurve um den Betrag der Subvention nach unten.

Abb. A.18

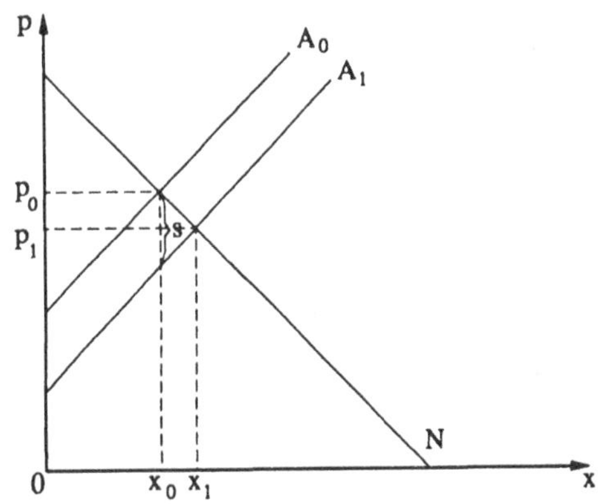

Abbildung A.18 zeigt, daß der Gleichgewichtspreis von p_0 auf p_1 sinkt. Die Preissenkung ist dem Betrag nach geringer als der Subventionsbetrag s ($p_0 - p_1 < s$). Die Subvention kommt somit zum Teil den Käufern und zum Teil den Produzenten zugute.

44. a. Im Gleichgewicht gilt: $x^n - x^a = 0$.

$$1100 - 100p + 100 - 100p = 0$$
$$200p = 1200$$
$$\mathbf{p = 6}$$
$$\mathbf{x = 500}$$

b. Nach der Einführung einer Steuer in Höhe von zwei DM pro Mengeneinheit ist die neue Angebotsfunktion

$$x^a = f(p^-); \quad p^- = p - 2$$
$$x^a = -100 + 100(p - 2)$$
$$= -300 + 100p$$

Im Gleichgewicht ist $x^n - x^a = 0$.

$$1100 - 100p + 300 - 100p = 0$$
$$200p = 1400$$
$$\mathbf{p = 7}$$
$$\mathbf{x = 400}$$

c. Wenn an die Produzenten eine Subvention von zwei DM gezahlt wird, ist

$$x^a = f(p^+); \quad p^+ = p + 2$$
$$x^a = -100 + 100(p + 2)$$
$$x^a = 100 + 100p$$

Im Gleichgewicht ist $x^n - x^a = 0$.

$$1100 - 100p - 100 - 100p = 0$$
$$200p = 1000$$
$$\mathbf{p = 5}$$
$$\mathbf{x = 600}$$

45. a. Im Gleichgewicht muß a - bx = c + dx sein.

$$a-c = (b+d)x$$

$$x = \frac{a-c}{b+d}$$

$$p = a-b\frac{a-c}{b+d}$$

$$= \frac{ab+ad-ab+bc}{b+d}$$

$$= \frac{ad+bc}{b+d}$$

b. Nach der Einführung einer Stücksteuer in Höhe von t DM lautet die inverse Angebotsfunktion p = c + t + dx.

Im Gleichgewicht muß a - bx = c + t + dx sein.

$$a-bx-c-t-dx = 0$$

$$a-c-t = (b+d) \cdot x$$

$$x = \frac{a-c-t}{b+d}$$

$$p = a-b\frac{a-c-t}{b+d}$$

$$= \frac{ad+bc+bt}{b+d}$$

c. Die Steuereinnahmen des Staates sind $T = t \cdot x$. Man erhält das Maximum der Steuereinnahmen, wenn man die Steuereinnahmefunktion ableitet und gleich Null setzt.

$$T=t \cdot x = \frac{at-ct-t^2}{b+d}$$

$$\frac{dT}{dt} = \frac{a-c-2t}{b+d} = 0$$

$$t = \frac{a-c}{2}$$

46. In Abbildung A.19 gibt die ursprüngliche Nachfragekurve N_{alt} an, wie hoch der Preis ist, den die Nachfrager selbst bei alternativen Mengen für die marginale Einheit zu zahlen bereit sind. Bei der Menge x_1 ist das der Preis p_1. Auch wenn ihnen die Hälfte des Kaufpreises erstattet wird, sind sie bereit, für die letzte Einheit der Menge x_1 den Preis p_1 selbst zu zahlen. Wird ihnen die Hälfte des Kaufpreises erstattet, sind sie bereit, insgesamt für die marginale Einheit doppelt so viel zu zahlen. Das bedeutet, daß sich infolge der Subventionierung die Nachfragekurve für Mengen, die kleiner als x_0 sind, dreht. Der vertikale Abstand der neuen Nachfragekurve von der Abszisse ist doppelt so groß wie in der Ausgangssituation. Ist die angebotene Menge kleiner als x_0, verdoppelt sich der Preis, der am Markt erzielt wird. Die vorgeschlagene Maßnahme nutzt nur den Anbietern. Die Nachfrager zahlen selbst genauso viel wie sie zahlen müssen, wenn das Gut nicht subventioniert wird.

Abb. A.19

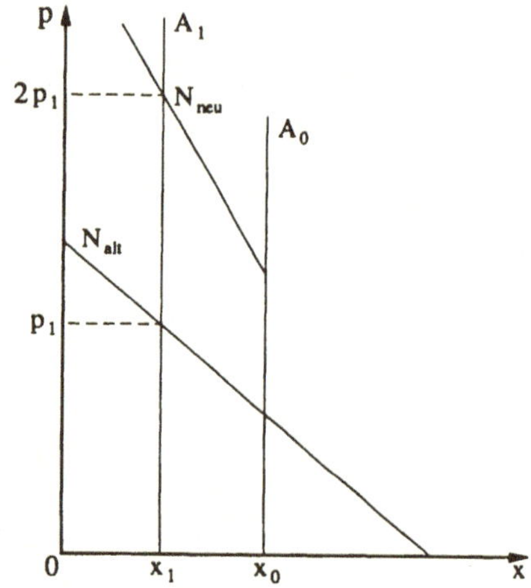

B. Das analytische Instrumentarium der mikroökonomischen Theorie

Gesamtgröße, Durchschnittsgröße, Grenzgröße

1. Wie sind die Begriffe Erlös (Gesamterlös), Durchschnittserlös und Grenzerlös definiert?

2. Die in Abbildung B.1 dargestellte Nachfragekurve gibt an, welche Mengen bei alternativen Preisen nachgefragt werden. Die jeweils nachgefragten Mengen werden auch verkauft.

Abb. B.1

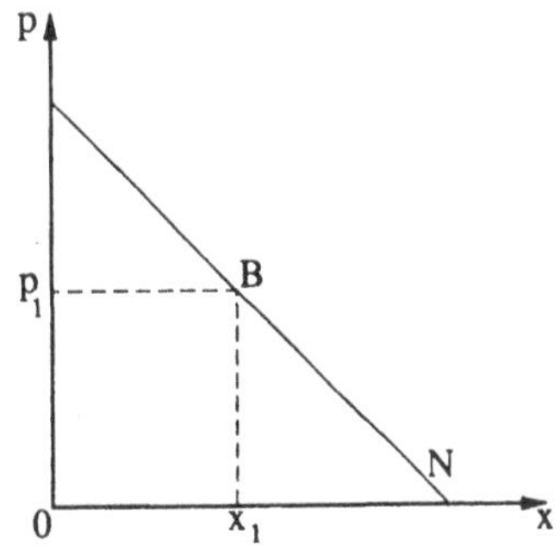

Geben Sie graphisch an, wie groß der Durchschnittserlös und der Gesamterlös sind, wenn die Menge x_1 zum Preis p_1 verkauft wird.

3. Es gibt nur einen Anbieter. Seine Preisabsatzfunktion sei $p = 10 - 0{,}1x$.

   a. Stellen Sie die Preisabsatzfunktion graphisch dar. Wie hoch ist der Prohibitivpreis? Wie groß ist die Sättigungsmenge?

   b. Stellen Sie die Gesamterlösfunktion auf.

   c. Stellen Sie die Gesamterlösfunktion graphisch dar.

   d. Bei welcher Menge ist der Gesamterlös ein Maximum?

4. Bestimmen Sie für die in Abbildung B.2 dargestellte Gesamterlösfunktion graphisch, wie groß der Durchschnittserlös bei der Menge x_1 ist.

Abb. B.2

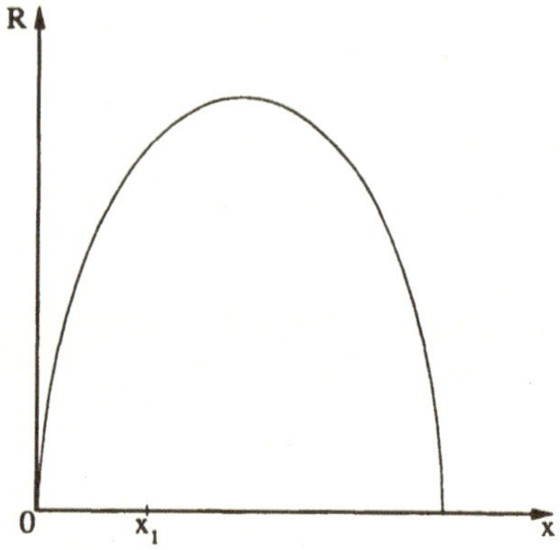

5. Die Preisabsatzfunktion sei p = 10 - 0,1x.

   a. Leiten Sie die Grenzerlösfunktion ab.

   b. Stellen Sie die Durchschnittserlösfunktion und die Grenzerlösfunktion in einer Zeichnung dar.

   c. Erläutern Sie, warum bei der Menge, bei der die Grenzerlösfunktion die Abszisse schneidet, der Gesamterlös ein Maximum ist.

6. Bestimmen Sie für die in Abbildung B.3 dargestellte Gesamterlösfunktion graphisch die Größe des Grenzerlöses bei der Menge x_1.

   Zeigen Sie, daß bei der Menge x_1 der Grenzerlös kleiner als der Durchschnittserlös ist. Geben Sie an, in welchem Bereich der Gesamterlösfunktion der Grenzerlös größer Null, gleich Null und kleiner Null ist.

Abb. B.3

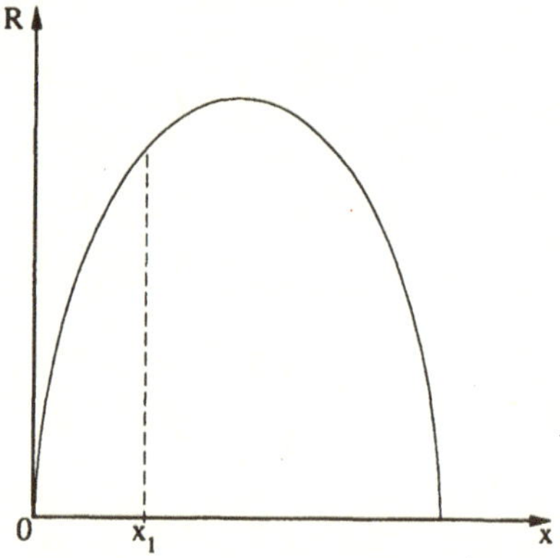

7. Die Preisabsatzfunktion sei $p = a - bx$. Beweisen Sie, daß die dieser linearen Preisabsatzfunktion entsprechende Grenzerlösfunktion ebenfalls linear ist, für $x = 0$ den gleichen Ordinatenwert wie die Preisabsatzfunktion hat und die Abszisse bei der halben Sättigungsmenge schneidet.

8. In Abbildung B.4 ist eine lineare Durchschnittserlösfunktion dargestellt.

Abb. B.4

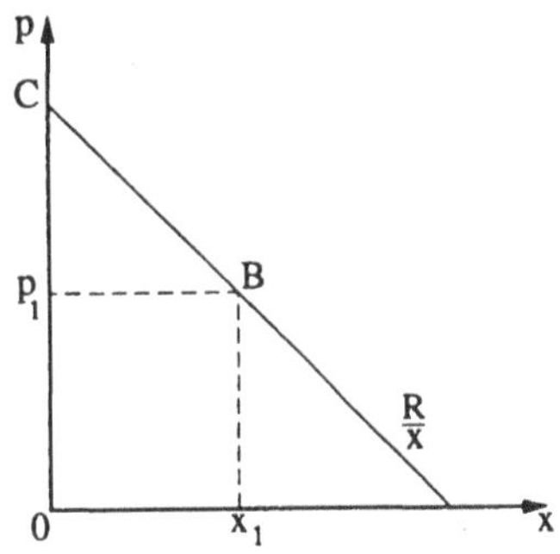

Beweisen Sie graphisch, daß Sie die entsprechende Grenzerlösfunktion erhalten, indem Sie von C durch den Mittelpunkt der Strecke p_1B eine Gerade ziehen.

9. Der Graph der Gesamterlösfunktion sei wie in Abbildung B.5 eine Parallele zur Mengenachse im Abstand a.

Abb. B.5

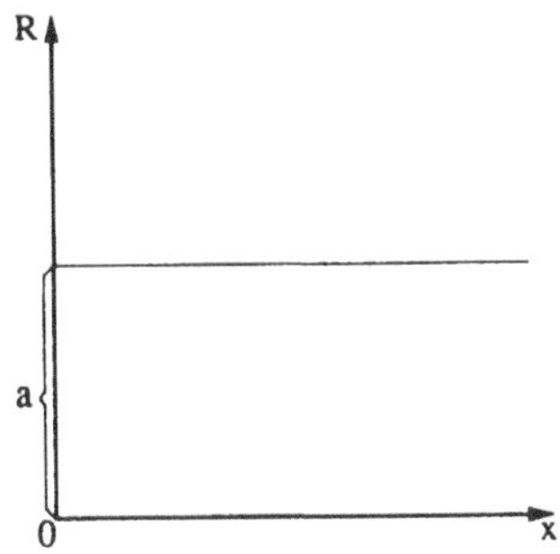

Wie lautet

a. die Gesamterlösfunktion?

b. die Durchschnittserlösfunktion?

c. die Grenzerlösfunktion?

10. Ein Anbieter kann zum Marktpreis p_0, der für ihn eine gegebene Größe ist, beliebig viel absetzen, ohne daß bei größerer Menge der Preis sinkt (der Anbieter bietet auf einem Markt vollständiger Konkurrenz an).

    Wie lautet

    a. die Gesamterlösfunktion?

    b. die Durchschnittserlösfunktion?

    c. die Grenzerlösfunktion?

    Stellen Sie diese Funktionen jeweils auch graphisch dar.

11. Beweisen Sie algebraisch: Wenn der Durchschnittserlös sinkt, ist der Grenzerlös kleiner als der Durchschnittserlös.

12. Die Durchschnittserlösfunktion $p = 1/x^2$ weist bei steigendem x sinkende Durchschnittserlöse auf. Bedeutet dies, daß auch die Grenzerlöse mit steigendem x sinken?

13. Gegeben sei die Nachfragefunktion $x = f(p)$. Die Nachfrage steigt bei jedem Preis um einen bestimmten Prozentsatz, so daß die neue Nachfragefunktion als $x = a \cdot f(p)$ geschrieben werden kann. Beweisen Sie, daß dies nicht zu einer Änderung des erlösmaximalen Preises führt.

14. Die Preisabsatzfunktion eines Anbieters sei $p = 12 - 0{,}5x$.

    a. Bei welcher Menge wird der Erlös maximiert?

    b. Der Anbieter muß eine Steuer in Höhe von 20 Prozent zahlen. Bei welcher Menge wird der Nettoerlös (Erlös nach Abzug der zu zahlenden Steuern) maximiert?

    c. Stellen Sie die Brutto- und Nettodurchschnittserlösfunktion des Anbieters graphisch dar.

15. Geben Sie bei den folgenden Aussagen an, ob sie wahr oder falsch sind. Eine Aussage ist nur dann als wahr anzusehen, wenn sie allgemeingültig ist.

    a. Wenn der Gesamterlös steigt, steigt der Grenzerlös.

    b. Wenn der Durchschnittserlös sinkt, sinkt der Grenzerlös.

    c. Wenn der Durchschnittserlös konstant ist, ist der Grenzerlös Null.

    d. Wenn der Durchschnittserlös sinkt, ist der Grenzerlös negativ.

    e. Wenn der Gesamterlös steigt, steigt der Durchschnittserlös.

f. Wenn der Durchschnittserlös sinkt, ist der Grenzerlös kleiner als der Durchschnittserlös.

g. Wenn der Gesamterlös sinkt, ist der Grenzerlös negativ.

h. Wenn der Gesamterlös steigt, ist der Grenzerlös größer als der Durchschnittserlös.

Lösungen der Aufgaben 1 - 15

1. Der **Gesamterlös** R ist das Produkt aus der abgesetzten Menge x und dem Preis p. Es gilt also $R = p \cdot x$. Der Gesamterlös ist der Geldbetrag, den der Anbieter insgesamt für die verkaufte Menge erhält.

   Der **Durchschnittserlös** ist der Geldbetrag, den der Anbieter für eine verkaufte Einheit im Durchschnitt erhält. Man ermittelt den Durchschnittserlös, indem man den Gesamterlös durch die abgesetzte Menge dividiert:

$$\text{Durchschnittserlös} = \frac{\text{Gesamterlös}}{\text{Menge}} = \frac{R}{x}$$

   Wenn (was wir immer annehmen) die gesamte Menge zu einem einheitlichen Preis verkauft wird, ist der Durchschnittserlös gleich dem Preis:

$$\frac{R}{x} = \frac{p \cdot x}{x} = p$$

   Der **Grenzerlös** gibt die Veränderung des Gesamterlöses pro zusätzlich ausgebrachter Einheit an. Man sagt auch: Der Grenzerlös ist der zusätzliche Erlös, der dem Absatz der letzten Einheit (oder einer zusätzlichen Einheit) zu verdanken ist. Der Grenzerlös ist die erste Ableitung des Gesamterlöses nach der Menge:

$$\text{Grenzerlös} = \frac{dR}{dx}$$

   Die betrachteten Einheiten müssen sehr klein sein (theoretisch exakt: unendlich klein).

2. Der **Durchschnittserlös** ist gleich dem **Preis**; er wird daher durch die Strecke $0p_1$ gemessen (vergleiche Aufgabe 1). Der Gesamterlös ist das Produkt aus abgesetzter Menge und Preis: Er wird durch das Rechteck $0x_1Bp_1$ gemessen.

3. a. Der **Prohibitivpreis** ist $p = 10$. Bei diesem Preis kann keine Einheit mehr verkauft werden. Die **Sättigungsmenge** ist $x = 100$. Selbst wenn das Gut X verschenkt wird, steigt die Nachfrage nicht über 100.

Abb. B.6

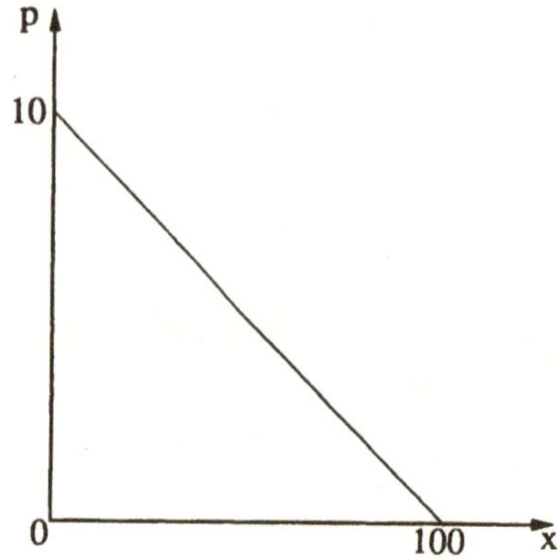

b. $$R = p \cdot x = (10 - 0{,}1x) \cdot x = 10x - 0{,}1x^2$$

c.

Abb. B.7

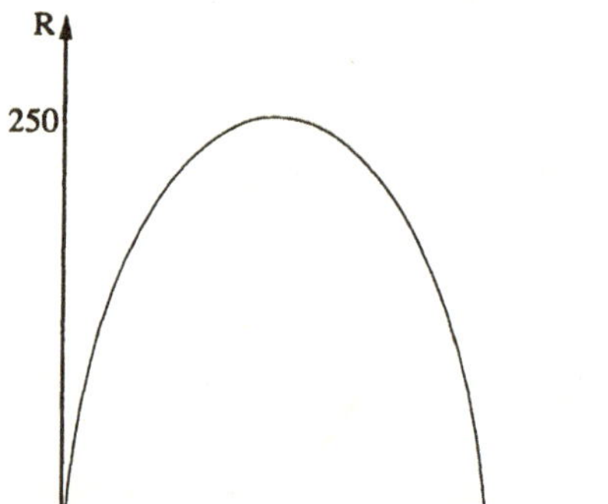

d. Man erhält das Maximum, indem man die erste Ableitung der Gesamterlösfunktion (das ist die Grenzerlösfunktion) gleich Null setzt:

$$R = 10 \cdot x - 0{,}1 \cdot x^2$$

$$\frac{dR}{dx} = 10 - 0{,}2 \cdot x$$

$$\frac{dR}{dx} = 0 \quad ; \quad 0{,}2 \cdot x = 10 \quad \Rightarrow \quad x = 50$$

Der Gesamterlös wird bei der Menge x = 50 maximal.

4. Der **Durchschnittserlös** ist gleich dem Tangens des Winkels α:

$$\tan\alpha = \frac{\text{Gegenkathete}}{\text{Ankathete}} = \frac{x_1P}{0x_1} = \frac{R_1}{x_1} = \frac{p_1 \cdot x_1}{x_1} = p_1 = \text{Durchschnittserlös}$$

Abb. B.8

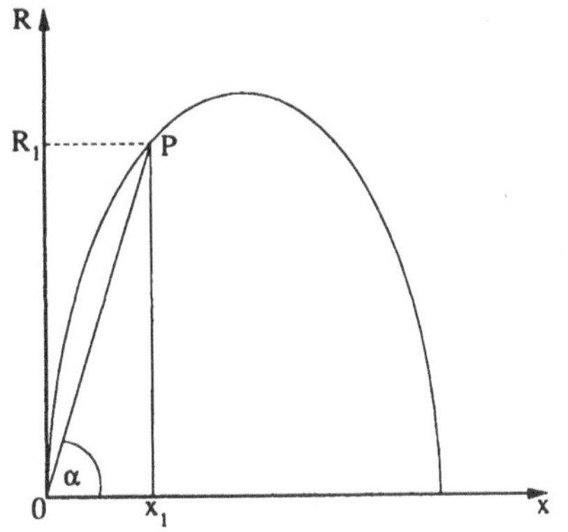

5. a. Die Grenzerlösfunktion ist die erste Ableitung der Gesamterlösfunktion. Diese erhält man, indem man die Preisabsatzfunktion mit der Menge x multipliziert:

$$R = p \cdot x = (10 - 0{,}1 \cdot x) \cdot x = 10 \cdot x - 0{,}1 \cdot x^2$$

Bildet man hiervon die erste Ableitung, so erhält man die **Grenzerlösfunktion**:

$$\frac{dR}{dx} = 10 - 0{,}2 \cdot x$$

b.

Abb. B.9

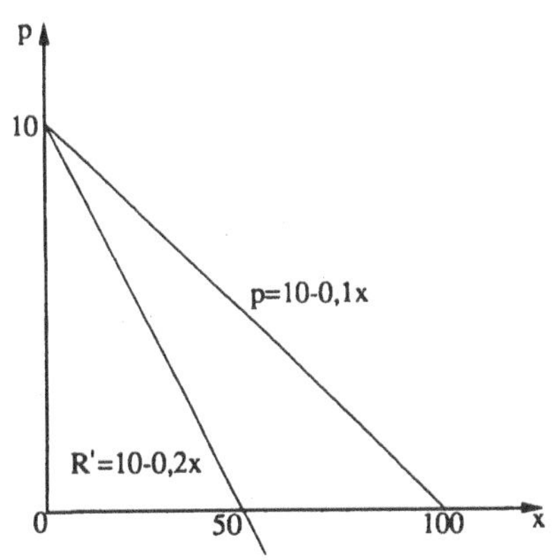

c. Der Grenzerlös gibt die Veränderung des Gesamterlöses pro zusätzlich abgesetzter Einheit an. Solange er positiv ist, kann der Gesamterlös durch eine Steigerung der Ausbringungsmenge erhöht werden. Erst wenn der Grenzerlös Null ist, ist keine weitere Erlössteigerung mehr möglich; der Gesamterlös ist maximal. Wird die Ausbringungsmenge jetzt noch weiter erhöht, so sinkt der Gesamterlös, weil der Grenzerlös nun negativ ist.

   Man kann den Zusammenhang auch mathematisch begründen: Man erhält das Maximum des Gesamterlöses, indem man seine erste Ableitung gleich Null setzt (notwendige Bedingung für ein Maximum). Die erste Ableitung des Gesamterlöses ist jedoch nichts anderes als der Grenzerlös.

6. Der **Grenzerlös** bei der Menge x_1 wird durch die **Steigung der Gesamterlösfunktion** im Punkt P gemessen. Der Tangens des Steigungswinkels α liefert den numerischen Wert.

Abb. B.10

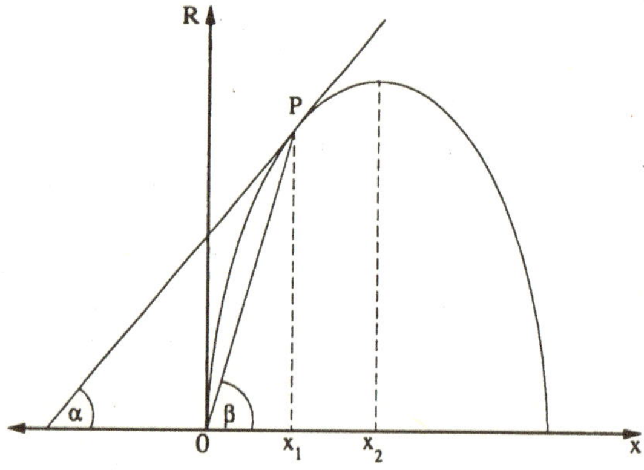

Um den **Durchschnittserlös** zu ermitteln, verbindet man den Koordinatenursprung mit dem Punkt P. Diese Verbindungslinie bezeichnet man als Ursprungsgerade. Der Tangens des durch den Fahrstrahl gebildeten Winkels β gibt den Durchschnittserlös bei der Menge x_1 an.

Da $\tan\alpha < \tan\beta$ gilt, ist der Grenzerlös hier kleiner als der Durchschnittserlös.

Der **Grenzerlös ist positiv, solange der Gesamterlös steigt**, also für alle $x < x_2$. Im Maximum des Gesamterlöses ist der Grenzerlös Null, also für $x = x_2$. Der Grenzerlös ist negativ, wenn der Gesamterlös sinkt. Dies ist für alle $x > x_2$ der Fall. (Vergleiche dazu auch Aufgabe 5c).

7. Durch Multiplikation mit der Menge x erhält man aus der Preisabsatzfunktion die Gesamterlösfunktion $R = p \cdot x = (a - b \cdot x) \cdot x = a \cdot x - b \cdot x^2$. Die erste Ableitung daraus ist die Grenzerlösfunktion:

$$R' = \frac{dR}{dx} = a - 2 \cdot b \cdot x$$

Die **Grenzerlösfunktion** ist linear; für $x = 0$ weist sie einen Ordinatenwert von $R'(0) = a$ auf; dies ist der gleiche Wert, den auch die Preisabsatzfunktion an der Stelle $x = 0$ aufweist.

Die **Sättigungsmenge** ergibt sich aus der Preisabsatzfunktion, indem man den Preis gleich Null setzt:

$$a - b \cdot x = 0 \quad \Rightarrow \quad x = \frac{a}{b}$$

Den Schnittpunkt der Grenzerlösfunktion mit der Abszisse erhält man, indem man den Grenzerlös gleich Null setzt:

$$a - 2 \cdot b \cdot x = 0 \quad \Rightarrow \quad x = \frac{a}{2 \cdot b}$$

Als Ergebnis erhält man die halbe Sättigungsmenge.

8. Die Durchschnittserlösfunktion ist identisch mit der Preisabsatzfunktion. Man kann also hier die Ergebnisse von Aufgabe 7 anwenden.

Abb. B.11

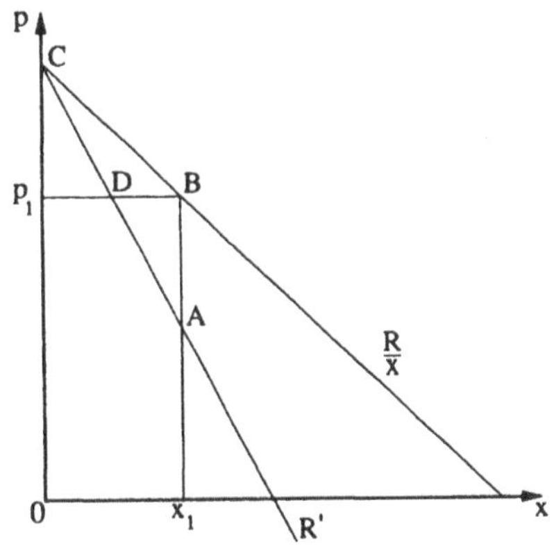

Demnach ist die Grenzerlösfunktion ebenfalls linear und hat den gleichen Ordinatenschnittpunkt wie die Durchschnittserlösfunktion; sie verläuft also durch den Punkt C.

Wird die Menge x_1 zum Preis p_1 verkauft, so ergibt sich ein Erlös in Höhe von $x_1 \cdot p_1$.

Man kann den Erlös auch durch die Fläche unter der Grenzerlöskurve zwischen 0 und x_1 errechnen. Daher muß die Fläche $OCAx_1$ gleich $x_1 \cdot p_1$ sein. Das ist aber nur dann so, wenn die Dreiecke $\Delta\, p_1CD$ und Δ ADB den gleichen Flächeninhalt haben. Wenn das so sein soll, muß der Punkt D auf dem Mittelpunkt der Strecke p_1B liegen. Damit ist die Aussage der Aufgabenstellung bewiesen.

9. a. Der Gesamterlös ist $R = p \cdot x = a$. Da die Gesamterlösfunktion eine Parallele zur Abszisse ist, ist der Gesamterlös bei jeder beliebigen Menge stets gleich a.

   b. Der Durchschnittserlös ist R/x. Im vorliegenden Fall ergibt sich die Durchschnittserlösfunktion R/x = a/x (= p, da der Durchschnittserlös gleich dem Preis ist).

   c. Die Grenzerlösfunktion erhält man als erste Ableitung der Gesamterlösfunktion:

$$\frac{dR}{dx} = \frac{da}{dx} = 0$$

   Der Graph der Grenzerlösfunktion fällt daher mit der Abszisse zusammen.

   Man kann sich auch anschaulich klarmachen, daß der Grenzerlös Null ist: Wenn der Gesamterlös für jede beliebige Menge konstant gleich a ist, dann kann der Erlös nicht dadurch erhöht werden, daß mehr verkauft wird. Der Gesamterlös verändert sich nicht, wenn eine Einheit mehr ausgebracht wird. Das heißt aber, daß der Grenzerlös Null ist.

10. a. Die Gesamterlösfunktion lautet $R = p_0 \cdot x$, wobei der Preis p_0 in diesem Fall eine Konstante ist. Der Graph der Gesamterlösfunktion ist eine Ursprungsgerade mit der Steigung p_0. Es gilt also $\tan\alpha = p_0$, wobei α der Steigungswinkel ist.

Abb. B.12

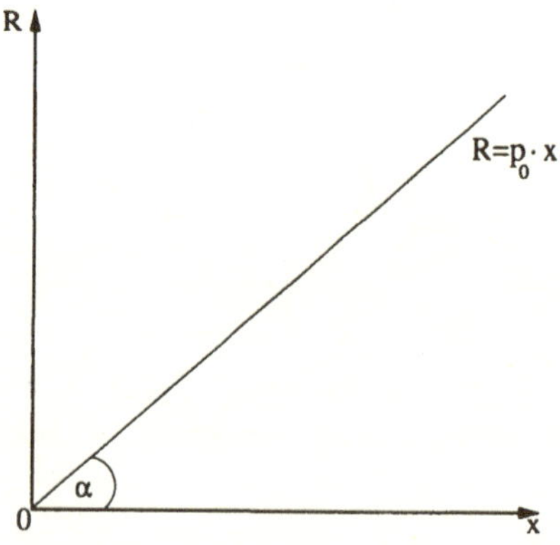

   b. Der Durchschnittserlös ist R/x; man erhält als Durchschnittserlösfunktion:

$$\frac{R}{x} = \frac{p_0 \cdot x}{x} = p_0$$

Der Durchschnittserlös ist damit gleich dem konstanten Marktpreis p_0. **Der Graph der Durchschnittserlösfunktion ist eine in Höhe des Marktpreises p_0 verlaufende Parallele zur x-Achse.**

c. Die Grenzerlösfunktion ist die erste Ableitung der Gesamterlösfunktion nach der Menge:

$$\frac{dR}{dx} = \frac{d(p_0 \cdot x)}{dx} = p_0$$

Der Graph der Grenzerlösfunktion ist also ebenfalls eine in Höhe des Preises p_0 verlaufende Parallele zur x-Achse.

Der Graph der **Grenzerlösfunktion fällt demnach hier mit dem Graphen der Durchschnittserlösfunktion zusammen.**

Abb. B.13

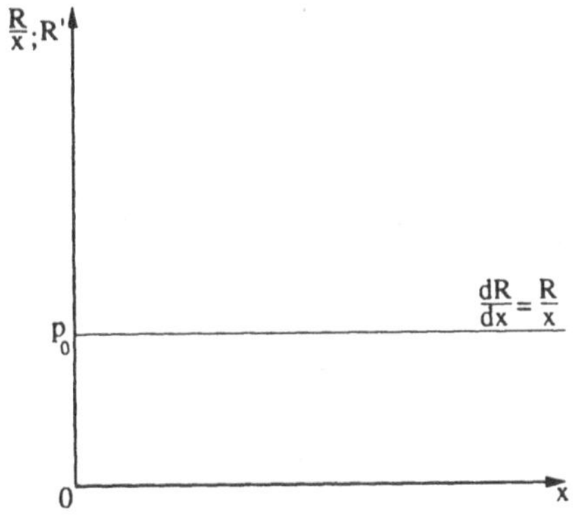

11. Es ist $R = p \cdot x$. Der Grenzerlös ist dann:

$$\frac{dR}{dx} = \frac{d(p \cdot x)}{dx}$$

Wenn man diese Ableitung nach der Produktregel bildet, so erhält man:

$$\frac{d(p \cdot x)}{dx} = \frac{dp}{dx} \cdot x + p$$

(Hier muß die Ableitung nach der Produktregel gebildet werden, da der Preis nicht konstant ist, sondern von der ausgebrachten Menge abhängt.)

Der Durchschnittserlös ist der Preis. Wenn der Durchschnittserlös mit steigender Menge sinkt, muß daher die Ableitung dp/dx negativ sein.

Wenn in dem Ausdruck für den Grenzerlös:

$$\frac{dR}{dx} = \frac{dp}{dx} \cdot x + p \quad ; \qquad \frac{dp}{dx} < 0$$

ist, so muß der Grenzerlös dR/dx kleiner als der Preis und damit kleiner als der Durchschnittserlös sein.

Es gibt einen weiteren, mathematischen Lösungsansatz: Wenn der Durchschnittserlös bei steigender Ausbringungsmenge sinkt, so muß

$$\frac{d\left(\frac{R}{x}\right)}{dx} < 0$$

gelten. Dies nach der Quotientenregel differenziert, ergibt:

$$\frac{R' \cdot x - R}{x^2} < 0 \quad \Rightarrow \quad \frac{R' \cdot x}{x^2} - \frac{R}{x^2} < 0 \quad \Rightarrow \quad R' - \frac{R}{x} < 0 \quad \Rightarrow \quad R' < \frac{R}{x}$$

Der Grenzerlös ist also kleiner als der Durchschnittserlös.

12. **Nein!** Aus der Durchschnittserlösfunktion $p = 1/x^2$ ergibt sich die Gesamterlösfunktion

$$R = p \cdot x = \frac{1}{x}$$

und aus dieser erhält man durch Ableiten die Grenzerlösfunktion

$$\frac{dR}{dx} = -\frac{1}{x^2}$$

Der Grenzerlös nimmt mit steigendem x zu. Man kann dies anhand der zweiten Ableitung zeigen:

$$\frac{d^2R}{dx^2} = \frac{2}{x^3} > 0$$

13. Die ursprüngliche Nachfragefunktion lautet $x = f(p)$. Daraus erhält man die Gesamterlösfunktion $R = p \cdot x = p \cdot f(p)$. Den erlösmaximalen Preis erhält man, indem man die erste Ableitung der Gesamterlösfunktion nach dem Preis bildet und gleich Null setzt:

$$\frac{dR}{dp} = f(p) + p \cdot f'(p)$$

Die Ableitung muß nach der Produktregel gebildet werden, da f(p) von p abhängt.

$$\frac{dR}{dp} = 0 \quad ; \quad : \qquad f(p) + p \cdot f'(p) = 0 \qquad \Rightarrow \qquad p = -\frac{f(p)}{f'(p)}$$

Aus der neuen Nachfragefunktion $x = a \cdot f(p)$ ergibt sich die Gesamterlösfunktion $R = p \cdot x = p \cdot a \cdot f(p) = a \cdot f(p) \cdot p$. Leitet man dies nach der Produktregel ab und setzt die Ableitung gleich Null, so erhält man:

$$\frac{dR}{dp} = a \cdot [f(p) + p \cdot f'(p)]$$

$$a \cdot [f(p) + p \cdot f'(p)] = 0$$

Division durch a ergibt:

$$f(p) + p \cdot f'(p) = 0$$

Löst man dies nach p auf, so ergibt sich:

$$p = -\frac{f(p)}{f'(p)}$$

Der erlösmaximale Preis ändert sich nicht, wenn die Nachfragefunktion mit einem konstanten Faktor a multipliziert wird; er ist von a unabhängig.

14. a. Die Gesamterlösfunktion ist $R = p \cdot x = (12\text{-}0{,}5 \cdot x) \cdot x = 12 \cdot x\text{-}0{,}5 \cdot x^2$. Die erlösmaximale Menge erhält man, indem man den Grenzerlös gleich Null setzt und danach nach x auflöst:

$$\frac{dR}{dx} = 12 - x = 0 \qquad \Rightarrow \qquad x = 12$$

Den Preis im Erlösmaximum ermittelt man, indem man die erlösmaximale Menge in die Preisabsatzfunktion einsetzt:

$$p(12) = 12 - 0{,}5 \cdot 12 = 6$$

b. Wenn der Anbieter eine Steuer in Höhe von 20% seines Erlöses zahlen muß, so verbleibt ihm ein Nettoerlös in Höhe von 80% des ursprünglichen Bruttobetrages. **Dieser Nettoerlös ist dann maximal, wenn auch der ursprüngliche Bruttoerlös maximal ist.**

Dies bedeutet, daß der Nettoerlös bei der Menge x = 12 maximal ist. Man kann das auch algebraisch herleiten, indem man die Nettoerlösfunktion bildet, ihre erste Ableitung gleich Null setzt und nach x auflöst:

Nettoerlösfunktion: $R_n = 0{,}8 \cdot p \cdot x = 0{,}8 \cdot (12 \cdot x - 0{,}5 \cdot x^2)$

1. Ableitung: $\frac{dR_n}{dx} = 0{,}8(12 - x)$

gleich Null setzen: $0{,}8 \cdot (12 - x) = 0 \quad \Rightarrow \quad x = 12$

Den Bruttopreis erhält man wieder, indem man die erlösmaximale Menge in die Preisabsatzfunktion einsetzt: $p(12) = 12 - 0{,}5 \cdot 12 = 6$. Preis und Menge im Erlösmaximum entsprechen also den Werten vor der Steuererhebung.

Dem Anbieter verbleibt bei einem Steuersatz von 20% des Erlöses ein Nettopreis von $p_n = 0{,}8 \cdot p = 0{,}8 \cdot 6 = 4{,}8$.

c. Bruttodurchschnittserlösfunktion = Preisabsatzfunktion = $12 - 0{,}5 \cdot x$.

$$\text{Nettodurchschnittserlösfunktion} = \frac{\text{Nettogesamterlösfunktion}}{x} =$$

$$\frac{0{,}8 \cdot (12 \cdot x - 0{,}5 \cdot x^2)}{x} = 9{,}6 - 0{,}4 \cdot x$$

Abb. B.14

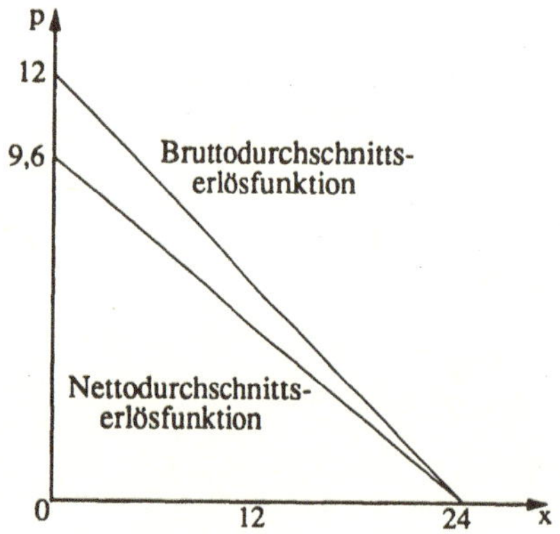

15. a. **Falsch**

b. **Falsch**

c. **Falsch**

d. **Falsch**

e. **Falsch**

f. **Wahr**

g. **Wahr**

h. **Falsch**

Zur Erinnerung:

- Wenn der Gesamterlös steigt [sinkt], ist der Grenzerlös positiv [negativ].

- Wenn der Gesamterlös konstant ist, ist der Grenzerlös Null.

- Wenn der Durchschnittserlös steigt [sinkt], ist der Grenzerlös größer [kleiner] als der Durchschnittserlös.

- Wenn der Durchschnittserlös konstant ist, ist der Grenzerlös gleich dem Durchschnittserlös.

  Diese Aussagen lassen sich allesamt auch umkehren. Darüber hinausgehende Aussagen über das Verhältnis zwischen Gesamt-, Durchschnitts- und Grenzgröße sind jedoch nicht möglich.

Marginal- und Äquimarginalprinzip

16. Ein Unternehmen will seinen Gewinn maximieren. Wieviel Arbeitskräfte wird das Unternehmen beschäftigen, wenn es pro Arbeiter einen Lohn von w zahlen muß? Erläutern Sie verbal möglichst genau die Bedingung, die bei gewinnmaximalem Arbeitseinsatz erfüllt sein muß.

17. Der funktionale Zusammenhang zwischen dem Output x und der Faktormenge v wird durch die folgende Ertragsfunktion wiedergegeben:

$$x = 24v^2 + 8v - \frac{1}{2}v^3$$

In der Gleichung gibt v die Menge des Faktors V an, die in der Produktion des Gutes X eingesetzt wird; x gibt die in physischen Einheiten gemessene Menge des Outputs an. Der Preis, zu dem eine Einheit des Gutes X verkauft wird, sei zwei DM. Der Preis für eine Einheit des Faktors V beträgt 16 DM.

   a. Bei welcher Menge des Faktors V ist der Ertrag pro Faktoreinheit, also der Durchschnittsertrag x/v, am größten?

   b. Welche Menge des Faktors wird das Unternehmen einsetzen, wenn es den Gewinn maximiert?

18. Ein Unternehmen will seinen Gewinn maximieren: Der Gewinn ist Erlös - Kosten. Welche Menge des Gutes X wird das Unternehmen produzieren? Erläutern Sie verbal die Bedingung, die bei gewinnmaximaler Produktionsmenge erfüllt sein muß.

19. Ein Monopolist mit der Preisabsatzfunktion p = 12 - 0,1x und der Kostenfunktion K = 100 + 4x will seinen Gewinn maximieren. Welche Menge von x wird er herstellen?

20. Ein Unternehmen produziert pro Periode 130 Einheiten des Gutes X. Das Gut wird auf zwei voneinander isolierten Märkten verkauft. Wir nennen die Menge, die auf Teilmarkt eins verkauft wird x_1, die Menge, die auf Teilmarkt zwei verkauft wird x_2. Es gilt also $x = x_1 + x_2 = 130$. Die Preisabsatzfunktionen auf den Teilmärkten eins und zwei sind:

$$p_1 = 20 - 0{,}1x_1$$

$$p_2 = 15 - 0{,}05x_2$$

a. Welche Mengen muß das Unternehmen auf den Märkten eins und zwei verkaufen, wenn es den Erlös maximieren will?

b. Die Produktionsmenge wird von 130 auf 150 erhöht. Aus organisatorischen Gründen kann die zusätzliche Menge nur auf einem der beiden Teilmärkte verkauft werden. Auf welchem Teilmarkt sollte die zusätzliche Menge verkauft werden?

21. Das Gut X wird in zwei verschiedenen Betrieben produziert. Der physische Ertrag x hängt vom Einsatz des in Arbeitsstunden gemessenen Faktors Arbeit ab. Der funktionale Zusammenhang zwischen Arbeitseinsatz und Output in den Betrieben eins und zwei wird durch die Ertragsfunktionen

$$x_1 = 4\sqrt{v_1}$$

$$x_2 = 5\sqrt{v_2}$$

wiedergegeben. Dabei ist x_1 die Menge des Outputs, die im ersten Betrieb hergestellt wird, v_1 die Menge der Arbeitsstunden, die im ersten Betrieb eingesetzt werden. Es stehen pro Periode 164 Arbeitsstunden zur Verfügung. Wieviel Arbeitsstunden müssen in Betrieb eins und in Betrieb zwei eingesetzt werden, wenn der Output maximiert werden soll?

22. Von Gut X werden von einem Unternehmen insgesamt 60 Einheiten in zwei verschiedenen Betrieben hergestellt. Die Kostenfunktionen in den beiden Betrieben seien

$$K_1 = 40 + 0{,}1x_1^2$$

$$K_2 = 20 + 0{,}2x_2^2$$

K_1 sind die Gesamtkosten in Betrieb eins, K_2 die Gesamtkosten in Betrieb zwei; x_1 ist die in Betrieb eins produzierte Menge, x_2 die in Betrieb zwei produzierte Menge. Wie muß die Menge $x = x_1 + x_2 = 60$ auf die Betriebe verteilt werden, wenn die Gesamtkosten so gering wie möglich sein sollen?

23. Zur Produktion des Gutes X werden die beiden Produktionsfaktoren eins und zwei beschäftigt. Der funktionale Zusammenhang zwischen dem Output und den Einsatzmengen der Produktionsfaktoren werde durch die Produktionsfunktion

$$x = v_1^{0,5} \cdot v_2^{0,5}$$

wiedergegeben. Es ist v_1 die Menge des Faktors eins, v_2 die Menge des Faktors zwei und x der in physischen Einheiten mit gegebenem Faktoreinsatz maximal zu produzierende Output. Der Preis für eine Einheit des Faktors eins beträgt eine DM; der Preis für eine Einheit des Faktors zwei beträgt vier DM.

a. In welchem Mengenverhältnis muß das Unternehmen die Produktionsfaktoren einsetzen, wenn es mit gegebener Ausgabensumme für die Produktionsfaktoren möglichst viel herstellen will?

b. Welche Menge kann das Unternehmen maximal herstellen, wenn die Ausgaben für die Produktionsfaktoren 200 DM betragen?

Lösungen der Aufgaben 16 - 23

16. Ein Unternehmen, das seinen Gewinn maximiert, wird soviel Arbeitskräfte einsetzen, daß der **marginale Nettogewinn Null** wird. Das folgt aus dem Marginalprinzip. Durch die Beschäftigung des letzten Arbeiters erhöht sich die Produktion um den in physischen Einheiten gemessenen **Grenzertrag** des Faktors Arbeit. Wird diese zusätzliche Produktion zum Marktpreis p des Gutes X verkauft, erhält man als Produkt aus dem Marktpreis p und dem Grenzertrag den zusätzlichen Erlös, der dem Einsatz der letzten Einheit des Faktors Arbeit zu verdanken ist. Dieses Produkt aus dem Preis des Gutes X und dem Grenzertrag nennt man das **Grenzwertprodukt**. Dabei wird unterstellt, daß der Güterpreis p für das betrachtete Unternehmen ein Datum ist.

$$\mathbf{p \cdot \frac{dx}{da} = Grenzwertprodukt}$$

Ist das Grenzwertprodukt größer als die zusätzlichen Ausgaben, die durch die Beschäftigung des letzten Arbeiters entstehen, ist der Grenzgewinn noch positiv. Durch Beschäftigung zusätzlicher Arbeitskräfte kann der Gewinn noch erhöht werden. Der Gewinn wird maximiert, wenn das Grenzwertprodukt gleich den zusätzlichen Ausgaben für die Beschäftigung der letzten Einheit des Faktors Arbeit ist.

Ist der Lohnsatz für das betrachtete Unternehmen ein Datum, wird der Gewinn maximiert, wenn das **Grenzwertprodukt gleich dem Lohnsatz w ist.**

17. a. Um die Menge zu bestimmen, bei der der Durchschnittsertrag des Faktors v ein Maximum ist, bildet man zunächst die **Durchschnittsertragsfunktion**.

Aus $\qquad x = 24v^2 + 8v - 0{,}5v^3$

erhält man die Durchschnittsertragsfunktion, indem man durch die Faktoreinsatzmenge v dividiert.

$$\frac{x}{v} = 24v + 8 - 0{,}5v^2$$

Die Durchschnittsertragsfunktion hat ein Maximum, wenn die erste Ableitung Null ist.

$$\frac{d\left(\frac{x}{v}\right)}{dv} = 24 - v = 0$$

$$v = \mathbf{24}$$

(Ein Maximum liegt vor, weil die zweite Ableitung negativ ist).

Der Durchschnittsertrag erreicht also ein Maximum, wenn 24 Einheiten des Faktors V eingesetzt werden.

b. Der Gewinn wird maximiert, wenn der zusätzliche Erlös, der dem Einsatz der letzten Einheit des Faktors V zu verdanken ist, gleich den zusätzlichen Ausgaben ist, die infolge des Einsatzes der letzten Einheit des Faktors bestehen.

Man ermittelt zunächst als erste Ableitung der Gesamtertragsfunktion nach der Faktoreinsatzmenge den physischen Ertragszuwachs, der dem Einsatz der letzten Einheit des Faktors V zu verdanken ist (den Grenzertrag).

$$\frac{dx}{dv} = 48v + 8 - 1{,}5v^2$$

Den zusätzlichen Erlös erhält man, indem man den Grenzertrag mit dem Preis des Gutes X multipliziert. Das Produkt ist das **Grenzwertprodukt** des Faktors V.

$$p \cdot \frac{dx}{dv} = (48v + 8 - 1{,}5v^2) \cdot 2$$

$$= 96v + 16 - 3v^2$$

Soll der Gewinn maximiert werden, muß der **Grenzgewinn Null** sein. Der zusätzliche Erlös, der dem Einsatz der letzten Einheit des Faktors zu verdanken ist, muß gleich den zusätzlichen Ausgaben sein, die durch den Einsatz der letzten Faktoreinheit entstehen.

$$96v + 16 - 3v^2 = 16$$

$$96v - 3v^2 = 0$$

$$v \cdot (32 - v) = 0 \quad \Rightarrow \quad v = \mathbf{32}$$

Der Gewinn wird maximiert, wenn 32 Einheiten des Faktors V eingesetzt werden.

18. Das Unternehmen, das seinen Gewinn maximieren will, muß die Menge produzieren, bei der der Grenzgewinn Null wird. Da der Gewinn gleich der Differenz aus Erlös und Kosten ist, muß im Gewinnmaximum die Differenz aus Grenzerlös und Grenzkosten Null sein. **Der Grenzerlös muß also gleich den Grenzkosten sein.**

$$G(x) = R(x) - K(x)$$

Im Gewinnmaximum muß die erste Ableitung Null sein.

$$\frac{dG}{dx} = \frac{dR}{dx} - \frac{dK}{dx} = 0 \quad \Rightarrow \quad \frac{dR}{dx} = \frac{dK}{dx}$$

19. Im Gewinnmaximum ist der Grenzerlös gleich den Grenzkosten. Aus der Durchschnittserlösfunktion $p = 12 - 0{,}1x$ erhält man die Grenzerlösfunktion, indem man zuerst die **Gesamterlösfunktion bildet und diese dann nach der Menge x ableitet.**

$$R = p \cdot x = 12x - 0{,}1x^2$$

$$\frac{dR}{dx} = 12 - 0{,}2x$$

Aus der Kostenfunktion $K = 100 + 4x$ erhält man als erste Ableitung die Grenzkostenfunktion.

$$\frac{dK}{dx} = 4$$

Im Gewinnmaximum ist der Grenzerlös gleich den Grenzkosten.

$$12 - 0{,}2x = 4 \quad \Rightarrow \quad 0{,}2x = 8 \quad \Rightarrow \quad \mathbf{x = 40} \quad ; \quad \mathbf{p = 8}$$

Man kann die gewinnmaximale Menge auch bestimmen, indem man von der **Gewinnfunktion** ausgeht:

$$G = (12x - 0{,}1x^2)\,[\textbf{Erlös}] - (200 + 4x)\,[\textbf{Kosten}]$$

$$G = 12x - 0{,}1x^2 - 200 - 4x \Rightarrow G = 8x - 0{,}1x^2 - 200$$

Man bildet die erste Ableitung und setzt diese gleich Null.

$$\frac{dG}{dx} = 8 - 0{,}2x = 0$$

$$\mathbf{x = 40 \quad ; \quad p = 8}$$

20. a. Aus dem Äquimarginalprinzip folgt, daß der Erlös maximiert wird, wenn der **Grenzerlös auf Teilmarkt eins gleich dem Grenzerlös auf Teilmarkt zwei** ist, sofern es notwendig ist, auf beiden Teilmärkten zu verkaufen, um den Erlös zu maximieren.

Bedingung für ein Erlösmaximum ist also:

$$R'_1 = R'_2$$

Die Gesamterlösfunktionen sind:

$$R_1 = 20x_1 - 0{,}1x_1^2 \quad \text{und} \quad R_2 = 15x_2 - 0{,}05x_2^2$$

Die entsprechenden Grenzerlösfunktionen lauten:

$$R'_1 = 20 - 0{,}2x_1 \quad \text{und} \quad R'_2 = 15 - 0{,}1x_2$$

Als Bedingung für ein Erlösmaximum erhält man:

$$20 - 0{,}2x_1 = 15 - 0{,}1x_2 \quad \Rightarrow \quad 0{,}2x_1 = 5 + 0{,}1x_2 \quad \Rightarrow \quad x_1 = 25 + 0{,}5x_2$$

Aufgrund der Restriktion ist

$$x_1 = 130 - x_2$$

Aus dem Gleichungssystem

$$x_1 = 25 + 0{,}5x_2$$

$$x_1 = 130 - x_2$$

erhält man: $$130 - x_2 = 25 + 0{,}5x_2$$

$$105 = 1{,}5x_2$$

$$\mathbf{x_2 = 70 \quad ; \quad x_1 = 60}$$

Die Preise sind: $$\mathbf{p_2 = 11{,}5 \quad ; \quad p_1 = 14}$$

b. Es liegt nahe zu vermuten, daß die zusätzlichen 20 Einheiten auf Teilmarkt eins verkauft werden sollten, weil der Preis auf Teilmarkt eins ($p_1 = 14$) höher ist als der Preis auf Teilmarkt zwei ($p_2 = 11{,}5$). Tatsächlich kommt es bei der Frage, wo die zusätzliche Menge verkauft werden sollte, nicht auf den **Durchschnittserlös** an, sondern allein darauf, wo der **zusätzliche Erlös** am größten ist.

Wird die zusätzliche Menge auf Teilmarkt eins verkauft, so daß dort statt bisher 60 Einheiten 80 Einheiten abgesetzt werden, sinkt der Preis auf

$$p_1 = 20 - 0{,}1 \cdot 80 = 12$$

Der Erlös auf Teilmarkt eins beträgt dann

$$R_1 = 12 \cdot 80 = 960$$

Der Erlös betrug bisher

$$R_1 = 14 \cdot 60 = 840$$

Der Erlös steigt also um 120 DM, wenn die zusätzliche Menge auf dem ersten Teilmarkt verkauft wird. Wird die zusätzliche Menge auf dem zweiten Teilmarkt verkauft, sinkt dort der Preis auf

$$p_2 = 15 - 0{,}05 \cdot 90 = 10{,}5$$

Der Erlös steigt von $R_2 = 70 \cdot 11{,}5 = 805$ auf $R_2 = 90 \cdot 10{,}5 = 945$ um 140 DM. Der Erlöszuwachs ist also größer, wenn die zusätzliche Menge auf dem zweiten Teilmarkt verkauft wird.

21. **Der Gesamtertrag wird maximiert, wenn der Grenzertrag des Faktors Arbeit in beiden Betrieben gleich ist.** Wäre nämlich der Grenzertrag des Faktors Arbeit im ersten Betrieb größer als im zweiten Betrieb, könnte der Gesamtertrag bei gegebenem Faktoreinsatz erhöht werden, indem eine Einheit des Faktors Arbeit mehr im ersten Betrieb und eine Einheit weniger im zweiten Betrieb eingesetzt werden. (Es wird unterstellt, daß es richtig ist, in beiden Betrieben zu produzieren).

Es muß deshalb gelten:

$$\frac{dx_1}{dv_1} = \frac{dx_2}{dv_2}$$

$$\frac{4}{2 \cdot \sqrt{v_1}} = \frac{5}{2 \cdot \sqrt{v_2}} \quad \Rightarrow \quad \frac{4}{5}\sqrt{v_2} = \sqrt{v_1} \quad \Rightarrow \quad \frac{16}{25} v_2 = v_1$$

Da 164 Arbeitsstunden zur Verfügung stehen, gilt:

$$v_1 + v_2 = 164$$

Aus dem Gleichungssystem

$$\frac{16}{25} v_2 = v_1$$

$$v_1 + v_2 = 164$$

erhält man:

$$\mathbf{v_1 = 64}$$

$$\mathbf{v_2 = 100}$$

22. Wird in beiden Betrieben produziert, so sind die Kosten nur dann minimal, wenn die **Grenzkosten in beiden Betrieben gleich sind.**

$$\frac{dK_1}{dx_1} = \frac{dK_2}{dx_2}$$

$$0{,}2x_1 = 0{,}4x_2 \quad \Rightarrow \quad x_1 = 2x_2$$

Außerdem gilt:

$$x_1 + x_2 = 60$$

Aus dem Gleichungssystem

$$x_1 = 2x_2$$

$$x_1 + x_2 = 60$$

erhält man:

$$\mathbf{x_1 = 40} \quad \text{und} \quad \mathbf{x_2 = 20}$$

23. a. Wenn mit gegebener Ausgabensumme möglichst viel hergestellt werden soll, muß der Grenzertrag, der der letzten Mark zu verdanken ist, die für den ersten Faktor ausgegeben wird, gleich dem Grenzertrag der letzten Mark sein, die für den zweiten Faktor ausgegeben wird. Es muß gelten:

$$\frac{\text{Grenzertrag des Faktors } v_1}{\text{Preis des Faktors } v_1} = \frac{\text{Grenzertrag des Faktors } v_2}{\text{Preis des Faktors } v_2}$$

$$\frac{\frac{\delta x}{\delta v_1}}{q_1} = \frac{\frac{\delta x}{\delta v_2}}{q_2}$$

$$\frac{\delta x}{\delta v_1} = 0{,}5 v_1^{-0{,}5} \cdot v_2^{0{,}5} = 0{,}5 \cdot \frac{v_2^{0{,}5}}{v_1^{0{,}5}}$$

$$\frac{\delta x}{\delta v_2} = 0{,}5 v_2^{-0{,}5} \cdot v_1^{0{,}5} = 0{,}5 \cdot \frac{v_1^{0{,}5}}{v_2^{0{,}5}}$$

Wegen $q_1 = 1$ und $q_2 = 4$ ist

$$\frac{\frac{\delta x}{\delta v_1}}{q_1} = \frac{0{,}5 v_2^{0,5}}{v_1^{0,5}} \quad ; \quad \frac{\frac{\delta x}{\delta v_2}}{q_2} = \frac{0{,}5 v_1^{0,5}}{4 \cdot v_2^{0,5}}$$

$$\frac{0{,}5 v_2^{0,5}}{v_1^{0,5}} = \frac{0{,}5 v_1^{0,5}}{4 \cdot v_2^{0,5}}$$

$$4 v_2 = v_1$$

$$\frac{v_1}{v_2} = 4$$

b. Bei gegebener Ausgabensumme von 200 ist

$$200 = q_1 \cdot v_1 + q_2 \cdot v_2$$

$$200 = v_1 + 4 v_2$$

Aus dem Gleichungssystem $v_1 = 4 v_2$

$$200 = v_1 + 4 v_2$$

ergibt sich: $\mathbf{v_1 = 100}$

$$\mathbf{v_2 = 25}$$

Wenn 100 Einheiten des Faktors V_1 und 25 Einheiten des Faktors V_2 eingesetzt werden, können maximal

$$x = 100^{0,5} \cdot 25^{0,5}$$

$$x = 10 \cdot 5 = 50$$

Einheiten des Gutes X hergestellt werden.

Preiselastizität der Nachfrage

24. Die lineare Nachfragefunktion sei x = 120 - 10p.

 a. Bestimmen Sie, wie groß die Preiselastizität der Nachfrage bei einem Preis p = 8 ist.

 b. Bei welchem Preis ist die Preiselastizität gleich drei?

25. Die inverse Nachfragefunktion sei p = a - bx. Bei welchem Preis ist die Preiselastizität gleich 0,5?

26. Die Nachfragefunktion sei ln x = a - b ln p. Wie ist b zu interpretieren?

27. Eine Einkommenssteigerung führt dazu, daß sich die lineare Nachfragefunktion parallel nach rechts verschiebt. Wie verändert sich die Preiselastizität bei gegebenem Preis?

28. In Abbildung B.15 sind die beiden Nachfragekurven N_1 und N_2 eingezeichnet. Bestimmen Sie graphisch einen Punkt P_2 auf N_2, in dem die Preiselastizität der Nachfrage genauso groß ist wie in P_1 auf N_1.

Abb. B.15

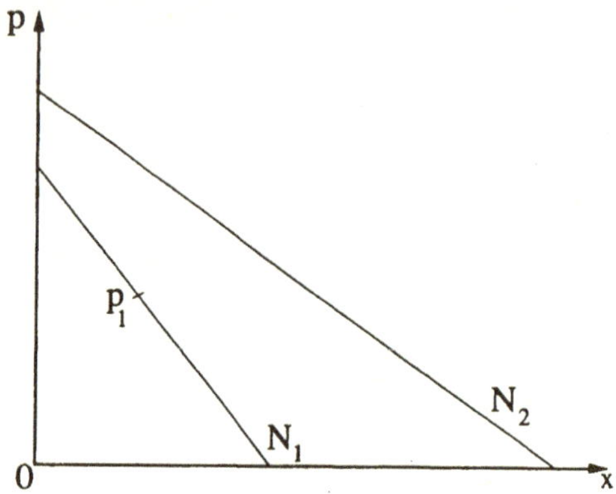

29. Die Gesamtnachfrage ergebe sich als Summe der Nachfragen der Haushalte eins und zwei. Es sei

$$x_1 = 80 - p$$
$$x_2 = 60 - p$$

Wie groß ist die Preiselastizität der Nachfrage des Haushalts eins, des Haushalts zwei und der Gesamtnachfrage bei einem Preis p = 40? Zeigen Sie, daß die Preiselastizität der Gesamtnachfrage gleich

$$\frac{x_1}{x} \cdot \varepsilon_{x_1p} + \frac{x_2}{x} \cdot \varepsilon_{x_2p}$$

ist. Dabei ist x die Gesamtnachfrage nach Gut X.

30. Beweisen Sie: Eine Bogenelastizität

$$\varepsilon_{xp} = \frac{\Delta x}{\Delta p} \cdot \frac{p_1 + p_2}{x_1 + x_2}$$

von eins bedeutet, daß der Erlös bei einer Preisänderung konstant bleibt.

31. Von der inländischen Weizenernte von 12 Millionen Einheiten werden 2 Millionen Einheiten an ein kommunistisches Land verkauft. Das inländische Angebot sinkt also auf 10 Millionen Einheiten. Diese werden auf dem vom Weltmarkt isolierten Inlandsmarkt zu 6,5 Geldeinheiten pro Weizeneinheit verkauft. Wie hoch wäre der Inlandspreis gewesen, wenn die gesamte Ernte auf dem Inlandsmarkt abgesetzt worden wäre? Unterstellen Sie, daß die relevante Bogenpreiselastizität gleich 0,5 ist.

32. Der englische Statistiker Gregory King beobachtete, daß geringe relative Ernteschwankungen bei Weizen große relative Preisänderungen zur Folge hatten. Was besagt dies über die Größe der Preiselastizität der Nachfrage nach Weizen?

33. Der Student A erklärt, er gäbe 25 Prozent seines Einkommens für Bier aus, gleichgültig wie teuer das Bier ist. Wie groß ist die Preiselastizität der Nachfrage des A nach Bier?

34. Eine Erhöhung der Tabaksteuer wird manchmal mit dem Hinweis begründet, das werde die Bürger veranlassen, weniger Geld für Tabakwaren und mehr Geld für andere, nützlichere Dinge auszugeben. Wird das tatsächlich geschehen?

35. Im Wall Street Journal vom September 1966 wurde berichtet: Ein pensionierter Eisenbahner beklagte sich darüber, daß das Bier in der Kneipe an der Ecke schon wieder teurer geworden sei. Der Preis sei von 25 Cents auf 30 Cents gestiegen. Er habe deshalb seine Kneipenbesuche von wöchentlich sechs auf fünf reduziert. Wie groß ist die Preiselastizität der Nachfrage nach Bier bei dem Pensionär, wenn der Bierkonsum pro Kneipenbesuch sich nicht geändert hat?

36. Ein Land möchte durch eine Abwertung seine in Fremdwährung gemessenen Exporterlöse erhöhen. Man meint, daß infolge der Abwertung die inländischen Waren für die Ausländer billiger werden, so daß die Ausländer mehr aus dem Inland importieren. Der Exporterlös werde also infolge der Abwertung steigen. Ist die Argumentation zwingend?

37. Um die Exporterlöse einiger Entwicklungsländer für ein bestimmtes Produkt zu stabilisieren, wird ein Bufferstock eingerichtet. Ein bestimmter als normal betrachteter Weltmarktpreis wird fixiert. Droht der Weltmarktpreis zu sinken, tritt der Bufferstock als Käufer des Produktes auf, um ein Sinken des Preises zu verhindern. Droht der Weltmarktpreis zu steigen, tritt der Bufferstock als Verkäufer des Produktes auf.

    Führt die Einrichtung des Bufferstocks zu einer Stabilisierung des Exporterlöses, wenn die Preisschwankungen auf Schwankungen des Angebots zurückzuführen sind und die Preiselastizität gleich eins ist?

Lösungen der Aufgaben 24 - 37

24. a. Man erhält die **Preiselastizität** der Nachfrage als **Quotienten aus relativer Mengenänderung und relativer Preisänderung**:

$$\varepsilon_{xp} = -\frac{dx/x}{dp/p} = -\frac{dx}{dp} \cdot \frac{p}{x}$$

Der Marshallschen Tradition folgend wird die Preiselastizität der Nachfrage hier und im folgenden negativ definiert.

Für x = 120 - 10p ergibt sich:

$$\frac{dx}{dp} = -10 \quad \text{und}$$

$$\varepsilon_{xp} = -\frac{dx}{dp} \cdot \frac{p}{x} = -(-10) \cdot \frac{p}{120-10p} = \frac{10p}{120-10p} = \frac{p}{12-p}$$

Für p = 8 erhält man

$$\varepsilon_{xp} = \frac{8}{12-8} = 2$$

b. Man findet die Lösung, indem man den Ausdruck

$$\varepsilon_{xp} = \frac{p}{12-p}$$

(siehe Teilaufgabe a.) gleich drei setzt:

$$\varepsilon_{xp} = \frac{p}{12-p} = 3 \quad \Rightarrow \quad p = 36-3p \quad \Rightarrow \quad 4p = 36 \quad \Rightarrow \quad p = 9$$

25. Man ermittelt zunächst die Nachfragefunktion, indem man nach x auflöst:

$$p = a - bx \quad \Rightarrow \quad x = \frac{a-p}{b}$$

Es ist

$$\frac{dx}{dp} = -\frac{1}{b} \quad \text{und} \quad -\frac{dx}{dp} = \frac{1}{b}$$

so daß man für die Elastizität erhält:

$$\varepsilon_{xp} = -\frac{dx}{dp} \cdot \frac{p}{x} = \frac{1}{b} \cdot \frac{p}{\frac{a-p}{b}} = \frac{1}{b} \cdot \frac{bp}{a-p} = \frac{p}{a-p}$$

Wenn die Preiselastizität gleich 0,5 ist, gilt:

$$\varepsilon_{xp} = \frac{p}{a-p} = 0{,}5 \quad \Rightarrow \quad p = 0{,}5a - 0{,}5p \quad \Rightarrow$$

$$1{,}5p = 0{,}5a \quad \Rightarrow \quad p = \frac{a}{3}$$

26. In ln x = a - b ln p ist b die Preiselastizität der Nachfrage. Es gilt:

$$\frac{d \ln x}{d \ln p} = -b \text{ und } -\frac{d \ln x}{d \ln p} = b$$

$-\frac{d \ln x}{d \ln p}$ ist jedoch ein anderer Ausdruck für die Preiselastizität der Nachfrage, wie man leicht nachweisen kann:

Es gilt $\quad \frac{d \ln x}{dx} = \frac{1}{x} \quad \Rightarrow \quad d \ln x = \frac{dx}{x}$

und $\quad \frac{d \ln p}{dp} = \frac{1}{p} \quad \Rightarrow \quad d \ln p = \frac{dp}{p}$

Daraus ergibt sich $\quad -\frac{d \ln x}{d \ln p} = -\frac{dx/x}{dp/p} = -\frac{dx}{dp} \cdot \frac{p}{x}$

die Preiselastizität der Nachfrage.

27. Man ermittelt die Preiselastizität graphisch als

$$\varepsilon_{xp} = \frac{P_1A}{P_1B} \quad \text{bzw.} \quad \varepsilon_{xp} = \frac{P_2A'}{P_2B'}$$

Bei unverändertem Preis gilt (vergleiche Abbildung B.16):

$$P_1A = P_2A' \text{ und } P_1B < P_2B'$$

Daraus folgt $\quad \frac{P_1A}{P_1B} > \frac{P_2A'}{P_2B'}$

Die Preiselastizität der Nachfrage sinkt also.

Abb. B.16

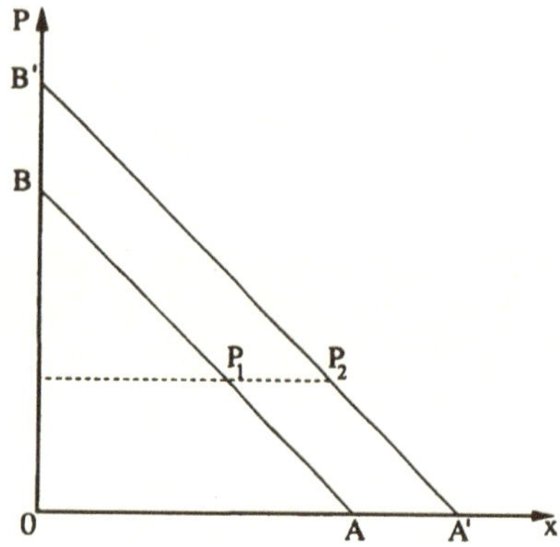

28. Man konstruiert zunächst die Hilfslinie B_1A_2. Auf dieser liegt der Punkt P_1', in dem die Preiselastizität genauso groß ist wie in P_1, da gilt:

$$\frac{P_1A_1}{P_1B_1} = \frac{P_1'A_2}{P_1'B_1}$$

Dies kann man durch Anwendung des Strahlensatzes beweisen. Im Punkt P_2 auf N_2 ist die Preiselastizität genauso groß wie in P_1', denn es gilt:

$$\frac{P_1'A_2}{P_1'B_1} = \frac{P_2A_2}{P_2B_2}$$

was sich wiederum mit Hilfe des Strahlensatzes beweisen läßt. P_2 ist also der gesuchte Punkt.

Abb. B.17

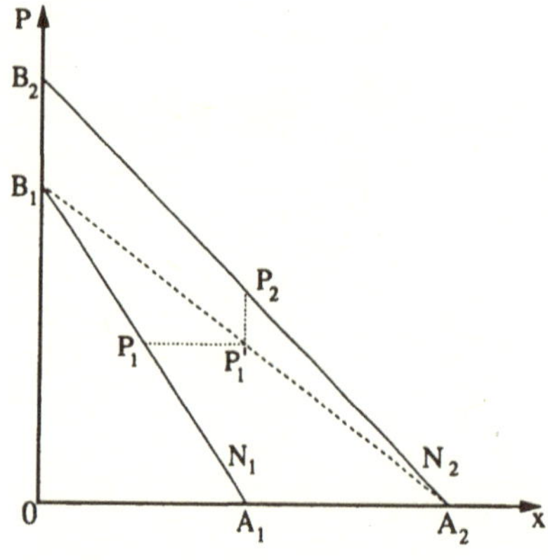

29. Die Preiselastizität der Nachfrage des Haushalts eins ist

$$-\frac{dx_1}{dp}\cdot\frac{p}{x_1}=\frac{p}{80-p}$$

Für p = 40 ergibt sich der Wert

$$\frac{40}{80-40}=1$$

Die Preiselastizität der Nachfrage des Haushalts zwei ist

$$-\frac{dx_2}{dp}\cdot\frac{p}{x_2}=\frac{p}{60-p}$$

Für p = 40 ergibt sich der Wert:

$$\frac{40}{60-40}=2$$

Die Gesamtnachfrage erhält man durch **Addition der individuellen Nachfragekurven**. Es ergibt sich:

x = 80-p für > 60, da hier nur Haushalt eins das Gut X nachfragt.
x = 140-2p für p ≤ 60, da hier beide Haushalte das Gut X nachfragen.

Für den Fall p ≤ 60 erhält man die Preiselastizität

$$-\frac{dx}{dp}\cdot\frac{p}{x}=\frac{2p}{140-2p}=\frac{p}{70-p};\quad \text{für} \quad p=40 \quad \text{ergibt} \quad \text{das} \quad \frac{40}{70-40}=\frac{40}{30}=\frac{4}{3}$$

Beim Preis p = 40 gilt:

$$x_1=40$$

$$x_2=20$$

$$x=x_1+x_2=60$$

Es ist

$$\frac{x_1}{x}\cdot\varepsilon_{x_1p}+\frac{x_2}{x}\cdot\varepsilon_{x_2p}=\frac{40}{60}\cdot 1+\frac{20}{60}\cdot 2=\frac{2}{3}+\frac{2}{3}=\frac{4}{3}=\varepsilon_{xp}$$

Allgemeiner Beweis:

Wegen $x = x_1 + x_2$ gilt $\frac{dx}{dp} = \frac{dx_1}{dp} + \frac{dx_2}{dp}$.

Daraus ergibt sich:

$$\varepsilon_{xp} = -\frac{dx}{dp} \cdot \frac{p}{x} = -\left(\frac{dx_1}{dp} + \frac{dx_2}{dp}\right) \cdot \frac{p}{x} = -\frac{dx_1}{dp} \cdot \frac{p}{x} - \frac{dx_2}{dp} \cdot \frac{p}{x} =$$

$$-\frac{dx_1}{dp} \cdot \frac{p}{x_1} \cdot \frac{x_1}{x} - \frac{dx_2}{dp} \cdot \frac{p}{x_2} \cdot \frac{x_2}{x} = \frac{x_1}{x} \cdot \varepsilon_{x_1p} + \frac{x_2}{x} \cdot \varepsilon_{x_2p}$$

Damit ist der geforderte Beweis erbracht.

30. Es gilt $\Delta x = x_2 - x_1$ und $\Delta p = p_2 - p_1$, so daß man schreiben kann:

$$-\frac{(x_2 - x_1)}{(p_2 - p_1)} \cdot \frac{(p_1 + p_2)}{(x_1 + x_2)} = 1$$

Daraus erhält man:

$$-(x_2 - x_1) \cdot (p_1 + p_2) = (p_2 - p_1) \cdot (x_1 + x_2) \quad \Rightarrow$$

$$-p_1x_2 - p_2x_2 + p_1x_1 + p_2x_1 = p_2x_1 + p_2x_2 - p_1x_1 - p_1x_2 \quad \Rightarrow$$

$$2 \cdot p_1x_1 = 2 \cdot p_2x_2$$

Daraus ergibt sich $\mathbf{p_1x_1 = p_2x_2}$, was bedeutet, daß der **Erlös vor und nach der Preisänderung gleich hoch ist.**

31. Es sei $x_1 = 10$, $x_2 = 12$ und $p_1 = 6{,}5$. Gesucht ist der Preis p_2, der sich ergäbe, wenn die gesamte inländische Ernte von $x_2 = 12$ Millionen Einheiten auch im Inland abgesetzt würde. Setzt man die obigen Daten in die **Formel für die Bogenpreiselastizität** ein und berücksichtigt, daß diese gleich 0,5 ist, so ergibt sich:

$$-\frac{(x_2 - x_1)}{(p_2 - p_1)} \cdot \frac{(p_1 + p_2)}{(x_1 + x_2)} = 0{,}5$$

$$\frac{(12-10)}{(p_2 - 6{,}5)} \cdot \frac{(6{,}5 + p_2)}{(10+12)} = -0{,}5 \quad \Rightarrow \quad \frac{2}{(p_2 - 6{,}5)} \cdot \frac{(6{,}5 + p_2)}{22} = -0{,}5 \quad \Rightarrow \quad \frac{2}{22} = -0{,}5 \cdot \frac{(p_2 - 6{,}5)}{(6{,}5 + p_2)} \quad \Rightarrow$$

$$6{,}5 + p_2 = -0{,}5(p_2 - 6{,}5) \cdot 11 \quad \Rightarrow \quad 13 + 2p_2 = -11p_2 + 71{,}5 \quad \Rightarrow \quad 13p_2 = 58{,}5 \quad \Rightarrow \quad \mathbf{p_2 = 4{,}5}$$

Der gesuchte Inlandspreis ist 4,5.

32. Die Beobachtung besagt, daß die **relative Mengenänderung kleiner ist als die relative Preisänderung**, denn geringe Mengenschwankungen haben große Preisschwankungen zur Folge. Die **Preiselastizität** der Nachfrage

$$\varepsilon = -\frac{dx}{x} : \frac{dp}{p}$$

ist also **kleiner als eins**. (Da entweder dx oder dp negativ ist, ergibt sich ein positiver Wert für die Elastizität.)

Das Weizenangebot ist - sieht man einmal von der Möglichkeit der Lagerung ab - durch die Erntemenge festgelegt und damit kurzfristig starr. Das Angebot wird vollständig abgesetzt, wobei sich der Marktpreis herausbildet. In diesem Beispiel ist also die Menge die unabhängige Variable und der Preis die abhängige Variable.

Man sollte daher **nicht** sagen, die Elastizität sei **stets** der Quotient "relative Änderung der abhängigen Variablen (Wirkung) dividiert durch relative Änderung der unabhängigen Variablen (Ursache)". In unserem obigen Beispiel ist es genau umgekehrt.

33. Der Student A gibt bei alternativen Preisen stets ein Viertel seines Einkommens für Bier aus; der Gesamtbetrag, den er für Bier ausgibt, bleibt also konstant. Wenn seine Gesamtausgaben für Bier auch bei Änderungen des Bierpreises konstant bleiben, so muß die relative Mengenänderung der relativen Preisänderung entsprechen. Das bedeutet, daß die Preiselastizität der **Biernachfrage des Studenten A gleich eins ist**.

34. Bei normal verlaufender Angebots- und Nachfragekurve wird infolge einer Erhöhung der Tabaksteuer der Preis für Tabakwaren steigen. Die nachgefragte Menge wird demzufolge sinken. Das bedeutet aber nicht, daß deshalb auch die Ausgaben für Tabakwaren zurückgehen werden. Das wäre nur dann so, wenn die relative Mengenänderung größer wäre als die relative Preisänderung; wenn also die Preiselastizität der Nachfrage größer als eins wäre.

Vermutlich ist jedoch die Preiselastizität der Nachfrage nach Tabakwaren kleiner als eins. Das bedeutet, daß die Ausgaben für Tabakwaren infolge einer Preiserhöhung steigen. **Die Raucher werden** also nach einer Erhöhung der Tabaksteuer nicht mehr, sondern **weniger Geld für "andere, nützlichere Dinge" ausgeben**.

35. Wenn n die Zahl der Biere ist, die der Eisenbahner pro Kneipenbesuch trinkt, so betrugen seine Ausgaben für Bier vor der Preiserhöhung: $6n \cdot 0{,}25 = 1{,}5n$ \$ je Woche. Bei unverändertem Bierkonsum je Kneipenbesuch betragen seine wöchentlichen Ausgaben nach der Preiserhöhung: $5n \cdot 0{,}3 = 1{,}5n$ \$.

Die Ausgaben des Pensionärs für Bier haben sich also infolge der Preiserhöhung nicht geändert. Das heißt, daß die relative Mengenänderung der relativen Preisänderung entspricht; die Preiselastizität der Biernachfrage des Pensionärs ist also gleich eins.

36. Infolge einer Abwertung der Währung sinken die in Fremdwährung gemessenen Preise für die inländischen Güter. Das Ausland wird daher mehr importieren. (Den sogenannten Giffen-Fall, bei dem nach einer Preissenkung die nachgefragte Menge zurückgeht, schließen wir hier aus.)

    Das bedeutet aber **nicht** zwingend, daß die in Fremdwährung gemessenen **Exporterlöse steigen**. Die Erlöse sind das Produkt aus Preis und Menge. Die durch die Währungsabwertung verursachte Preissenkung führt, isoliert betrachtet, zu einer Erlösverminderung. Die Erhöhung der exportierten Menge läßt dagegen isoliert betrachtet die Erlöse steigen.

    Nur dann, wenn die relative Mengenänderung größer ist als die relative Preisänderung, werden die in Fremdwährung gemessenen Exporterlöse steigen. Dieser Fall tritt nur dann ein, wenn die Elastizität der ausländischen Nachfrage nach den Exportgütern des Inlands größer als eins ist.

37. Auf der Abszisse ist die Menge des betrachteten Gutes abgetragen, auf der Ordinate der Weltmarktpreis. A_n ist die normale Angebotskurve, p_0 der als normal angesehene Preis, der durch den Bufferstock stabilisiert werden soll.

Abb. B.18

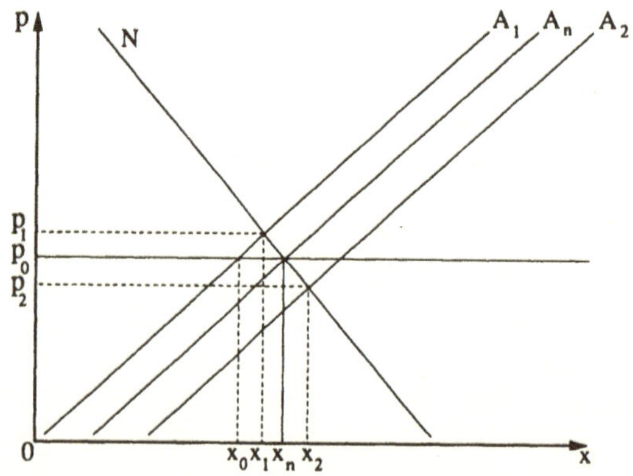

Das Angebot schwankt zwischen A_1 und A_2. Ohne Interventionen des Bufferstocks würde folglich der Weltmarktpreis zwischen p_1 (wenn das Angebot auf A_1sinkt) und p_2 (wenn das Angebot auf A_1 steigt) schwanken.

Wenn die Preisschwankungen verhindert werden sollen, muß im Falle sinkenden Angebots der Bufferstock das Gut X aus seinen Beständen verkaufen. Da beim Angebot A_1 die Produzenten zum Preis p_0 nur die Menge x_0 anbieten, muß der Bufferstock die Menge $x_n - x_0$ anbieten. Die Erlöse der Anbieter betragen nur $p_0 \cdot x_0$, sie sind also um $p_0 \cdot (x_n - x_0)$ niedriger als der normale Erlös. Die Einrichtung des Bufferstock hat also nicht zu einer Stabilisierung der Erlöse geführt.

Im Gegenteil: Ohne Intervention des Bufferstock wäre beim Angebot A_1 die Menge x_1 zum Preis p_1 verkauft worden. Da annahmegemäß die Preiselastizität der

Nachfrage eins ist, die relative Mengenänderung also gleich der relativen Preisänderung ist, gilt $p_1x_1 = p_0x_n$. Ohne die Intervention des Bufferstock käme es also gar nicht zu schwankenden Erlösen. Als Ergebnis halten wir fest: **Erst die Interventionen des Bufferstock führen zu schwankenden Erlösen.**

Dies gilt, wie man sich auf analoge Weise leicht klarmachen kann, auch für den Fall, daß das Angebot auf A_2 steigt.

Wenn die Preiselastizität der Nachfrage größer als eins ist, ergibt sich eine ähnliche Situation.

Bei einem Rückgang des Angebots (d.h. bei einer Linksverschiebung der Angebotskurve) steigt der Preis. Bei elastischer Nachfrage ist die relative Mengenänderung größer als die relative Preisänderung, so daß die Erlöse der Entwicklungsländer sinken. Tritt nun der Bufferstock als zusätzlicher Anbieter auf, um den Preis auf den ursprünglichen Wert zu drücken, so geschieht folgendes:

- Durch die Preissenkung aufgrund der Tätigkeit des Bufferstock sinken die Erlöse der Entwicklungsländer.

- Bei sinkendem Preis wird die von den Entwicklungsländern angebotene Menge zurückgehen.

Beide Komponenten bewirken also einen Rückgang der Exporterlöse. Zwar ergeben sich auch bei freier Preisbildung (also ohne die Tätigkeit des Bufferstock) Erlösschwankungen, wenn sich die Angebotskurve verschiebt. Durch die Tätigkeit eines Bufferstock werden diese Erlösschwankungen aber noch verstärkt, so daß das Ziel der Erlösstabilisierung auch hier verfehlt wird.

Entsprechend kann man sich klarmachen, daß infolge einer Angebotserhöhung die Tätigkeit des Bufferstock zu einer Verstärkung der ohnehin eintretenden Erlössteigerung führt.

Die Frage, wie sich die Tätigkeit eines Bufferstock auswirkt, wenn die Preiselastizität der Nachfrage kleiner als eins ist, ist schwierig zu beantworten. Es kann nicht generell gesagt werden, ob die Tätigkeit des Bufferstock die ohnehin eintretenden Erlösschwankungen verstärkt oder abschwächt. Auf eine weitere Diskussion dieser Frage soll hier verzichtet werden.

Einkommenselastizität

38. Wie können normale und inferiore Güter mit Hilfe des Koeffizienten der Einkommenselastizität definiert werden?

39. "Engelkurven, die Ursprungsgeraden mit unterschiedlicher Steigung sind, müssen unterschiedliche Einkommenselastizitäten haben. Die unterschiedliche Steigung bedeutet, daß gegebene Einkommensänderungen mit unterschiedlichen Mengenänderungen verbunden sind." Ist das richtig?

40. Gegeben ist eine lineare Engelkurve mit positiver Steigung, die die Einkommensachse bei positivem Wert schneidet.

    a. Welche Aussagen über die Einkommenselastizität lassen sich machen?

    b. Wie verändert sich die Einkommenselastizität mit wachsendem Einkommen?

41. Es sei $x = a + bE^n$ mit $a > 0$, $b > 0$. Ist die Einkommenselastizität bei beliebigem Einkommen stets größer als eins, wenn n größer als eins ist?

42. Wie lautet die Gleichung einer isoelastischen Engelkurve, die in jedem Punkt eine Elastizität von $\varepsilon_{xE} = 0{,}5$ hat?

43. In einer Studie im Auftrag amerikanischer Brauereien wurde ermittelt, daß die Einkommenselastizität für Bier kleiner als eins ist. Die Brauereien folgerten daraus, eine Biersteuer sei unsozial. Warum?

44. "Die Subventionierung von Nahrungsmitteln, die durch eine allgemeine Kopfsteuer finanziert wird, wäre eine verteilungspolitische Maßnahme zugunsten der Bezieher kleiner Einkommen." Stimmt das?

45. Die konstante Einkommenselastizität für ein Gut X sei 0,5. Das Gut X wird subventioniert. Die Subventionierung wird durch eine proportionale Einkommensteuer finanziert. Wie ist diese Maßnahme verteilungspolitisch zu beurteilen?

46. Um die Einkommenssituation der Bauern zu verbessern, wird für ein landwirtschaftliches Produkt ein Mindestpreis festgesetzt, der über dem Marktpreis liegt. Wie ist diese Maßnahme verteilungspolitisch zu beurteilen, wenn die Einkommenselastizität für das Produkt kleiner als eins ist?

Lösungen der Aufgaben 38 - 46

38. **Normale Güter** sind Güter, bei denen die Nachfrage mit steigendem Einkommen zunimmt. **Ihre Einkommenselastizität ist positiv**. Man bezeichnet normale Güter auch oft als superiore Güter.

    Inferiore Güter sind Güter, bei denen mit wachsendem Einkommen die Nachfrage sinkt. **Die Einkommenselastizität ist bei inferioren Gütern negativ**.

39. **Nein!** Die Tatsache, daß die Steigung der Engelkurven, dx/dE, unterschiedlich ist, bedeutet nicht, daß auch die Einkommenselastizität

$$\varepsilon_{xE} = \frac{dx}{dE} \cdot \frac{E}{x}$$

    unterschiedlich ist.

    Im Gegenteil: Für jede Engel-Kurve, die eine Ursprungsgerade ist, gilt generell:

$$\frac{dx}{dE} = \frac{x}{E}$$

Daraus folgt:

$$\varepsilon_{xE} = \frac{dx}{dE} \cdot \frac{E}{x} = \frac{dx}{dE} : \frac{x}{E} = 1$$

Alle Engel-Kurven, die Ursprungsgeraden sind, weisen also eine Einkommenselastizität von eins auf, und zwar unabhängig von ihrer Steigung.

40. Die Frage läßt sich mit Hilfe der Abbildung B.19 beantworten:

Abb. B.19

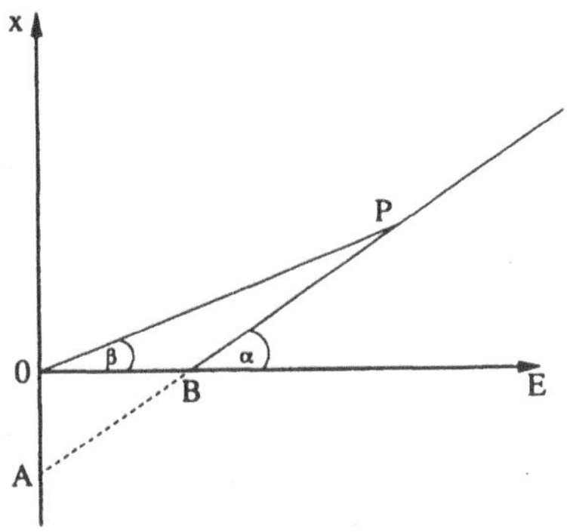

a. Die Einkommenselastizität in P ist PA/PB und damit größer als eins. Dies gilt für jeden beliebigen Punkt auf der Engel-Kurve. Demnach gilt also für alle Punkte auf dieser linearen Engel-Kurve, **daß die Einkommenselastizität größer als eins ist.**

Dies läßt sich auch noch wie folgt zeigen:

Es gilt $\frac{x}{E} = \tan\beta$; $\frac{dx}{dE} = \tan\alpha$

Man macht sich leicht klar, daß

$$\tan\alpha > \tan\beta \quad \text{und} \quad \text{damit} \quad \frac{dx}{dE} > \frac{x}{E} \quad \text{gilt}$$

Daraus ergibt sich

$$\varepsilon_{xE} = \frac{dx}{dE} : \frac{x}{E} > 1$$

b. Je höher das Einkommen ist (d.h. je weiter man sich auf der Engel-Kurve nach rechts bewegt), desto kleiner wird PA/PB. **Die Einkommenselastizität sinkt demnach mit steigendem Einkommen.** Wie bei Teilaufgabe a. bewiesen, bleibt sie jedoch stets größer als eins.

41. Aus $x = a + bE^n$ ergibt sich für $n > 1$ eine Engel-Kurve mit folgender Gestalt:

Abb. B.20

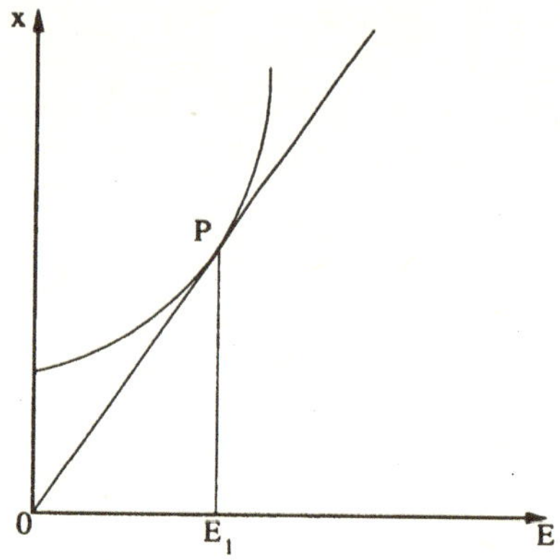

Bei einem Einkommen von E_1 ist die Einkommenselastizität gleich eins, denn es gilt

$$\frac{dx}{dE} = \frac{x}{E}$$

Für $E < E_1$ ist die Einkommenselastizität kleiner als eins, denn in diesem Bereich gilt

$$\frac{dx}{dE} < \frac{x}{E}$$

Nur für $E > E_1$ ist die Einkommenselastizität größer als eins, denn nur für diesen Bereich gilt

$$\frac{dx}{dE} > \frac{x}{E}$$

Algebraisch erhält man

$$\varepsilon_{xE} = \frac{dx}{dE} \cdot \frac{E}{x} = nbE^{n-1} \cdot \frac{E}{a + bE^n}$$

Dieser Ausdruck ist nur dann größer als eins, wenn der Zähler größer ist als der Nenner. Das braucht aber keinesfalls immer so zu sein. Wählt man etwa n = 1,5, b = 0,1, E = 100 und a = 50, so ergibt sich für die Einkommenselastizität ein Wert von eins.

42. Die Gleichung lautet: $x = aE^{0,5}$.

Beweis:

$$\frac{dx}{dE} = 0,5 \cdot aE^{-0,5}$$

$$\varepsilon_{xE} = \frac{dx}{dE} \cdot \frac{E}{x} = 0,5 \cdot aE^{-0,5} \cdot \frac{E}{aE^{0,5}} = \frac{0,5 \cdot aE^{0,5}}{aE^{0,5}} = 0,5$$

Allgemein gilt: Engel-Kurven der Form $x = aE^n$ sind **isoelastisch** mit $\varepsilon_{xE} = n$. Der Beweis kann entsprechend dem obigen Beispiel geführt werden.

43. Infolge der Erhebung einer Biersteuer wird der Bierpreis steigen. Ist die Einkommenselastizität der Nachfrage nach Bier kleiner als eins, so bedeutet dies, daß der Anteil der Ausgaben für Bier am Einkommen bei den Beziehern kleiner Einkommen größer ist als bei den Beziehern hoher Einkommen. Die Bezieher kleiner Einkommen werden daher durch die Steuer relativ stärker belastet als die Bezieher hoher Einkommen. Dies kann man als unsozial bezeichnen. Ob allerdings die Biersteuer tatsächlich unsozial ist, hängt auch davon ab, wie das Steueraufkommen verwendet wird.

44. **Nein**! Richtig ist, daß die Einkommenselastizität der Nachfrage nach Nahrungsmitteln in der Regel kleiner als eins ist. Der Anteil der Ausgaben für Nahrungsmittel am Einkommen ist daher bei den Beziehern kleiner Einkommen größer als bei den Beziehern hoher Einkommen.

    Absolut betrachtet sind aber die Ausgaben für Nahrungsmittel bei den Beziehern hoher Einkommen größer als bei den Beziehern geringer Einkommen. (Die Einkommenselastizität der Nachfrage nach Nahrungsmitteln ist zwar kleiner als eins, aber sie ist nicht negativ.)

    Wenn infolge der Subventionierung der Nahrungsmittel diese zu einem niedrigeren Preis verkauft werden, ist der absolute Vorteil um so größer, je höher das Einkommen ist. Bei einer Finanzierung der Subvention durch eine Kopfsteuer ist die Belastung für alle absolut gleich. Die Maßnahme stellt demnach eine Umverteilung zugunsten der Bezieher **hoher** Einkommen dar.

45. **Diese Maßnahme stellt eine Umverteilung zugunsten der Bezieher niedriger Einkommen dar.** Da die Einkommenselastizität kleiner als eins ist, ist der Anteil der Ausgaben für das Gut am Einkommen bei den Beziehern kleiner Einkommen größer als bei den Beziehern hoher Einkommen. Sie profitieren daher von der Preissenkung relativ stärker.

Die Belastung durch die Steuer erfolgt proportional zum Einkommen; sie ist also relativ gesehen für alle gleich. Damit stellt die durch eine proportionale Steuer finanzierte Subventionierung eine Maßnahme dar, von der die Bezieher kleiner Einkommen relativ stärker profitieren als die Bezieher hoher Einkommen. (Es ist allerdings zu beachten, daß die Preise im allgemeinen nicht um den vollen Betrag der Subvention sinken werden. Die Subvention kommt damit teilweise den Produzenten zugute.)

46. Die Maßnahme nutzt den Bauern und schadet den Käufern. Da aber nicht alle Bauern arm und nicht alle Käufer reich sind, ist die Maßnahme nicht sozial in dem Sinne, daß sie den Beziehern kleiner Einkommen nutzt. Im Gegenteil: Der Anteil der Ausgaben für landwirtschaftliche Produkte am Einkommen ist in der Regel um so größer, je niedriger das Einkommen ist. Die Bezieher kleiner Einkommen werden also durch die Mindestpreisfestsetzung überproportional stark belastet.

Kreuzpreiselastizität

47. Welchen Wert hat der Koeffizient der Kreuzpreiselastizität, wenn X

    a. ein Bruttosubstitutionsgut für Y

    b. ein Bruttokomplementärgut für Y

    ist?

48. Zwei Güter X und Y sind um so engere Substitutionsgüter, je größer der Wert der Kreuzpreiselastizität ist. Kommentieren Sie diese Aussage.

49. Bei Preisen $p_x = p_y = 100$ sind bisher von Gut X 1000 Einheiten, von Gut Y 200 Einheiten verkauft worden. Bei einer Preissenkung um ein Prozent sinkt die von dem anderen Gut nachgefragte Menge jeweils um 20 Einheiten. Wie groß sind

$$\varepsilon_{xp_y} \quad \text{und} \quad \varepsilon_{yp_x}$$

50. Die Güter X und Y werden jeweils auf einem Wettbewerbsmarkt angeboten. Die Nachfragekurven und Angebotskurven haben normalen Verlauf. Wie wirkt sich eine Preissteigerung bei Gut X auf den Preis des Gutes Y aus, wenn ε_{yp_x} größer als Null ist?

51. Die Nachfrage- und Angebotsfunktionen für die Güter X und Y sind:

$$x^n = 120 - 2p_x + p_y$$

$$x^a = 20 + 2p_x$$

$$y^n = 100 - 2p_y + p_x$$

$$y^a = 20 + 2p_y$$

a. Wie groß sind p_x und p_y, wenn beide Märkte im Gleichgewicht sind?

b. Wie groß sind im Gleichgewicht die Kreuzpreiselastizitäten ε_{xp_y} und ε_{yp_x}?

c. Die Nachfrage nach Y steigt auf $y^n = 115 - 2p_y + p_x$. Wie groß ist der neue Gleichgewichtspreis p_x ?

52. Gleicher Lohn für Männer und Frauen ist eine männlich-chauvinistischem Denken entstammende Forderung, die den Männern nutzt und einem Teil der Frauen schadet. Nehmen Sie zu dieser Aussage Stellung.

53. Benzin und Autos sind Güter, die erst zusammen das Bedürfnis nach Transportleistungen befriedigen. Könnte es dennoch so sein, daß eine Preissteigerung bei Benzin dazu führt, daß die Nachfrage nach Kleinwagen steigt?

Lösungen der Aufgaben 47 - 53

47. a. **Die Kreuzpreiselastizität ist definiert als der Quotient aus der relativen Mengenänderung bei einem Gut X und der relativen Preisänderung bei einem anderen Gut Y. Es gilt:**

$$\varepsilon_{xp_y} = \frac{dx}{x} : \frac{dp_y}{p_y} = \frac{dx}{dp_y} \cdot \frac{p_y}{x}$$

Sind X und Y Substitutionsgüter, so wird infolge einer Preissteigerung bei Gut Y die Nachfrage nach X steigen. In diesem Fall ist also $dx/dp_y > 0$. Der Koeffizient der Kreuzpreiselastizität ist demzufolge ebenfalls positiv.

b. Sind X und Y Komplementärgüter, so wird bei einer Preissteigerung für Gut Y die Nachfrage nach dem Gut X sinken. In diesem Fall ist der Koeffizient der Kreuzpreiselastizität negativ, da $dx/dp_y < 0$ gilt.

48. Ein großer Wert der Kreuzpreiselastizität bedeutet, daß eine geringe relative Änderung des Preises für das Gut Y zu einer starken Änderung der Nachfrage nach dem Gut X führt.

Wir wollen im folgenden stets annehmen, daß der Preis des Gutes Y steigt und entsprechend die Nachfrage nach X steigt (denn es handelt sich ja um Substitutionsgüter).

Die Erhöhung der Nachfrage nach X kann in zwei Komponenten zerlegt werden:

- Wenn der Preis für das Gut Y steigt, wird das Gut X relativ billiger. Daher wird mehr von X nachgefragt. Man bezeichnet dies als den Substitutionseffekt.

- Wenn der Preis für das Gut Y steigt, bedeutet dies weiterhin, daß das Realeinkommen sinkt, denn mit dem gleichen Einkommen können nun weniger Güter gekauft werden. Die Realeinkommenssenkung hat Auswirkungen auf die Nachfrage nach dem Gut Y, und zwar wird diese:

- sinken, wenn X ein superiores Gut ist, wenn also die Einkommenselastizität positiv ist.
- gleichbleiben, wenn die Einkommenselastizität der Nachfrage nach Gut X Null ist.
- steigen, wenn X ein inferiores Gut ist.

Man bezeichnet den damit verbundenen Effekt als Einkommenseffekt.

Sowohl der Substitutionseffekt als auch der Einkommenseffekt gehen in die Nachfrageerhöhung bei Gut X ein. Nur der Substitutionseffekt sagt jedoch etwas über die Stärke der Substitutionsbeziehung zwischen den Gütern X und Y aus. Der Einkommenseffekt dagegen ist abhängig von:

- der Einkommenselastizität der Nachfrage nach dem Gut X.
- dem Anteil der Ausgaben für das Gut Y am Einkommen. Je höher dieser Anteil ist, desto stärker fällt die Senkung des Realeinkommens aufgrund der Preiserhöhung bei Gut Y aus, und um so stärker ist auch der Einkommenseffekt, der sich beim Gut X ergibt.

In den Koeffizienten der Kreuzpreiselastizität geht die gesamte relative Mengenänderung bei Gut X ein - also auch der Einkommenseffekt. Dieser hat aber mit der Substitutionsbeziehung zwischen den Gütern X und Y nichts zu tun.

Die Kreuzpreiselastizität ist daher ein schlechtes Maß für die Stärke der Substitutionsbeziehung zwischen zwei Gütern. Von einem hohen Wert der Kreuzpreiselastizität kann man nicht auf eine enge Substitutionsbeziehung zwischen den Gütern X und Y schließen, da man nicht weiß, welchen Einfluß der Einkommenseffekt ausübt.

Eine genau entsprechende Argumentation läßt sich im übrigen für den Fall anführen, daß X und Y Komplementärgüter sind. Auch hier erweist sich die Kreuzpreiselastizität als schlechtes Maß.

49. Es ist

$$\varepsilon_{xp_y} = \frac{\Delta x}{x} : \frac{\Delta p_y}{p_y} = \frac{20}{1000} : 0{,}01 = 2$$

und

$$\varepsilon_{yp_x} = \frac{20}{200} : 0{,}01 = 10$$

Die Kreuzpreiselastizitäten sind unterschiedlich, weil gleiche absolute Mengenänderungen (von dem jeweils anderen Gut werden in beiden Fällen 20 Einheiten weniger gekauft) unterschiedliche relative Mengenänderungen bedeuten.

50. Ist die Kreuzpreiselastizität ε_{yp_x} positiv, so führt eine Preissteigerung beim Gut X zu einer Erhöhung der Nachfrage beim Gut Y. Diese äußert sich in einer Verschiebung der Nachfragekurve nach rechts. Bei einer normal verlaufenden Angebotskurve bedeutet dies, daß der Preis für das Gut Y steigt.

Abb. B.21

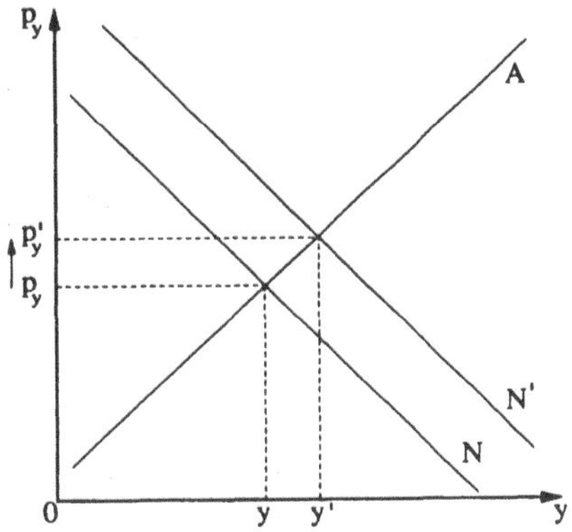

51. a. Man bildet zunächst die Nachfrageüberschußfunktionen für die Güter X und Y und erhält:

$$x^n - x^a = 120 - 2p_x + p_y - 20 - 2p_x$$

$$= 100 - 4p_x + p_y$$

$$y^n - y^a = 100 - 2p_y + p_x - 20 - 2p_y$$

$$= 80 - 4p_y + p_x$$

Damit beide Märkte im Gleichgewicht sind, muß die Überschußnachfrage auf beiden Märkten Null sein. Aus dem sich ergebenden Gleichungssystem:

$$100 - 4p_x + p_y = 0$$

$$80 - 4p_y + p_x = 0$$

erhält man die Lösungen:

$$p_x = 32 \qquad x = 84$$

$$p_y = 28 \qquad y = 76$$

b. Man erhält für die Kreuzpreiselastizität ε_{xp_y} den Wert

$$\frac{dx}{dp_y} \cdot \frac{p_y}{x} = 1 \cdot \frac{28}{84} = \frac{1}{3}$$

Den Differentialkoeffizienten dx/dp_y erhält man, indem man die Nachfragefunktion für das Gut X nach dem Preis des Gutes Y ableitet.

Für die Kreuzpreiselastizität ε_{yp_x} erhält man entsprechend den Wert

$$\frac{dy}{dp_x} \cdot \frac{p_x}{y} = 1 \cdot \frac{32}{76} = 0{,}421$$

c. Die Überschußnachfragefunktion für Gut Y lautet jetzt:

$y^n - y^a = 115 - 2p_y + p_x - 20 - 2\,p_y = 95 - 4p_y + p_x$. Die Überschußnachfragefunktion für X lautet nach wie vor $x^n - x^a = 100 - 4p_x + p_y$. Im Gleichgewicht gilt:

$$95 - 4p_y + p_x = 0$$

$$100 - 4p_x + p_y = 0$$

Daraus ergeben sich die neuen Gleichgewichtspreise $p_x = 33$ und $p_y = 32$. Infolge der Erhöhung der Nachfrage nach Gut Y ist also der Gleichgewichtspreis des Gutes X von 32 auf 33 gestiegen.

52. Wenn bei wettbewerblicher Lohnbildung die Erfüllung der Forderung bedeutet, daß die Löhne für Frauen steigen, dann wird ceteris paribus die Nachfrage nach Arbeitsleistungen der Männer steigen, sofern männliche und weibliche Arbeitsleistungen Substitutionsgüter sind. Diese steigende Nachfrage führt zu steigenden Löhnen für Männer. Die Forderung nutzt also den Männern.

    Sofern die Erfüllung der Forderung bedeutet, daß die Löhne für Frauen über den Marktlohn steigen, wird ein Teil der Frauen arbeitslos. Die Erfüllung der Forderung schadet den Frauen, die bei den höheren Löhnen arbeitslos werden.

    Auch wenn etwa deutsche Textilarbeiter fordern, die Löhne für die portugiesischen und griechischen Textilarbeiter müßten verdoppelt werden, wäre dies keine selbstlose Forderung; die deutschen Textilarbeiter würden von ihrer Erfüllung profitieren.

53. Die Preiserhöhung bei Benzin kann dazu führen, daß weniger große, viel Benzin verbrauchende Autos und dafür mehr kleine, sparsame Autos gekauft werden. Die Preiserhöhung bei Benzin bewirkt so, daß größere Autos durch kleinere Autos substituiert werden.

    Dieser Substitutionseffekt kann die Komplementaritätsbeziehung, die eigentlich zwischen Benzin und Kleinwagen besteht, überdecken.

C. Die Kosten

Der Opportunitätskostenbegriff

1. Als Kosten des Studiums werden häufig die Ausgaben für Wohnung, Kleidung und Nahrung angegeben. Sind diese Ausgaben die Kosten der Entscheidung zu studieren?

2. A hat vor einem Jahr auf Kredit eine teure Spezialmaschine gekauft und fest installieren lassen. Die monatlichen Belastungen für Zins und Tilgung belaufen sich für das laufende Jahr und die folgenden Jahre auf 40 000 DM. A kann die festinstallierte Maschine nicht zu einem positiven Preis verkaufen. Die Maschine kann nur zur Produktion des Gutes X verwendet werden. Ist die Entscheidung, mit Hilfe der Maschine im laufenden Jahr das Gut X zu produzieren, für A mit Kosten von 40 000 DM verbunden?

3. Der Einzelhändler R betreibt einen kleinen Lebensmittelladen. Er arbeitet selbst mit. Sein Eigenkapital beträgt 100 000 DM. Sein Steuerberater ermittelt den Jahresgewinn. Zinskosten für das Eigenkapital berücksichtigt er nicht, da keine Zinskosten entstanden seien. Für die Tätigkeit des Einzelhändlers im eigenen Betrieb werden ebenfalls keine Kosten angesetzt. Wird der Gewinn volkswirtschaftlich korrekt ermittelt?

4. Der Student A raucht täglich eine Schachtel Zigaretten. Sein Vater verspricht ihm, für jeden Tag, an dem er nicht raucht, 5 DM zu zahlen. Was kostet es den Studenten A, wenn er fortfährt zu rauchen?

5. A erklärt, er wolle das Rauchen aufgeben. Sein Freund B, der an der Willensstärke von A zweifelt, schlägt ihm folgendes vor: Er, B, werde A 100 DM zahlen, falls A tatsächlich ein Jahr lang nicht raucht. A solle sich verpflichten, ihm, B, 100 DM zu zahlen, falls A seinem Vorsatz untreu werde. A stimmt zu. Noch vor Ablauf eines Jahres kauft A eine Schachtel Zigaretten und raucht. Er übergibt B, wie vereinbart, 100 DM und erklärt: Er wisse natürlich, daß ihn die Zigaretten nicht 4 DM, sondern 104 DM gekostet haben. Hat er Recht?

6. Das Unternehmen U hat bisher 1000 Schadstoffeinheiten emittiert. Der Staat gewährt dem Unternehmen pro Monat eine Subvention von 10 DM pro Schadstoffeinheit, die das Unternehmen weniger emittiert. Ist die Entscheidung des Unternehmens, die Emission von Schadstoffeinheiten nicht zu reduzieren, mit Kosten verbunden?

7. Warum ist für einen erfolgreichen Anwalt ein Urlaub teurer als für Studienrat R?

8. Warum sind Selbständige so selten krank?

9. Warum ist für einen Arzt mit guter Praxis eine Flugreise nach Rom billiger als eine Busreise, während für den Studenten A eine Busreise billiger ist als eine Flugreise?

10. Der reale Zins steigt. Warum bedeutet dies, daß die Kosten gegenwärtigen Konsums gestiegen sind?

11. Der Reallohn steigt. Dadurch wird die Freizeit teurer. Warum?

12. Auf einer Anlage mit einer beschränkten Kapazität von 80 Maschinenstunden pro Periode wird das Gut X hergestellt. Um eine Einheit von X herzustellen, wird eine Maschinenstunde benötigt.

    Die Preisabsatzfunktion für das Gut X ist $p=30-0{,}05x$. Die Kostenfunktion ist $K=10x+0{,}05x^2$.

    Dem Unternehmen wird das Angebot gemacht, die Anlage zu einem Preis von 4,50 DM pro Periode für 10 Maschinenstunden zu vermieten. Lohnt es sich, das Angebot anzunehmen?

13. Der Landwirt A produziert Weizen auf eigenem Boden. B hat das Land, auf dem er Weizen anbaut, gepachtet. Die Produktionskosten sind deshalb für B höher als für A. Stimmt das?

14. A verfügt über nicht regenerierbare Ressourcen, die er nur in diesem Jahr oder ein Jahr später verkaufen kann. Die Kosten der Förderung und des Verkaufs der Ressourcen sind Null. Bedeutet dies, daß A keine Kosten entstehen, wenn er die Ressourcen in diesem Jahr fördert und verkauft? Wie hoch sind seine Kosten, wenn der im nächsten Jahr zu erreichende Preis p_1 und der Zinssatz gleich i ist?

15. Auf einer Fläche sind Bäume gepflanzt worden, die zu einem späteren Zeitpunkt verkauft werden sollen. Der Nettoerlös aus dem Verkauf der Bäume (Erlös minus Kosten der Ernte) entwickelte sich im Zeitverlauf so, wie dies in Abbildung C.1 dargestellt wurde. Bewirtschaftungskosten entstehen nicht.

Abb. C.1

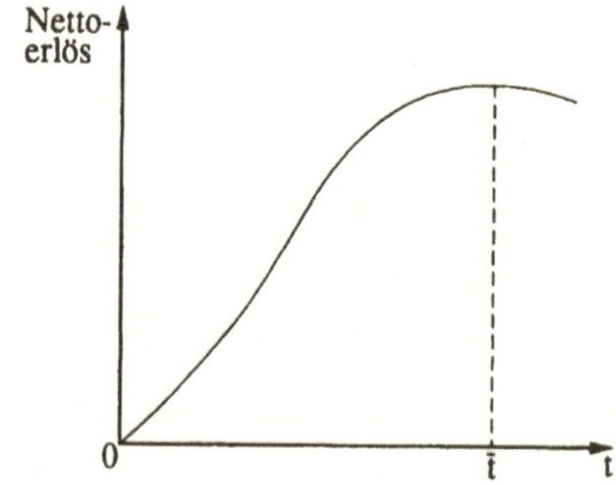

Im Zeitpunkt $\bar{t}$ erreicht der Nettoerlös ein Maximum. Ist der Zeitpunkt $\bar{t}$ der optimale Zeitpunkt für die Ernte? Wie hoch sind die Kosten, die entstehen, wenn im Zeitpunkt $\bar{t}$ geerntet wird, statt ein Jahr früher? Durch welche Bedingung ist der optimale Zeitpunkt der Ernte bestimmt?

16. "Eine Wehrpflichtarmee ist gesamtwirtschaftlich billiger als ein Freiwilligenheer, weil der Staat bei einem Freiwilligenheer gezwungen ist, höhere Löhne zu zahlen." Stimmt das? Wie sind die gesamtwirtschaftlichen Kosten einer Wehrpflichtarmee zu bestimmen?

17. Die Ausgaben des Staates für ein Freiwilligenheer sind größer als die gesamtwirtschaftlichen Kosten, wenn das Angebot nicht vollkommen elastisch ist. Trifft das zu?

18. Nach dem Motto, "Wer schaffen will, muß fröhlich sein", hat der Student A das Semester begonnen, indem er für sich und seine Freundin C eine Flasche Chateau Margaux für 160 DM kaufte. Als ihm gegen Mitte des Monats das Geld für die wichtigsten Lebensmittel fehlt, reagiert er auf den Spott seiner Freunde, indem er sagt: "Hätte ich das Geld beim Skatspielen verloren, hätte ich weniger von meinem Geld gehabt." Kommentieren Sie die Aussage des A.

19. A hat im Ausland eine Ferienwohnung für 200 000 DM erworben. Durch ein Erdbeben wird sie zum Teil zerstört. A erfährt, daß er beim Verkauf der Wohnung nur noch 50 000 DM erhalten kann. A lehnt einen Verkauf der Wohnung für 50 000 DM ab, weil er infolge des Verkaufs einen Verlust von 150 000 DM erleiden würde. Ist das richtig?

20. Für die Produktion des Gutes X wird der Rohstoff R benötigt. Das Unternehmen U hat den Rohstoff R, den es schon vor einiger Zeit zu 4 DM pro Einheit gekauft hat, auf Lager. In der Zwischenzeit ist der Marktpreis für den Rohstoff auf 6 DM pro Einheit gestiegen. Für die Produktion werden jedoch die gelagerten Rohstoffe benutzt, die zum Preis von 4 DM pro Einheit gekauft wurden. Wie hoch sind für das Unternehmen die Kosten, die mit dem Einsatz einer Einheit des Rohstoffes verbunden sind?

Lösungen der Aufgaben 1 - 20

1. Die Ausgaben für Wohnung, Kleidung und Nahrung sind nicht Kosten der Entscheidung zu studieren. Diese Ausgaben können nicht vermieden werden, wenn man nicht studiert.

2. **Nein**, denn die Ausgaben in Höhe von 40 000 DM können nicht vermieden werden, wenn A das Gut nicht herstellt.

3. Der Gewinn wird volkswirtschaftlich falsch ermittelt. Zu den Kosten zählen auch die Zinskosten auf das Eigenkapital von 100 000 DM und der Lohn, der in einem Jahr bei alternativer Tätigkeit erzielt werden könnte.

4. Neun Mark, wenn man 4 DM für eine Schachtel Zigaretten zahlen muß.

5. **Nein!** Die Zigaretten haben A 204 DM gekostet.

6. **Ja!**

7. Der Urlaub ist für den Anwalt teurer als für Studienrat R, weil er für den Anwalt - nicht jedoch für den Studienrat R - mit einem Einkommensausfall verbunden ist.

8. Selbständige bleiben seltener wegen Krankheit dem Arbeitsplatz fern. In diesem Sinne sind sie seltener krank. "Krankfeiern" ist für Selbständige teurer, da sie im Gegensatz zu Angestellten und Arbeitern, deren Gehalt oder Lohn bei Krankheit fortgezahlt wird, auf Einkommen verzichten müssen, wenn sie nicht arbeiten.

9. Das Einkommen, auf welches während der längeren Busreise verzichtet werden muß, ist für den Arzt mit guter Praxis höher als für den Studenten A, für den es Null sein mag. Deshalb kann die kurze Flugreise für den Arzt billiger sein als die Busreise, während für A die Busreise billiger ist als die Flugreise.

10. Konsum in der Gegenwart bedeutet, daß man den entsprechenden Betrag nicht sparen und verzinslich anlegen kann. Je höher der reale Zins ist, um so höher ist das zukünftige Einkommen, auf das man verzichtet, wenn man in der Gegenwart konsumiert.

11. Die Kosten der Freizeit bestehen im Verzicht auf das Einkommen, das man erzielte, wenn man arbeitete. Je höher der Reallohn, um so höher ist das Einkommen, auf das man verzichtet, wenn man nicht arbeitet.

12. Die Gewinnfunktion des Unternehmens lautet:

$$G = \underbrace{30x - 0{,}05x^2}_{\textbf{Erlös}} - \underbrace{(10x + 0{,}05x^2)}_{\textbf{Kosten}}$$

$$G = 20x - 0{,}1x^2$$

Läßt man zunächst die Kapazitätsbeschränkung außer acht und ermittelt das unbeschränkte Gewinnmaximum, so erhält man:

$$\frac{dG}{dx} = 20 - 0{,}2x = 0$$

$$x = 100$$

Da nur 80 Maschinenstunden zur Verfügung stehen, können maximal 80 Einheiten von X hergestellt werden.

Aus Abbildung C.2 ersieht man, wie groß der Grenzgewinn bei alternativen Ausbringungsmengen ist.

Abb. C.2

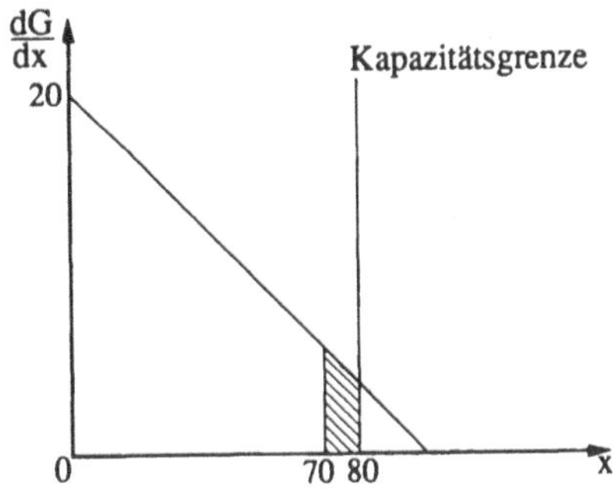

Die Kosten der Entscheidung, die Maschine für 10 Stunden zu vermieten, sind gleich der Gewinnminderung, die sich ergibt, wenn die Zahl der Maschinenstunden von 80 auf 70 vermindert wird. In Abbildung C.2 wird diese Gewinnminderung durch die schraffierte Fläche dargestellt. Die schraffierte Fläche repräsentiert einen Betrag von 50 DM.

Algebraisch ermittelt man die Gewinnminderung durch

$$\Delta G = \int_{70}^{80} (20 - 0{,}2x)dx = 20x - 0{,}1x^2 \Big|_{70}^{80}$$

$$= 50$$

Man kann die Gewinnminderung auch ermitteln, indem man in der Gewinnfunktion

$$G = 20x - 0{,}1x^2$$

zunächst x=80 und dann x=70 einsetzt, und die Differenz der beiden Größen bildet.

13. Wenn A Weizen auf eigenem Boden anbaut, so sind die Produktionskosten nicht niedriger als die des B, der den Boden pachtet. Zu den Kosten im Sinne von Opportunitätskosten zählt auch die Pacht, die A erzielt, wenn er nicht selbst auf seinem Boden Weizen anbaut.

14. Die Kosten der Entscheidung, eine Ressourceneinheit heute zu verkaufen, sind gleich dem diskontierten Wert des Erlöses, der ein Jahr später erzielt werden könnte. Sie sind also gleich $p_1/1+i$. Das ist der in gegenwärtigem Geld ausgedrückte Erlös, auf den man verzichtet, wenn man eine Ressourceneinheit verkauft. Es lohnt sich also nur dann heute zu verkaufen, wenn p_0 mindestens so groß ist wie $p_1/1+i$.

15. Der Zeitpunkt $\bar{t}$ wäre nur dann optimal, wenn der Erlös zum Zeitpunkt $\bar{t}$ größer wäre als die Kosten der Entscheidung, zum Zeitpunkt $\bar{t}$ zu ernten. Die Kosten bestehen in dem Erlös R, der zu einem früheren Zeitpunkt erzielt werden könnte und der zum Marktzinssatz i verzinslich angelegt werden könnte. Die Kosten betragen also R+iR. Ist der Erlös zum Zeitpunkt $\bar{t}$ um ΔR größer als der Erlös R, der zu einem früheren Zeitpunkt erzielt werden kann, so ist es besser, zu dem früheren Zeitpunkt zu ernten, wenn ΔR<iR ist. Andererseits lohnt es sich, den Zeitpunkt der Ernte aufzuschieben, wenn ΔR>iR ist. Daraus folgt: Es lohnt sich dann nicht mehr, den Zeitpunkt der Ernte zu verlagern, wenn ΔR=iR ist. Diese Bedingung für den optimalen Zeitpunkt der Ernte läßt sich auch schreiben als

$$\frac{\Delta R}{R} = i$$

Die Wachstumsrate des Nettoerlöses ist bei optimalem Zeitpunkt der Ernte gleich dem Zinssatz. Dabei beziehen sich ΔR und i auf die gleiche Periode. Bei kontinuierlichem Wachstum und kontinuierlicher Verzinsung ergibt sich als Bedingung

$$\frac{dR}{dt} \cdot \frac{1}{r} = i'$$

wobei i′ der Zinssatz bei kontinuierlicher Verzinsung ist.[1]

16. Wenn die Ausgaben des Staates für Löhne bei einem Freiwilligenheer größer sind als die Lohnkosten für eine Wehrpflichtarmee, so bedeutet dies noch nicht, daß die volkswirtschaftlichen Kosten des Freiwilligenheeres größer sind als die einer Wehrpflichtarmee.

In Abbildung C.3 gibt die Angebotskurve A an, wie hoch der Lohn jeweils sein muß, um eine gegebene Zahl von Bürgern zu veranlassen, in der Armee zu dienen.

Abb. C.3

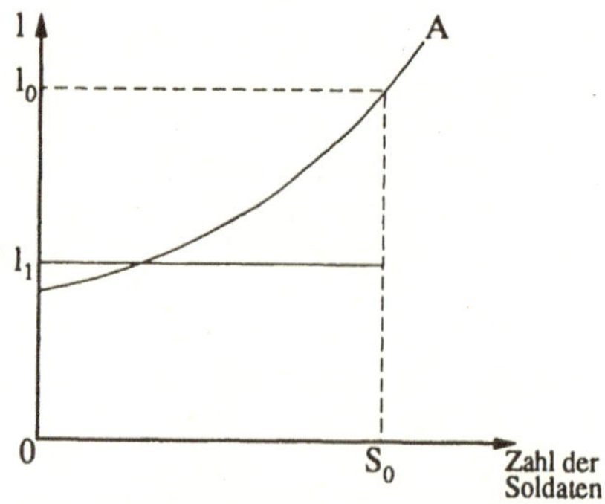

1 Es ist i′=ln(1+i).

Wenn S_0 Bürger in der Armee dienen sollen, so muß bei einem Freiwilligenheer ein Lohn von l_0 pro Periode gezahlt werden. Die Ausgaben des Staates betragen $l_0 \cdot S_0$. Wenn bei Wehrpflicht nur ein Lohn von l_1 gezahlt wird, sind die Ausgaben des Staates um $(l_0 - l_1) \cdot S_0$ kleiner als bei einem Freiwilligenheer. Die zusätzlichen Ausgaben bei einem Freiwilligenheer sind aber keine zusätzlichen volkswirtschaftlichen Kosten. Den zusätzlichen Ausgaben des Staates stehen zusätzliche Einkommen der Soldaten gegenüber. Die volkswirtschaftlichen Kosten, die mit einem Wehrdienst von S_0 Soldaten verbunden sind, werden durch die Fläche unter der Angebotskurve angegeben. Wenn Wehrdienst für den Bürger nicht mit nicht-monetären Vor- und Nachteilen verbunden ist, so gibt die Fläche unter der Angebotskurve bei wettbewerblichem Arbeitsmarkt den Wert des Produktionsausfalls an, der entsteht, weil S_0 Bürger ihre zivile Tätigkeit für eine bestimmte Periode aufgeben. Die volkswirtschaftlichen Kosten einer Wehrpflichtarmee können größer sein als die eines Freiwilligenheeres, wenn bei Wehrpflicht Bürger eingezogen werden, deren Wettbewerbslohn im zivilen Sektor größer als l_0 ist.

17. Die Aussage ist **wahr**. Aus Abbildung C.3 ersieht man, daß die Ausgaben für das Freiwilligenheer $l_0 \cdot S_0$ betragen. Die volkswirtschaftlichen Kosten, gemessen durch die Fläche unter der Angebotskurve, sind um die Summe der Renten niedriger, die denen zufallen, die auch zu einem niedrigeren Lohn als l_0 bereit sind, Soldat zu werden.

18. Der Student A kann seine Entscheidung so nicht rechtfertigen. Die Kosten der Entscheidung, eine Flasche Chateau Margaux zu kaufen, bestehen nicht in dem Verzicht auf irgendeine Alternative, sondern im Verzicht auf die am höchsten bewertete Alternative.

19. **Nein!** Der Verlust von 150 000 DM ist durch das Erdbeben entstanden. Er entsteht nicht durch den Verkauf des Hauses zu 50 000 DM.

20. Die Kosten, den Rohstoff in der Produktion einzusetzen, betragen 6 DM pro Einheit. Das ist der Betrag, auf den man verzichtet, wenn man den Rohstoff einsetzt, statt ihn zum Marktpreis zu verkaufen.

Aufgaben zur Kostenfunktion

21. Die Gesamtkostenfunktion habe den in Abbildung C.4 dargestellten Verlauf. Die Kurve hat in W einen Wendepunkt.

Abb. C.4

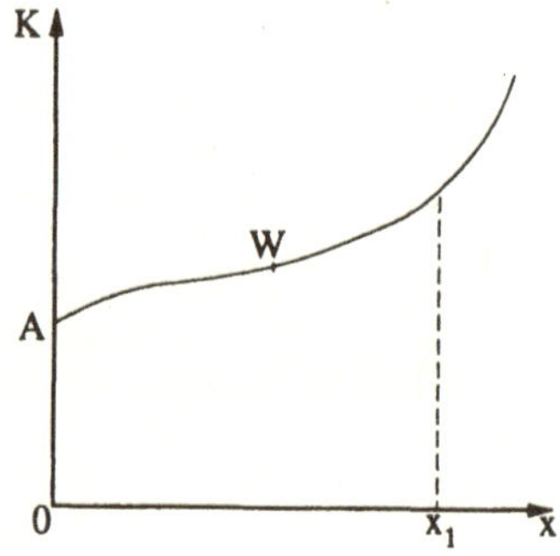

a. Wie groß sind die fixen Kosten?

b. Wie groß sind die variablen Kosten, wenn die Menge x_1 produziert wird?

c. Zeichnen Sie in ein Diagramm, in dem Sie die von X produzierte Menge auf der Abszisse und die durchschnittlichen fixen Kosten auf der Ordinate abtragen, die Kurve der durchschnittlichen fixen Kosten.

d. Beschreiben Sie anhand der Gesamtkostenkurve in Abbildung C.4 den Verlauf der Grenzkostenkurve. Bei welcher Menge hat die Grenzkostenkurve ihr Minimum?

e. Beschreiben Sie den Verlauf der Kurve der totalen Durchschnittskosten. Geben Sie an, wie Sie in Abbildung C.4 die Menge finden, bei der die Durchschnittskosten ein Minimum haben.

f. Skizzieren Sie den Verlauf der Kurve der durchschnittlichen variablen Kosten. Wie finden Sie in Abbildung C.4 graphisch die Menge, bei der die Kurve der durchschnittlichen variablen Kosten ein Minimum hat?

g. Zeigen Sie mit Hilfe von Abbildung C.4, daß im Minimum der totalen (variablen) Durchschnittskosten die Grenzkosten gleich den Durchschnittskosten sind.

h. Zeichnen Sie die Kurve der variablen Durchschnittskosten, die Kurve der totalen Durchschnittskosten und die Grenzkostenkurve in ein Diagramm. Was gibt der vertikale Abstand zwischen der Kurve der variablen und der Kurve der totalen Durchschnittskosten an? Was gibt die Fläche unter der Grenzkostenkurve zwischen 0 und x_1 an?

22. In Abbildung C.5 sind vier unterschiedlich verlaufende Gesamtkostenkurven dargestellt.

Abb. C.5

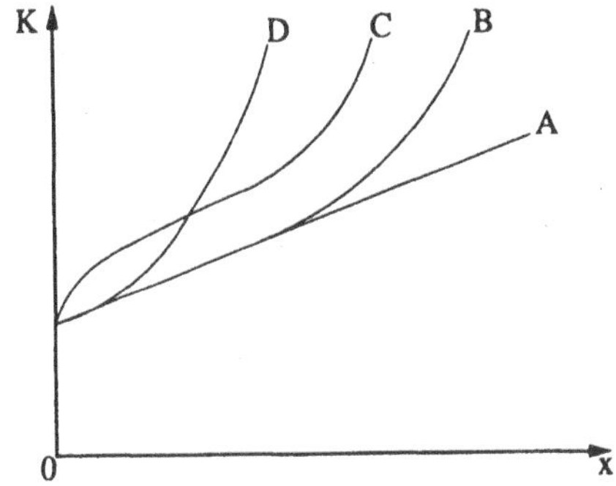

Zeichnen Sie für jede dieser Gesamtkostenkurven jeweils ein Diagramm und stellen Sie den Verlauf der Kurven der variablen Durchschnittskosten, der totalen Durchschnittskosten und der Grenzkosten dar.

23. Die Gesamtkostenfunktion sei $K=3x^2+48$.

   a. Wie hoch sind die fixen Kosten?

   b. Wie lautet die Funktion der variablen Kosten?

   c. Wie lautet die Funktion der variablen Durchschnittskosten?

   d. Wie lautet die Funktion der totalen Durchschnittskosten?

   e. Wie lautet die Grenzkostenfunktion?

   f. Bei welcher Menge haben die totalen Durchschnittskosten ein Minimum?

   g. Wie groß sind die Grenzkosten im Minimum der totalen Durchschnittskosten?

24. Die Gesamtkostenfunktion sei

$$K = ax^3 + bx^2 + cx + d \qquad (a, c, d, > 0, b < 0).$$

Bestimmen Sie die Funktion der variablen Durchschnittskosten, der totalen Durchschnittskosten und die Grenzkostenfunktion. Bei welcher Menge haben die variablen Durchschnittskosten ein Minimum?

25. Die Gesamtkostenfunktion sei $K=x^3-12x^2+60x$. Bei welchen Mengen sind die Grenzkosten kleiner als die Durchschnittskosten?

26. Die Gesamtkostenfunktion sei $K=36+8x+x^2$.

   a. Stellen Sie die Kurve der totalen Durchschnittskosten, die Kurve der variablen Durchschnittskosten und die Grenzkostenkurve graphisch dar.

b. Bei welcher Ausbringungsmenge sind die Grenzkosten gleich den totalen Durchschnittskosten?

27. Die Grenzkostenfunktion sei $K'(x)=40-12x+x^2$. Die variablen Durchschnittskosten haben ein Minimum bei x=9; die totalen Durchschnittskosten haben ein Minimum bei x=12.

    a. Wie groß sind die variablen Durchschnittskosten bei x=9?

    b. Wie lautet die Gesamtkostenfunktion?

28. Ein Unternehmen produziert die Güter X_1 und X_2. Die Kostenfunktion sei $K = 2x_1^2 + x_1 \cdot x_2 + x_2^2$. Wie lautet die Grenzkostenfunktion für X_1?

29. Beweisen Sie: Wenn die Durchschnittskosten steigen (fallen), sind die Grenzkosten größer (kleiner) als die Durchschnittskosten.

30. Die folgende Tabelle gibt an, wie groß bei alternativen Mengen die totalen Durchschnittskosten sind:

x	97	98	99	100	101
K/x	97	98	99	100	101

    Das Unternehmen hat bisher 100 Einheiten produziert. Lohnt es sich, eine Einheit mehr zu produzieren, wenn der zusätzliche Erlös 150 DM beträgt?

31. Geben Sie bei den folgenden Aussagen an, ob sie immer wahr (also allgemeingültig) sind. Eine Aussage, die nicht immer wahr ist, ist falsch.

    a. Wenn die Gesamtkosten steigen, steigen die Durchschnittskosten.

    b. Wenn die variablen Durchschnittskosten sinken, sinken die Grenzkosten.

    c. Wenn die Grenzkosten steigen, steigen die variablen Durchschnittskosten.

    d. Im Minimum der Grenzkosten sind die variablen Durchschnittskosten gleich den Grenzkosten.

    e. Im Wendepunkt der Gesamtkostenkurve haben die Grenzkosten ein Minimum.

    f. Die totalen Durchschnittskosten sind stets größer als die Grenzkosten.

    g. Wenn die variablen Durchschnittskosten sinken, sind die Grenzkosten kleiner als die variablen Durchschnittskosten.

    h. Wenn die variablen Durchschnittskosten konstant sind, sind die Grenzkosten gleich Null.

i. Wenn die Grenzkosten größer sind als die totalen Durchschnittskosten, steigen die totalen Durchschnittskosten.

j. Wenn die Gesamtkosten steigen, sind die Grenzkosten positiv.

k. Die Kurve der durchschnittlichen fixen Kosten ist eine Parallele zur Mengenachse.

l. Der vertikale Abstand zwischen der Kurve der totalen Durchschnittskosten und der Kurve der variablen Durchschnittskosten gibt die Höhe der fixen Kosten an.

m. Im Minimum der Kurve der variablen Durchschnittskosten sind die Grenzkosten gleich den variablen Durchschnittskosten.

Lösungen der Aufgaben 21 - 31

21. a. Die fixen Kosten sind 0A.

b. In Abbildung C.6 sind die variablen Kosten bei der Ausbringungsmenge x_1 gleich BC.

Abb. C.6

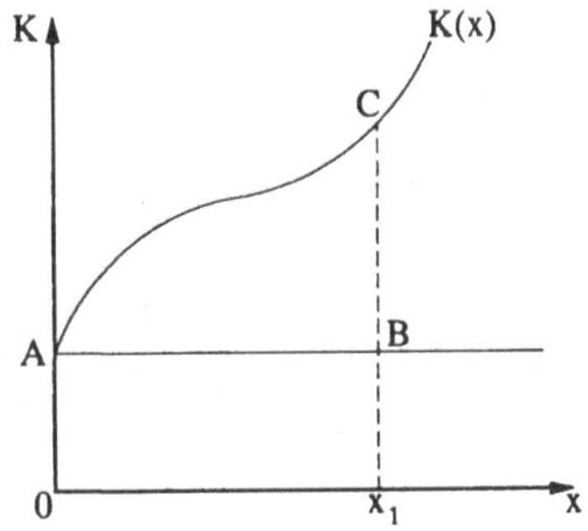

c. Die durchschnittlichen fixen Kosten (DFK) sind um so kleiner, je größer die ausgebrachte Menge ist. In Abbildung C.6 werden die durchschnittlichen fixen Kosten auf der Ordinate und die Menge auf der Abszisse abgetragen. Da das Produkt aus Abszissenwert (x) und Ordinatenwert (DFK) gleich einer Konstanten in Höhe der fixen Kosten ist, ist die Kurve in Abbildung C.7 der Ast einer gleichseitigen Hyperbel.

Abb. C.7

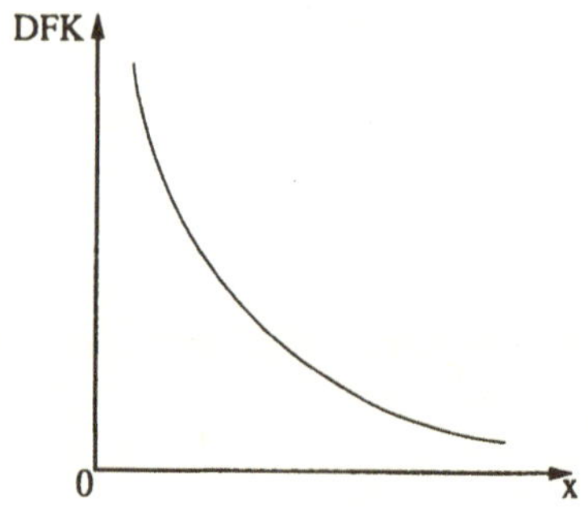

d. Die Grenzkosten sind die Steigung der Gesamtkostenkurve in einem Punkt. Da die Steigung der Gesamtkostenkurve bis zum Wendepunkt W fällt und dann steigt, fällt die Grenzkostenkurve bis zu der Menge, bei der der Wendepunkt der Gesamtkostenkurve ist, und steigt dann an.

e. Verbindet man einen Punkt der Gesamtkostenkurve mit dem Ursprung des Koordinatensystems, so gibt der Tangens des Winkels, den diese Ursprungsgerade mit der Abszisse bildet, die Höhe der totalen Durchschnittskosten an. Erhöht man die Ausbringungsmenge, so wird der Winkel kleiner, bis die Menge erreicht wird, bei der die Ursprungsgerade die Gesamtkostenkurve tangiert. Bei dieser Menge haben die totalen Durchschnittskosten ein Minimum. Wird die Ausbringungsmenge weiter erhöht, so wird der Winkel größer, den eine Ursprungsgerade mit der Abszisse bildet. Die totalen Durchschnittskosten steigen. Die Kurve der totalen Durchschnittskosten fällt also zuerst, erreicht ein Minimum bei der Menge, bei der ein Fahrstrahl aus dem Ursprung die Gesamtkostenkurve tangiert, und steigt dann.

f. Die Kurve der variablen Durchschnittskosten fällt in einem Anfangsbereich, erreicht ein Minimum bei der Menge, bei der eine Gerade von Punkt A aus die Gesamtkostenkurve tangiert, und steigt dann.

g. Bei der Menge, bei der die totalen Durchschnittskosten ein Minimum haben, wird die Gesamtkostenkurve von einer Ursprungsgeraden tangiert. Der Tangens des Winkels, den die Ursprungsgerade mit der Abszisse bildet, mißt sowohl die totalen Durchschnittskosten in deren Minimum als auch die Grenzkosten. Das bedeutet: Im Minimum der totalen Durchschnittskosten sind die Grenzkosten gleich den totalen Durchschnittskosten.

h. Der vertikale Abstand zwischen der Kurve der variablen und der Kurve der totalen Durchschnittskosten gibt die durchschnittlichen fixen Kosten an. Die Fläche unter der Grenzkostenkurve zwischen 0 und x_1 mißt die gesamten variablen Kosten bei der Ausbringungsmenge x_1.

22. **Abb. C.8**

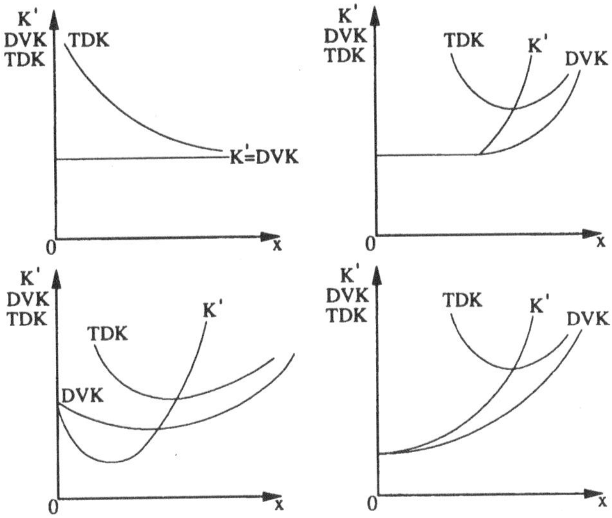

23. a. Die fixen Kosten betragen 48.

b. $VK = 3x^2$

c. $DVK = VK/x = 3x$

d. $TDK = 3x + 48/x$

e. $K' = 6x$

f. Man bildet die erste Ableitung der Funktion der totalen Durchschnittskosten und setzt diese gleich Null.

$$TDK = 3x + \frac{48}{x}$$

$$\frac{d(TDK)}{dx} = 3 - \frac{48}{x^2} = 0$$

$$3x^2 = 48$$

$$\mathbf{x = 4}$$

g. Setzen wir in die Grenzkostenfunktion K'=6x für x=4, so erhalten wir K'=24. Da die Grenzkostenkurve die Kurve der totalen Durchschnittskosten in deren Minimum schneidet, sind die Grenzkosten bei x=4 gleich den totalen Durchschnittskosten. Setzt man in TDK=3x+48/x für x=4 ein, so erhält man TDK=12+12=24.

24.

$$DVK = ax^2 + bx + c$$

$$TDK = ax^2 + bx + c + \frac{d}{x}$$

$$K' = 3ax^2 + 2bx + c$$

Um das Minimum der variablen Durchschnittskosten zu ermitteln, bildet man die erste Ableitung der variablen Durchschnittskosten und setzt diese gleich Null.

$$DVK = ax^2 + bx + c$$

$$\frac{d(DVK)}{dx} = 2ax + b = 0$$

$$x = -\frac{b}{2a}$$

25. Die Grenzkosten sind kleiner als die Durchschnittskosten, wenn die Durchschnittskosten fallen. Die Durchschnittskosten fallen, wenn die erste Ableitung kleiner als Null ist.

$$\frac{K}{x} = x^2 - 12x + 60$$

$$\frac{d\left(\frac{K}{x}\right)}{dx} = 2x - 12 < 0$$

$$x < 6$$

Die Grenzkosten sind kleiner als die Durchschnittskosten, wenn x kleiner als 6 ist.

26. a.

$$TDK = \frac{36}{x} + 8 + x$$

$$DVK = 8 + x$$

$$K' = 8 + 2x$$

Abb. C.9

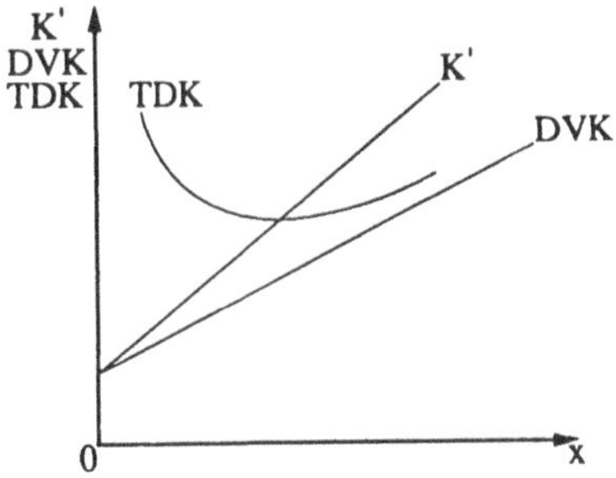

b. Die Grenzkosten sind gleich den totalen Durchschnittskosten, wenn diese ein Minimum haben. Man bildet die erste Ableitung der Funktion der totalen Durchschnittskosten und setzt diese gleich Null.

$$\frac{d(TDK)}{dx} = -\frac{36}{x^2} + 1 = 0$$

$$\mathbf{x = 6}$$

27. a. Da die variablen Durchschnittskosten ein Minimum bei x=9 haben, sind die variablen Durchschnittskosten bei dieser Menge gleich den Grenzkosten.

Aus $$K' = 40 - 12x + x^2$$

erhält man für $$x = 9$$

$$K' = 40 - 108 + 81 = 13$$

$$VDK_{x=9} = 13$$

b. Da die Grenzkostenfunktion die erste Ableitung der Gesamtkostenfunktion ist, läßt sich die Gesamtkostenfunktion schreiben als

$$K = 40x - 6x^2 + \frac{1}{3}x^3 + C$$

Die Konstante C, die die Höhe der fixen Kosten angibt, kann mit Hilfe der Information bestimmt werden, daß die totalen Durchschnittskosten bei x = 12 ein Minimum haben.

$$\frac{K}{x} = 40 - 6x + \frac{1}{3}x^2 + \frac{C}{x}$$

$$\frac{d\left(\frac{K}{x}\right)}{dx} = -6 + \frac{2}{3}x - \frac{C}{x^2} = 0 \quad \text{für } x = 12$$

$$-6 + 8 = \frac{C}{144}$$

$$C = 288$$

Die gesuchte Gesamtkostenfunktion lautet:

$$K = 40x - 6x^2 + \frac{1}{3}x^3 + 288$$

28. Aus

$$K = 2x_1^2 + x_1 \cdot x_2 + x_2^2$$

erhält man:

$$\frac{dK}{dx_1} = 4x_1 + x_2$$

29. Wenn die Durchschnittskosten steigen, ist

$$\frac{d\left(\frac{K}{x}\right)}{dx} > 0$$

$$\frac{d\left(\frac{K}{x}\right)}{dx} = \frac{K' \cdot x - K}{x^2} = \frac{1}{x} \cdot \left(K' - \frac{K}{x}\right)$$

Aus

$$\left(\frac{1}{x}\right) \cdot \left(K' - \frac{K}{x}\right) > 0$$

folgt:

$$K' > \frac{K}{x}$$

Die Grenzkosten sind also größer als die Durchschnittskosten, wenn die Durchschnittskosten steigen.

30. **Nein!** Die zusätzlichen Kosten, die entstehen, wenn statt 100 Einheiten 101 Einheiten produziert werden, wären größer als der zusätzliche Erlös. Die zusätzlichen Kosten betragen $101 \cdot 101 - 100 \cdot 100 = 201 > 150$.

31. Wahr sind: e, g, i, j, m. Alle anderen Aussagen sind falsch.

D. Vollständige Konkurrenz

1. Was versteht man unter vollständiger Konkurrenz?
2. Der Marktpreis bei vollständiger Konkurrenz ist p.

   a. Wie lautet die Gesamterlösfunktion?

   b. Wie lautet die Grenzerlösfunktion?

   c. Wie lautet die Durchschnittserlösfunktion?

3. In Abbildung D.1 sind eine Gesamterlösfunktion und eine Gesamtkostenfunktion dargestellt.

Abb. D.1

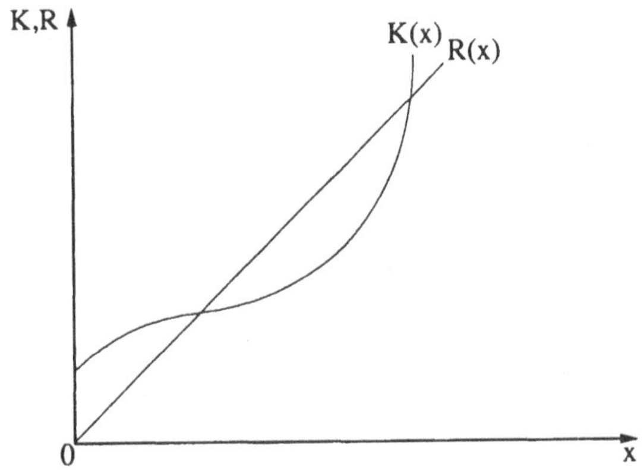

   a. Bestimmen Sie graphisch die gewinnmaximale Menge.

   b. Leiten Sie mit Hilfe von Abbildung D.1 die Bedingung für ein Gewinnmaximum ab.

4. Leiten Sie algebraisch die spezielle Gewinnmaximierungsbedingung für einen Anbieter in vollständiger Konkurrenz ab.

5. Für einen Anbieter in vollständiger Konkurrenz seien der Preis des Gutes X und der Preis des einzigen variablen Faktors V ein Datum. Leiten Sie graphisch und algebraisch die Bedingung für einen gewinnmaximalen Einsatz des variablen Faktors ab.

6. Erläutern Sie, welcher Zusammenhang zwischen der Gewinnmaximierung nach der Outputregel "Grenzkosten gleich Preis" und der Gewinnmaximierung nach der Inputregel "Grenzwertprodukt gleich Faktorpreis" besteht.

7. Ein Unternehmen bietet das Gut X auf einem Markt vollständiger Konkurrenz an. Welche der folgenden Bedingungen sind bei Gewinnmaximierung erfüllt? Der Faktor V sei der einzige variable Faktor. Der Marktpreis des Faktors V ist q.

a. $$\frac{dK}{dx} = p_x$$

b. $$\frac{dx}{dv} = \frac{q}{p_x}$$

c. $$p_x \geq DVK$$

d. $$q \leq \frac{x}{v} p_x$$

e. $$p_x \geq TDK$$

8. Für ein Unternehmen in vollständiger Konkurrenz sind der Preis des Gutes X und der Preis des einzigen variablen Faktors V ein Datum. Das Unternehmen kann den Gewinn nicht maximieren, wenn das Grenzprodukt des Faktors V größer als das Durchschnittsprodukt des Faktors ist. Stimmt das?

9. In Abbildung D.2 sind die Grenzerlöskurve und die Grenzkostenkurve eines individuellen Anbieters in vollständiger Konkurrenz dargestellt.

Abb. D.2

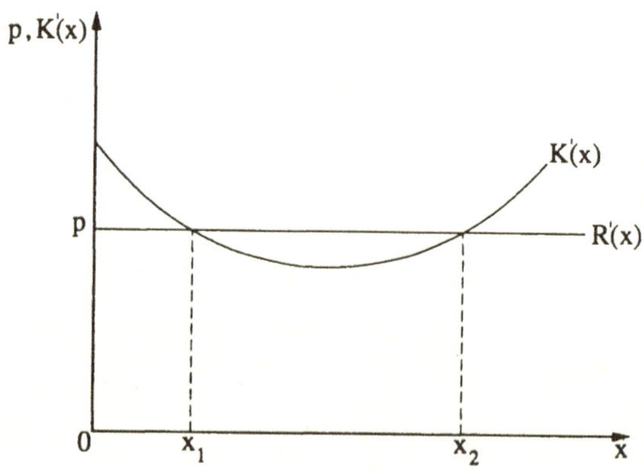

Zeigen Sie, daß bei der Menge x_1 zwar die Bedingung $K'(x) = p$ erfüllt ist, nicht aber die Bedingung zweiter Ordnung.

10. In Abbildung D.3 sind eine Grenzkostenkurve und die Kurve der totalen Durchschnittskosten dargestellt. Der Marktpreis ist p.

Abb. D.3

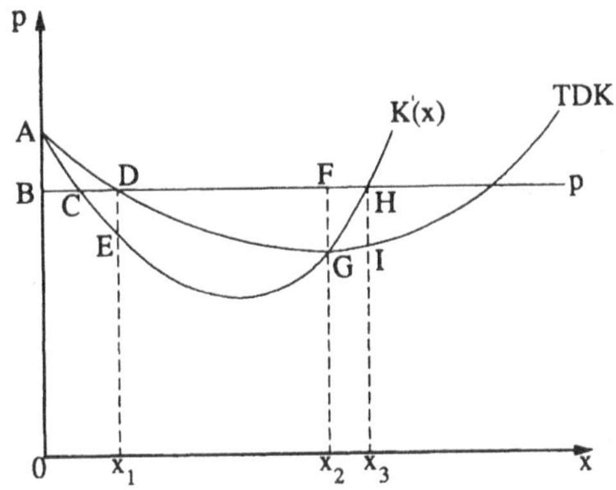

a. Die Darstellung impliziert, daß die fixen Kosten Null sind. Warum?

b. Bei welcher Menge wird der Gewinn maximiert?

c. Warum muß (bei korrekter Zeichnung) die Fläche ABC gleich der Fläche CDE sein?

d. Durch welche Fläche wird der maximale Gewinn dargestellt?

e. Der bei der Ausbringungsmenge x_3 erzielte Gewinn wird durch die Fläche DEGH repräsentiert. Stimmt das?

f. Bei welcher Ausbringungsmenge ist der Stückgewinn am größten?

11. In Abbildung D.4 sind die Grenzkostenkurve, die Kurve der variablen Durchschnittskosten und die Kurve der totalen Durchschnittskosten dargestellt. Der Marktpreis ist p.

Abb. D.4

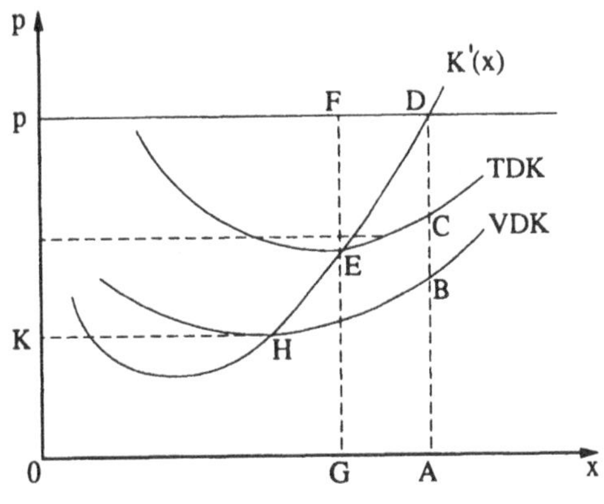

a. Bei welcher Ausbringungsmenge wird der Gewinn maximiert?

b. Wie groß sind die durchschnittlichen variablen Kosten, die totalen Durchschnittskosten und der Stückgewinn bei Produktion der gewinnmaximalen Menge?

c. Wie groß sind die variablen Kosten, die Gesamtkosten und der Gewinn bei Produktion der gewinnmaximalen Menge?

d. Bei welcher Ausbringungsmenge wird der Stückgewinn maximiert? Um welchen Betrag kann der Gewinn erhöht werden, wenn statt der Menge, bei der der Stückgewinn maximiert wird, die Menge produziert wird, bei der der Gewinn ein Maximum ist?

e. Wie hoch muß der Preis mindestens sein, damit es sich für das Unternehmen lohnt, kurzfristig positive Mengen des Gutes X anzubieten? Unterstellen Sie, daß kurzfristig die fixen Kosten nicht vermieden werden können.

f. Geben Sie an, wie die kurzfristige individuelle Angebotskurve verläuft.

12. Auf einem Markt vollständiger Konkurrenz wird das Gut X von 100 identischen Unternehmen angeboten. Für jedes dieser Unternehmen gilt die Kostenfunktion $K = x^2 + 8x + 36$.

Die fixen Kosten seien kurzfristig auch bei Betriebsstillegung oder Betriebsaufgabe nicht vermeidbar. Die totalen Durchschnittskosten, die entstehen, wenn die Menge produziert wird, bei der die totalen Durchschnittskosten ein Minimum sind, können auch langfristig durch Betriebsgrößenvariation nicht weiter vermindert werden.

a. Stellen Sie die Kurve der totalen Durchschnittskosten, die variable Durchschnittskostenkurve und die Grenzkostenkurve eines Anbieters in einem Diagramm dar.

b. Stellen Sie die individuelle Angebotskurve auf.

c. Wie lautet die Gesamtangebotskurve, wenn keine Faktorpreiseffekte auftreten?

d. Die Gesamtnachfragekurve sei $x^n = 1600 - 50p$. Bestimmen Sie den Gleichgewichtspreis. Ist die Branche beim Gleichgewichtspreis langfristig im Gleichgewicht?

e. Eine Stücksteuer von 6 DM pro Einheit wird eingeführt. Wie verändern sich die insgesamt produzierte Menge und der kurzfristige Gleichgewichtspreis? Wieviele Unternehmen werden langfristig das Gut X anbieten?

13. Ein Unternehmen bietet das Gut X in vollständiger Konkurrenz an. Der einzige variable Faktor ist der Faktor V. Der funktionale Zusammenhang zwischen der Einsatzmenge des variablen Faktors und der Menge, die maximal von X pro Periode erzeugt werden kann, wird durch die Ertragsfunktion $x = -0{,}01v^3 + v^2 + 36v$ ausgedrückt. Die gesamten fixen Kosten betragen 50 DM pro Periode.

a. Welche Menge des Gutes X wird bei Gewinnmaximierung erzeugt, wenn der Marktpreis des Gutes X gleich 0,10 DM ist und der Preis des Faktors 4,80 DM beträgt?

b. Wie groß ist der pro Periode erzielte Gewinn?

14. Ein Unternehmen bietet das Gut X auf einem Markt vollständiger Konkurrenz an. Der einzige variable Faktor ist V. Der Preis des Faktors V beträgt 18 DM. Der funktionale Zusammenhang zwischen der Einsatzmenge des variablen Faktors und dem Output wird durch die Ertragsfunktion $x = -v^3 + 8v^2 + 20v$ ausgedrückt. Wie groß muß der Preis des Gutes X mindestens sein, damit es sich für das Unternehmen lohnt, das Gut kurzfristig anzubieten? Die fixen Kosten sind kurzfristig nicht zu vermeiden.

Lösungen der Aufgaben 1 - 14

1. Von vollständiger Konkurrenz sprechen wir, wenn es auf einem Markt viele Anbieter und Nachfrager gibt, die alle nur einen sehr kleinen Anteil am Gesamtangebot oder der Gesamtnachfrage haben. Das auf dem Markt gehandelte Gut ist homogen. Die von den verschiedenen Anbietern produzierten Güter unterscheiden sich in den Augen der Käufer nicht. Es gibt keine Präferenzen für bestimmte Anbieter oder Nachfrager.

2. a. Die Gesamterlösfunktion ist: $R = p \cdot x$

   b. Die Grenzerlösfunktion ist: $dR/dx = p$

   c. Die Durchschnittserlösfunktion ist: $R/x = p$

   Für einen Anbieter in vollständiger Konkurrenz fallen also Durchschnittserlös und Grenzerlös zusammen. Da der Durchschnittserlös konstant ist, ist der Grenzerlös gleich dem Durchschnittserlös.

3. a. Der Gewinn wird bei der Menge maximiert, bei der die Differenz zwischen Erlös und Kosten am größten ist. Graphisch liegt das Gewinnmaximum da, wo der vertikale Abstand zwischen der Gesamterlöskurve und der Gesamtkostenkurve am größten ist. Das ist dort der Fall, wo die Steigung der Gesamtkostenkurve gleich der Steigung der Gesamterlöskurve ist. Man findet die gewinnmaximale Menge, indem man eine Parallele zur Gesamterlöskurve zeichnet, die die Gesamtkostenkurve tangiert.

   b. Im Gewinnmaximum ist die Steigung der Gesamtkostenkurve gleich der Steigung der Gesamterlöskurve. Da die Steigung der Gesamtkostenkurve gleich den Grenzkosten ist und die Steigung der Gesamterlöskurve gleich dem Preis ist, ergibt sich als notwendige Bedingung für ein Gewinnmaximum bei vollständiger Konkurrenz:

$$\text{Grenzkosten} = \text{Preis}$$

Abb. D.5

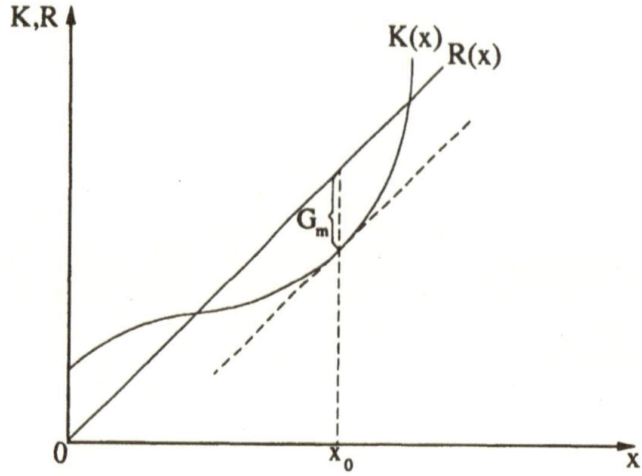

In Abbildung D.5 ist dies bei der Menge x_0 der Fall.

4. Die Gewinnfunktion eines Anbieters in vollständiger Konkurrenz läßt sich schreiben als

$$G(x) = p \cdot x - K(x)$$

Um die gewinnmaximale Ausbringungsmenge zu finden, bildet man die erste Ableitung und setzt diese gleich Null.

$$\frac{dG}{dx} = p - \frac{dK}{dx} = 0$$

$$\frac{dK}{dx} = p$$

Die ist die bereits formulierte Gewinnmaximierungsbedingung bei vollständiger Konkurrenz.

Als Bedingung zweiter Ordnung erhält man

$$-\frac{d^2K}{dx^2} < 0 \quad \Rightarrow \quad \frac{d^2K}{dx^2} > 0$$

Dies bedeutet, daß das Gewinnmaximum stets in dem Bereich liegt, in dem die Grenzkosten mit wachsender Menge zunehmen.

5. In Abbildung D.6a wird der funktionale Zusammenhang zwischen der Einsatzmenge des variablen Faktors und dem in physischen Einheiten gemessenen Gesamtertrag x durch eine Gesamtertragskurve dargestellt.

Abb. D.6

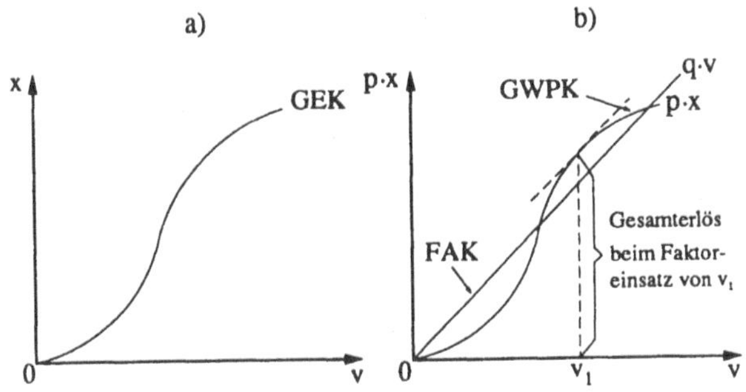

Den Erlös, der alternativen Mengen des variablen Faktors V zu verdanken ist, erhält man, indem der in physischen Einheiten gemessene Output x mit dem Preis p des Gutes X multipliziert wird. In Abbildung D.6b wird die Gesamtertragskurve aus Abbildung D.6a reproduziert. Durch Multiplikation der Ordinatenwerte mit p wird sie zur "Gesamtwertproduktkurve". Der vertikale Abstand dieser Kurve von der Abszisse gibt an, wie groß der Gesamterlös bei alternativen Faktoreinsatzmengen ist. Außerdem wurde die Faktorausgabenkurve $q \cdot v$ eingezeichnet, die eine Ursprungsgerade ist. Die Steigung ist gleich dem Faktorpreis q, der für das betrachtete Unternehmen wie der Güterpreis p ein Datum ist.

Bei der gewinnmaximalen Faktoreinsatzmenge v_1 ist der vertikale Abstand zwischen der Gesamtwertproduktkurve und der Faktorausgabenkurve ein Maximum. Bei dieser Menge ist die Steigung der beiden Kurven gleich. Da die Steigung gleich der ersten Ableitung nach der Faktoreinsatzmenge ist, ergibt sich:

$$p\frac{dx}{dv} = q$$

Das besagt: Das Grenzwertprodukt muß gleich dem Faktorpreis sein. Algebraisch läßt sich die Bedingung für einen gewinnmaximalen Faktoreinsatz aus der Gewinnfunktion ableiten:

$$G = p \cdot x - q \cdot v - K_f$$

Man bildet die erste Ableitung der Gewinnfunktion nach der Faktoreinsatzmenge und setzt diese gleich Null:

$$\frac{dG}{dv} = p\frac{dx}{dv} - q = 0$$

$$p\frac{dx}{dv} = q$$

6. Die gewinnmaximale Faktormenge wird eingesetzt, wenn die Bedingung Grenzwertprodukt gleich Faktorpreis erfüllt ist:

$$p\frac{dx}{dv}=q$$

Diese Bedingung läßt sich auch schreiben als

$$p=\frac{q}{\frac{dx}{dv}}=q\cdot\frac{dv}{dx}$$

Der Ausdruck auf der rechten Seite gibt an, wie hoch die zusätzlichen Kosten sind, um eine zusätzliche Einheit zu produzieren. Es wird nämlich der Faktorpreis q mit der Zahl der Faktoreinheiten multipliziert, die eingesetzt werden müssen, um eine zusätzliche Einheit des Gutes X zu produzieren. Das Ergebnis ist also Ausdruck der Grenzkosten. Es gilt demnach

$$p=\frac{q}{\frac{dx}{dv}}=K'(x)$$

Damit ist bewiesen, daß die Outputregel in der Inputregel enthalten ist, und daß demnach beide Regeln zum gleichen Ergebnis führen.

7. Alle Bedingungen außer e. sind bei Gewinnmaximierung erfüllt.

8. Wenn das Grenzprodukt größer als das Durchschnittsprodukt ist, so ist

$$\frac{dx}{dv}>\frac{x}{v}$$

Multipliziert man beide Seiten mit p, so erhält man

$$p\frac{dx}{dv}>\frac{p\cdot x}{v}$$

Bei gewinnmaximalem Faktoreinsatz ist

$$p\frac{dx}{dv}=q$$

Man erhält durch Kombination der beiden Gleichungen:

$$q>\frac{p\cdot x}{v}$$

oder $$q \cdot v > p \cdot x$$

Die letzte Ungleichung bedeutet, daß die Ausgaben für den variablen Faktor größer wären als der Gesamterlös. Es wäre besser, nichts zu produzieren. Die Produktion lohnt sich also nur, wenn das Grenzprodukt mindestens gleich dem Durchschnittsprodukt ist.

9. Aus der Gewinnfunktion $G = p \cdot x - K(x)$ erhält man die notwendige Bedingung für ein Gewinnmaximum, indem man die erste Ableitung bildet und diese gleich Null setzt.

$$\frac{dG}{dx} = p - \frac{dK}{dx} = 0$$

$$p = \frac{dK}{dx}$$

Diese Bedingung ist sowohl bei x_1 als auch bei x_2 erfüllt.

Damit ein Maximum vorliegt, muß die Bedingung zweiter Ordnung erfüllt sein.

$$\frac{d^2G}{dx^2} = -\frac{d^2K}{dx^2} < 0$$

$$\frac{d^2K}{dx^2} > 0$$

Dies bedeutet, daß die Grenzkosten bei der gewinnmaximalen Menge eine positive Steigung haben müssen. Diese Bedingung ist nur bei der Menge x_2, nicht aber bei der Menge x_1 erfüllt.

10. a. Wären die fixen Kosten größer als Null, müßte sich die Kurve der totalen Durchschnittskosten asymptotisch der Preisachse nähern.

b. Bei der Ausbringungsmenge x_3 ist sowohl die Bedingung erster Ordnung ($K' = p$) als auch die Bedingung zweiter Ordnung ($K'' > 0$) erfüllt. Da bei der Menge x_3 der Preis größer ist als die totalen Durchschnittskosten, lohnt es sich zu produzieren.

c. Bei der Menge x_1 wird weder ein Gewinn noch ein Verlust erzielt. Die Durchschnittskosten sind gleich dem Preis. Auch bei der Menge Null entsteht weder ein Gewinn noch ein Verlust. In C entsteht ein Verlust in Höhe von ABC. CDE ist der zusätzliche Gewinn, der entsteht, wenn von C ausgehend die Produktion auf x_1 gesteigert wird. Wenn bei der Menge x_1 insgesamt ein Gewinn von Null erzielt wird, muß der Gewinn CDE genau gleich dem Verlust ABC sein.

d. Der Gewinn bei der Ausbringungsmenge x_3 ist gleich dem Produkt aus dem Stückgewinn HI und der Menge x_3.

e. **Ja!** Bei der Menge x_1 ist der Gewinn gleich Null. Wird die Menge von x_1 auf x_3 erhöht, so ist der zusätzliche Erlös gleich $p \cdot (x_3 - x_1)$. Die zusätzlichen Kosten sind gleich der Fläche unter der Grenzkostenkurve zwischen x_1 und x_3. Die Differenz ist der Gewinn. Er wird durch die Fläche DEGH repräsentiert.

f. Bei der Menge x_2, bei der die totalen Durchschnittskosten ihr Minimum haben.

11. a. Bei der Menge 0A.

b.

$$\text{DVK} = \text{AB}$$

$$\text{TDK} = \text{AC}$$

$$\text{Stückgewinn} = \text{DC}$$

c.

$$\text{VK} = 0\text{A} \cdot \text{AB}$$

$$\text{K} = 0\text{A} \cdot \text{AC}$$

$$\text{G} = 0\text{A} \cdot \text{DC}$$

d. Bei der Menge 0G. Wird statt der Menge 0G die Menge 0A produziert, steigt der Gewinn um die Fläche EFD.

e. Der Preis muß mindestens gleich 0K sein.

f. Für $p \geq 0K$ ist die Grenzkostenkurve die individuelle Angebotskurve. Für $p < 0K$ sinkt die angebotene Menge auf Null.

12. a.

$$K = x^2 + 8x + 36$$

$$\text{TDK} = x + 8 + \frac{36}{x}$$

$$\text{VDK} = x + 8$$

$$K'(x) = 2x + 8$$

Die totalen Durchschnittskosten werden in ihrem Minimum von der Grenzkostenkurve geschnitten.

$$\frac{d(\text{TDK})}{dx} = 1 - \frac{36}{x^2} = 0$$

$$\mathbf{x = 6}$$

$$\text{TDK}_{x=6} = 6 + 8 + 6 = \mathbf{20}$$

$$K'(x)_{x=6} = 2 \cdot 6 + 8 = \mathbf{20}$$

Abb. D.7

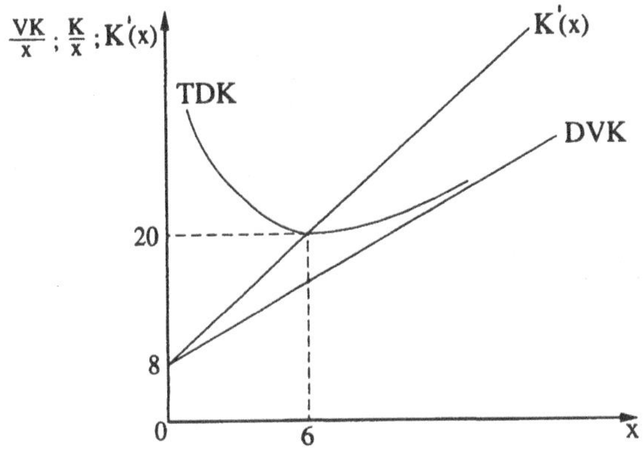

b. Die Grenzkostenkurve ist die kurzfristige individuelle Angebotskurve eines Anbieters in vollständiger Konkurrenz, sofern der Preis größer oder mindestens gleich den variablen Durchschnittskosten ist (die fixen Kosten sind kurzfristig nicht vermeidbar). Dies ist bei allen positiven Ausbringungsmengen der Fall. Positive Mengen werden ausgebracht, wenn der Preis größer als 8 ist. Wegen $K' = p$ gilt:

$$2x + 8 = p \quad (p \geq 8)$$

Wird die Gleichung nach x aufgelöst, so ergibt sich die Angebotsfunktion:

$$x_1 = \frac{p}{2} - 4 \quad (p \geq 8)$$

$$x_1 = 0 \quad (p < 8)$$

c. Als Gesamtangebotsfunktion erhält man wegen $x_g = 100x_i$

$$x_g = 50p - 400 \quad (p \geq 8)$$

$$x_g = 0 \quad (p < 8)$$

d. Im Gleichgewicht ist die angebotene Menge gleich der nachgefragten Menge:

$$50p - 400 = 1600 - 50p$$

$$100p = 2000$$

$$\mathbf{p = 20}$$

$$x = 1000 - 400 = \mathbf{600}$$

Im Gleichgewicht produziert jeder Anbieter die Menge $x = 6$ pro Periode. Jeder Anbieter produziert also mit minimalen Stückkosten. Der Preis deckt gerade die totalen Durchschnittskosten. Die Branche ist auch langfristig im Gleichgewicht. Ein Markteintritt ist nicht lohnend. Die bestehenden Unternehmen halten langfristig ihr Angebot aufrecht.

e. Nach der Einführung der Stücksteuer lautet die Kostenfunktion

$$K = x^2 + 8x + 36 + 6x$$

$$K = x^2 + 14x + 36$$

Die neue Grenzkostenfunktion ist

$$K' = 2x + 14$$

Die neue kurzfristige individuelle Angebotsfunktion ist

$$p = 14 + 2x \qquad p \geq 14$$

oder

$$x_i = \frac{p}{2} - 7 \qquad (p \geq 14)$$

$$x_i = 0 \qquad (p < 14)$$

Wegen $x_g = 100x_i$ lautet die neue Gesamtangebotsfunktion

$$x_g = 50p - 700 \qquad (p \geq 14)$$

$$x_g = 0 \qquad (p < 14)$$

Beim neuen Gleichgewichtspreis ist die nachgefragte Menge $x^n = 1600 - 50p$ gleich der angebotenen Menge.

$$1600 - 50p = 50p - 700$$

$$100p = 2300$$

$$\mathbf{p = 23}$$

$$\mathbf{x = 450}$$

Der Gleichgewichtspreis steigt von $p = 20$ auf $p = 23$; die Gleichgewichtsmenge sinkt von $x = 600$ auf $x = 450$. Der Preis ist kleiner als die totalen Durchschnittskosten. Die Unternehmen werden langfristig ihr Angebot nicht aufrechterhalten. Im neuen langfristigen Gleichgewicht muß der Preis gleich den totalen Durchschnittskosten in deren Minimum sein. Die totalen Durchschnittskosten haben ihr Minimum bei der Ausbringungsmenge $x = 6$:

$$\frac{K}{x} = x + 14 + \frac{36}{x}$$

$$\frac{d(K/x)}{dx} = 1 - \frac{36}{x^2} = 0$$

$$\mathbf{x = 6}$$

Bei der Ausbringungsmenge x = 6 sind die totalen Durchschnittskosten gleich 6 + 14 + 6 = 26.

Der Preis muß also auf p = 26 steigen. Bei diesem Preis ist die Gesamtnachfrage $x^n = 1600 - 50 \cdot 26 = 300$.

Da im langfristigen Gleichgewicht jedes Unternehmen sechs Einheiten herstellt, wird diese Menge von fünfzig Unternehmen angeboten. Langfristig wird also die Zahl der Unternehmen, die das Gut X anbieten, von hundert auf fünfzig sinken. Das heißt: Fünfzig Unternehmen werden ausscheiden.

13. a. Der Gewinn wird maximiert, wenn das Grenzwertprodukt gleich dem Faktorpreis ist.

$$p \cdot \frac{dx}{dv} = q$$

$$\frac{dx}{dv} = \frac{q}{p}$$

Das physische Grenzprodukt erhält man, indem man die erste Ableitung der Ertragsfunktion bildet.

$$\frac{dx}{dv} = -0{,}03v^2 + 2v + 36$$

Bei gewinnmaximalem Faktoreinsatz muß das Grenzprodukt gleich q/p, also gleich 4,80 DM/0,10 DM = 48 sein.

$$-0{,}03v^2 + 2v + 36 = 48$$

Als Lösung dieser quadratischen Gleichung erhält man

$$v = 60$$

als gewinnmaximale Faktoreinsatzmenge (für v = 6,6 ist die Bedingung zweiter Ordnung nicht erfüllt).

b. Wenn sechzig Einheiten von V eingesetzt werden, werden 3 600 Einheiten von X hergestellt. Der Gewinn ist

$$G = 3600 \cdot 0{,}1\,\text{DM} - 60 \cdot 4{,}80\,\text{DM} - 50\,\text{DM}$$

$$G = 360 - 288 - 50 = \mathbf{22}\,\text{DM}.$$

14. Der Preis muß mindestens so groß sein, daß der Erlös gleich den Ausgaben für den variablen Faktor ist.

$$p \cdot x \geq q \cdot v$$

$$p \geq \frac{q \cdot v}{x} = \frac{q}{x/v}$$

Der Term auf der rechten Seite stellt die variablen Durchschnittskosten dar. Diese sind um so niedriger, je größer x/v ist. Die variablen Durchschnittskosten haben also ein Minimum, wenn der Durchschnittsertrag x/v ein Maximum ist.

Um die Menge zu finden, bei der die variablen Durchschnittskosten ein Minimum haben, bestimmt man die Faktoreinsatzmenge, bei der der Durchschnittsertrag ein Maximum hat.

Die Durchschnittsertragesfunktion lautet:

$$\frac{x}{v} = -v^2 + 8v + 20$$

Um das Maximum des **Durchschnittsertrags** zu finden, bildet man die erste Ableitung nach v und setzt diese gleich Null.

$$\frac{d(x/v)}{dv} = -2v + 8 = 0$$

$$v = \mathbf{4}$$

Der **Durchschnittsertrag** ist ein Maximum, wenn vier Einheiten von V eingesetzt werden.

Bei v = 4 ist der Durchschnittsertrag gleich

$$\frac{x}{v} = -16 + 32 + 20 = 36$$

Die variablen Durchschnittskosten sind in ihrem Minimum also gleich

$$\frac{q}{\frac{x}{v}} = 18\,\text{DM}/36 = 0{,}50\,\text{DM pro Einheit von X}$$

Der Preis muß mindestens gleich 0,50 DM sein, damit es sich kurzfristig lohnt, das Gut X herzustellen.

Ergänzende Fragen, insbesondere zum langfristigen Gleichgewicht

15. Die langfristige Angebotskurve bei vollständiger Konkurrenz und freiem Markteintritt ergibt sich durch horizontale Addition der langfristigen Grenzkostenkurven der etablierten Unternehmen. Wahr oder falsch?

16. Im langfristigen Gleichgewicht erzielen die marginalen Anbieter keinen Gewinn. Sie decken gerade ihre Kosten. Die intramarginalen Anbieter, die langfristig die Produktion auch bei niedrigerem Preis aufrechterhalten, erzielen also einen Gewinn. Ist das wahr?

17. Wenn in einer Branche vollständiger Konkurrenz eine Stücksteuer eingeführt wird, so ändert sich die Menge nicht, bei der das einzelne Unternehmen im langfristigen Gleichgewicht mit minimalen Stückkosten produziert. Stimmt das?

18. Die langfristige Kostenfunktion eines Unternehmens, das in vollständiger Konkurrenz anbietet, ist $K = 2x^2$. Um die gewinnmaximale Menge so kostengünstig wie möglich herzustellen, wird ein Betrieb errichtet, der durch die kurzfristige Kostenfunktion $K = 100+x^4/100$ charakterisiert ist. Wie hoch ist der erwartete Preis?

19. Die Grenzkostenfunktion eines Unternehmens in vollständiger Konkurrenz ist

$$K' = 4 + 3x_i + 0{,}02x$$

Es ist x_i die Menge des Gutes X, die von dem betrachteten Unternehmen hergestellt wird, x der Branchenoutput. Aus dem Vorzeichen von x ersieht man, daß die Produktion von X mit positiven externen Effekten verbunden ist, die intern für die Branche sind. Trifft das zu?

20. Im langfristigen Gleichgewicht bei vollständiger Konkurrenz erzielt kein Anbieter Gewinn. Wenn eine Stücksteuer eingeführt wird, wird sie langfristig vollständig überwälzt, weil sonst die Anbieter Verluste erleiden würden. Der Preis muß also langfristig um den vollen Betrag der Stücksteuer steigen. Wahr oder falsch?

21. In Abbildung D.8 ist A eine vorwärts geneigte langfristige Angebotskurve. Die Angebotskurve verschiebt sich nach A′.

Abb. D.8

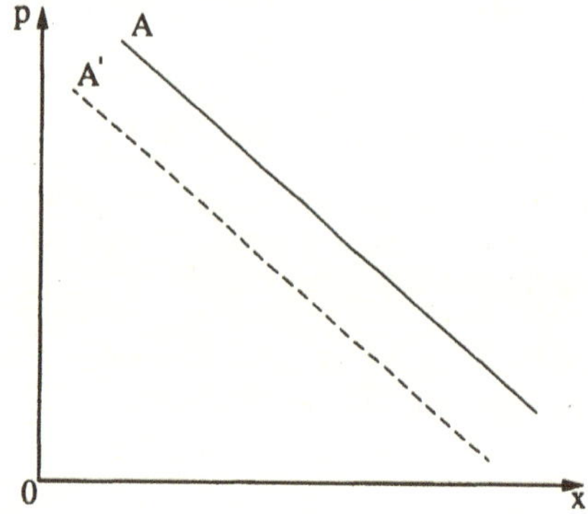

Die Verschiebung bedeutet, daß das Angebot gestiegen ist. Ist das wahr?

22. Welche Faktoren können in Abbildung D.8 die Verschiebung der Angebotskurve verursacht haben?

23. Im langfristigen Gleichgewicht bei vollständiger Konkurrenz produzieren alle Anbieter im Stückkostenminimum. Die langfristige Angebotskurve gibt an, wie groß die minimalen langfristigen Stückkosten bei alternativem Branchenoutput sind. Die langfristige Angebotskurve ist also eine Stückkostenkurve.

    In Abbildung D.9 ist die betrachtete Branche eine "increasing cost industry". Die langfristige Angebotskurve hat eine positive Steigung, weil mit steigendem Branchenoutput die Faktorpreise steigen.

Abb. D.9

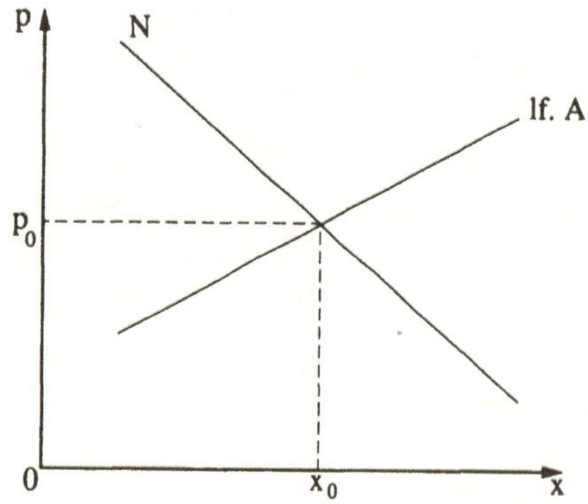

Im langfristigen Gleichgewicht wird die Menge x_0 zum Preis p_0 verkauft. Die langfristigen Stückkosten aller Unternehmen sind gleich p_0.

Professor P. behauptet, es werde zu viel von X produziert, wenn x_0 Einheiten von X hergestellt werden. Da die langfristige Angebotskurve eine Stückkostenkurve sei, deren Steigung positiv ist, seien die Grenzkosten größer als die Stückkosten. Werde die Menge x_0 produziert, so sei der Wert der letzten produzierten Einheit kleiner als die zusätzlichen Kosten, die infolge der Produktion der letzten Einheit entstünden. Die gesamtwirtschaftlich optimale Ausbringungsmenge sei in Abbildung D.10 die Menge x_1, bei der die entsprechende Grenzkostenkurve die Nachfragekurve schneidet.

Abb. D.10

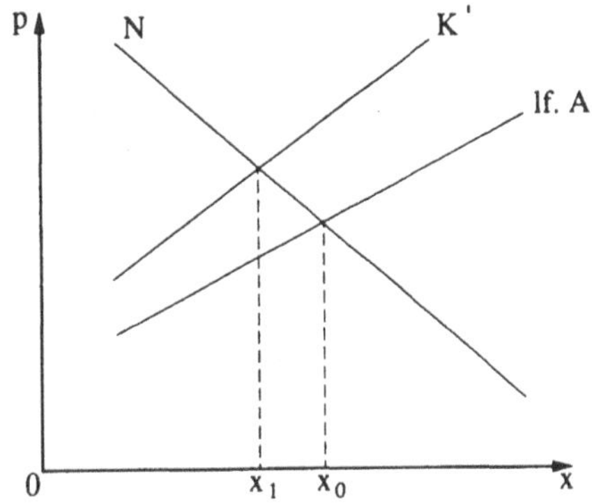

Der Staat müsse eingreifen, um eine ineffiziente Faktorallokation zu verhindern. Hat Professor P. recht?

24. Als George Bernard Shaw erfuhr, daß der Preis der Kohle so hoch ist, daß die Kosten der marginalen Zeche gedeckt werden, die meisten Zechen aber kostengünstiger produzieren können, schlug er 1930 in einer Schrift mit dem Titel "The Intelligent Women's Guide to Socialism" vor, den Bergbau zu verstaatlichen und die Kohle zu einem Preis in Höhe der Durchschnittskosten des verstaatlichten Bergbaus zu verkaufen. Da die Durchschnittskosten erheblich niedriger seien als die Kosten der marginalen Zechen mit den schlechtesten Abbaubedingungen, könne der Kohlepreis beträchtlich gesenkt werden, ohne daß dem verstaatlichten Bergbau ein Verlust entstünde. In einem Buch mit dem Titel "The Socialist Women's Guide to Intelligence" wurde Shaw von Mrs. Blanco-White kritisiert. Warum?

25. In einer Branche werden die Kuppelprodukte X und Y hergestellt. Wenn eine Einheit von X hergestellt wird, wird auch eine Einheit von Y produziert. Es liegt der Fall der festen Kupplung vor.

    Die Nachfrage nach Y sinkt. Daraufhin erhöhen die Anbieter den Preis von X. Das Kartellamt sieht darin einen Mißbrauch wirtschaftlicher Macht. Es behauptet, daß es nur infolge der Marktmacht der Anbieter möglich sei, bei einem Rückgang der Nachfrage nach Y den Preis von X zu erhöhen, obwohl die Produktionskosten und die Nachfrage nach X sich nicht geändert haben. Prüfen Sie die Behauptung des Kartellamts, das beobachtete Verhalten sei auf die Marktmacht der Anbieter zurückzuführen, indem Sie analysieren, wie sich bei vollständiger Konkurrenz (also bei Abwesenheit von Marktmacht) der Preis von X ändert, wenn die Nachfrage nach Y sinkt.

26. Das Gut X wird in vollständiger Konkurrenz angeboten. Der Markteintritt ist frei: Für alle etablierten und potentiellen Konkurrenten gilt die langfristige Kostenfunktion

$$K = x_i^3 - 20x_i^2 + 140x_i$$

Die Gesamtnachfragefunktion ist

$$x = 1180 - 5p$$

Die Produktion ist nicht mit externen Effekten verbunden.

a. Bestimmen Sie die langfristige Gesamtangebotsfunktion.

b. Wie groß ist die Zahl der Unternehmen, die im langfristigen Gleichgewicht das Gut X anbieten?

c. Eine Stücksteuer von 20 DM wird eingeführt. Wieviele Anbieter scheiden langfristig aus?

27. Das Gut X wird in vollständiger Konkurrenz angeboten. Die langfristige Kostenfunktion aller Unternehmen ist wie in Aufgabe 26

$$K = x_i^3 - 20x_i^2 + 140x_i$$

Externe Effekte treten nicht auf. Die Marktnachfragefunktion ist wie in Aufgabe 26

$$x = 1180 - 5p$$

Die Regierung beschränkt die Zahl der Unternehmen, die das Gut X produzieren dürfen, auf 60. Zur Produktion ist eine Lizenz erforderlich, die am Markt gehandelt wird. Wie hoch ist im langfristigen Gleichgewicht der Preis, der pro Periode für eine Lizenz gezahlt wird?

28. Die langfristigen Durchschnittskosten aller Unternehmen haben ein Minimum bei 40-0,05x. x ist der Gesamtoutput der Branche. Der Markteintritt ist frei. Potentielle Konkurrenten können ebenso kostengünstig produzieren wie die etablierten Unternehmen. Die Gesamtnachfrage ist

$$x = 400 - 4p$$

a. Bestimmen Sie den Gleichgewichtspreis und die Gleichgewichtsmenge.

b. Pro Ausbringungseinheit wird eine Subvention von 10 DM gezahlt. Wie hoch ist der neue Gleichgewichtspreis?

c. Welche Menge wird verkauft, wenn ein Mindestpreis von 30 festgesetzt wird?

d. Welche Menge wird verkauft, wenn ein Höchstpreis p = 20 festgesetzt wird?

Antworten auf die Fragen 15 - 28

15. **Falsch!** Langfristig ist die Zahl der Unternehmen, die das Gut anbieten, variabel. Steigt der Preis über das Minimum der langfristigen Durchschnittskosten, kommt es zu einem Markteintritt neuer Anbieter, die das Gut X anbieten. Deshalb ergibt sich die langfristige Branchenangebotskurve **nicht** durch horizontale Aggregation der langfristigen Grenzkostenkurven der etablierten Unternehmen.

16. Die intramarginalen Anbieter, die auch bei sinkendem Preis die Produktion aufrechterhalten, verfügen über spezifische Ressourcen, die in gleicher Qualität den marginalen Anbietern nicht zur Verfügung stehen. Der "Gewinn" stellt Faktoreinkommen dar, das den Unternehmen als Eigentümern spezifischer Ressourcen zufällt. Diese Faktoreinkommen könnten auch erzielt werden, wenn man anderen die Nutzung gegen Entgelt gestattet.

17. **Nein!** Durch Einführung der Stücksteuer verschieben sich die Stückkostenkurven der Anbieter parallel nach oben. Die Menge, bei der die Stückkosten ein Minimum haben, ändert sich **unmittelbar nicht**. Die Stücksteuer bewirkt aber, daß der Preis steigt und die nachgefragte Menge sinkt. Sofern es sich bei der Branche nicht um eine constant cost industry handelt, führt dies zu Kostenänderungen. Im Fall einer increasing cost industry mögen zum Beispiel die Preise bestimmter Inputs sinken. Diese Faktorpreisänderung kann bewirken, daß sich die Menge ändert, bei der das einzelne Unternehmen im Minimum der langfristigen Stückkosten produziert.

18. In einem Betrieb mit der kurzfristigen Kostenfunktion $K = 100 + x^4/100$ kann jene Menge kostengünstiger hergestellt werden als in anderen Betrieben, bei der die kurzfristigen Grenzkosten gleich den langfristigen Grenzkosten sind. Da die langfristigen Kosten gleich $K = 2x^2$ sind, muß also gelten:

$$\frac{4x^3}{100} = 4x$$

$$x^2 = 100$$

$$\mathbf{x = 10}$$

Die lang- und kurzfristigen Grenzkosten bei der Menge $x = 10$ sind 40. Da bei Gewinnmaximierung die Grenzkosten gleich dem Preis sind, ist $p = 40$ der erwartete Preis.

19. **Nein!** Die Grenzkosten des betrachteten Unternehmens sind ceteris paribus um so größer, je größer die Menge x ist, die insgesamt von allen Unternehmen der Branche produziert wird. Das bedeutet, daß die Produktion von X mit **negativen** externen Effekten verbunden ist, die intern für die Branche sind.

20. **Falsch!** Der Preis kann um einen Betrag steigen, der kleiner oder größer ist als die Steuer, die pro Einheit gezahlt werden muß. Wenn die langfristige Angebotskurve eine positive Steigung hat, wird der Preis um einen Betrag steigen, der kleiner ist als die Stücksteuer. Der Nettopreis der Anbieter sinkt. Dies bedeutet aber nicht, daß die Anbieter Verluste erleiden, denn auch die Stückkosten sinken. Im neuen langfristigen Gleichgewicht produzieren wiederum alle Anbieter im Minimum der langfristigen Stückkosten.

21. **Ja!** Die vorwärts geneigte Angebotskurve gibt an, wie hoch der **Preis mindestens sein muß**, damit alternative Mengen eines Gutes angeboten werden. Verschiebt sich wie in Abbildung D.8 die Angebotskurve nach unten, so bedeutet dies, daß der Preis sinkt, der mindestens gezahlt werden muß, damit alternative Mengen jeweils angeboten werden. In Abbildung D.8 erhöht sich die Menge der Punkte, bei denen die Anbieter bereit sind anzubieten. Deshalb bedeutet die Verschiebung der Angebotskurve nach unten, daß das Angebot gestiegen ist. Merke: Die vorwärts geneigte Angebotskurve **gibt nicht an**, wie groß die Menge ist, die **maximal bei gegebenem Preis angeboten wird**. Sie gibt vielmehr an, wie groß bei gegebenem Preis die abgesetzte Menge mindestens sein muß, damit das Gut angeboten wird.

22. Die Angebotskurve verschiebt sich nach unten, wenn die Faktorpreise sinken oder eine Subvention pro Ausbringungseinheit gezahlt wird.

23. **Nein!** Die langfristige Angebotskurve ist eine Kurve der **Durchschnittskosten einschließlich Rente**. Sie ist zugleich eine Kurve der **Grenzkosten ohne Rente**. Da die Rente eine Transferzahlung, aber kein realer Kostenfaktor in dem Sinne ist, daß sie einen Verbrauch realer Ressourcen widerspiegelt, mißt der vertikale Abstand der Angebotskurve von der Abszisse die Höhe der gesamtwirtschaftlichen Grenzkosten in der Produktion von X.

    Nehmen wir an, es muß ein Preis von 4 DM gezahlt werden, um die erste Einheit eines Faktors zu kaufen. Werden zwei Einheiten gekauft, muß pro Faktoreinheit ein Preis von 6 DM gezahlt werden. Die Durchschnittskosten von 6 DM enthalten eine Rentenzahlung von 2 DM an den Faktoreigner, der bereit war, die erste Einheit zu einem Preis von 4 DM zur Verfügung zu stellen, jetzt aber 6 DM erhält. Die Durchschnittskosten von 6 DM sind also Durchschnittskosten einschließlich Rente. Sie sind genau gleich dem Betrag von 6 DM, der mindestens gezahlt werden muß, damit die zweite Einheit zur Verfügung gestellt wird. Anders gesagt: Die Durchschnittskosten einschließlich Rente sind gleich den Grenzkosten ohne Rente. Fragt man, um welchen Betrag die gesamten Faktorausgaben zunehmen, wenn statt einer Faktoreinheit zwei Einheiten gekauft werden, so sind die 12-4 = 8 DM die Grenzfaktorkosten einschließlich Rente. Sie enthalten eine Rentenzahlung von 2 DM, die keine volkswirtschaftlichen Kosten sind. Die gesamtwirtschaftlich relevanten Grenzkosten sind die **Grenzkosten ohne Rente**.

24. Shaws Vorschlag bedeutet, daß die Kohle zu einem Preis verkauft wird, der gleich den Durchschnittskosten ohne Rente ist. Da die Durchschnittskosten steigen, sind die Grenzkosten größer als die Durchschnittskosten. Wird jene Menge produziert, die bei einem Preis in Höhe der Durchschnittskosten nachgefragt wird, wird zuviel Kohle produziert. Der Wert, den die letzte produzierte Einheit Kohle stiftet, ist kleiner als der Wert der Ressourcen, die eingesetzt werden, um die letzte Einheit zu produzieren. Muß zum Beispiel für die marginale Einheit Kohle ein Preis von 100 DM gezahlt werden, der Ausdruck der Durchschnittskosten ist, und sind die Grenzkosten gleich 200 DM, so bedeutet dies, daß statt der Kohle, für die die Käufer maximal 100 DM zu zahlen bereit sind, Güter produziert werden könnten, für die die Käufer 200 DM zu zahlen bereit sind. Shaws Vorschlag bedeutet also, daß die Käufer auf Güter verzichten müssen, die ihnen mehr wert sind, als die Kohle, die sie stattdessen bekommen.

25. Bei Konkurrenz bildet sich für das Kuppelprodukt, das Z genannt werden soll, und das aus einer Einheit von X und einer Einheit von Y besteht, ein Preis, der graphisch durch den Schnittpunkt der Angebotskurve von Z mit der Nachfragekurve bestimmt wird. Der Nachfragepreis von Z, also der Preis, den die Käufer für eine marginale Einheit von Z zu zahlen bereit sind, ergibt sich durch Addition der Nachfragepreise von X und Y. Graphisch erhält man daher die Nachfragekurve für Z durch vertikale Addition der Nachfragekurven für X und Y. Durch den Schnittpunkt der Nachfragekurve N_z mit der Angebotskurve A_z ist die Menge bestimmt, die von Z und somit von X und von Y ($z = x = y$) produziert wird. Die Preise, die sich bei Konkurrenz für X und Y bilden, sind die der produzierten Menge zugeordneten Nachfragepreise p_X und p_Y. Wenn die Nachfrage nach Y sinkt, sinkt bei konstanter Nachfrage nach X die Nachfrage nach Z. Es wird im neuen Gleichgewicht eine geringere Menge von Z und somit wegen $z = x = y$ auch eine geringere Menge von X produziert. Diese kleinere Menge wird zu einem höheren Preis verkauft. Auch bei vollständiger Konkurrenz kommt es also bei einem Rückgang der Nachfrage nach Y zu einer Preissteigerung bei X. Die Aussage des Kartellamts, die Preissteigerung bei X sei nur dadurch zu erklären, daß die Anbieter Marktmacht haben, ist falsch.

In Abbildung D.11 ist N_x die Nachfragekurve für X und N_y die Nachfragekurve für Y. Durch vertikale Addition der Nachfragekurven erhält man N_z. Der Schnittpunkt von N_z mit A_z determiniert die Mengen $z_1 = x_1 = y_1$, die bei vollständiger Konkurrenz produziert werden. Der Preis von X ist p_x und der Preis von Y ist p_y.

Abb. D.11

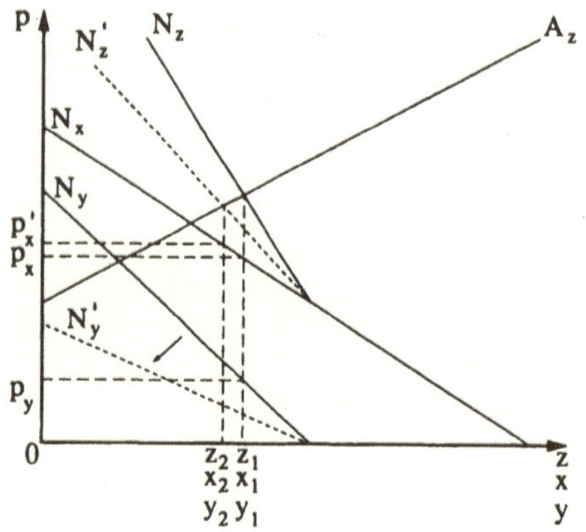

Sinkt die Nachfrage nach Y von N_Y auf N'_Y, so sinkt die Nachfrage nach Z von N_z auf N'_z. Der Schnittpunkt der N'_z-Kurve mit der Angebotskurve A_z determiniert die neuen Mengen $z_2 = x_2 = y_2$. Bei unveränderter Nachfrage nach X steigt der Preis von x auf p'_x.

Infolge des Nachfragerückgangs bei Y steigt also der Preis von X von $p_x = 16$ auf $p_x = 18$!

26. a. Langfristig ist der Preis gleich dem Minimum der totalen Durchschnittskosten. Um die langfristige Angebotsfunktion zu finden, muß zunächst das Minimum der langfristigen Durchschnittskosten bestimmt werden.

$$\frac{K}{x_i} = x_i^2 - 20x_i + 140$$

$$\frac{d\left(\frac{K}{x_i}\right)}{dx_i} = 2x_i - 20 = 0$$

$$x_i = 10$$

Die Durchschnittskosten haben ein Minimum, wenn das einzelne Unternehmen 10 Einheiten pro Periode produziert. Die Durchschnittskosten betragen im Minimum 10^2-$20 \cdot 10$+$140 = 40$. Als Gleichung der langfristigen Angebotsfunktion erhält man:

$$p = 40$$

b. Um die Zahl der Unternehmen zu bestimmen, die das Gut X anbieten, ist zunächst zu ermitteln, wie groß die nachgefragte Menge ist, wenn X zum Preis $p = 40$ verkauft wird.

$$x = 1180 - 5p$$

$$x = 1180 - 5 \cdot 40$$

$$x = 980$$

Da das einzelne Unternehmen pro Periode zehn Einheiten produziert, wird das Gut X von 98 Unternehmen angeboten.

c. Da es sich bei der betrachteten Branche um eine constant cost industry handelt, steigt der Preis um den vollen Betrag, der pro Ausbringungseinheit zu zahlen ist. Der neue Gleichgewichtspreis ist $p = 60$. Zu diesem Preis wird die Menge

$$x = 1180 - 5 \cdot 60$$

$$x = 1180 - 300$$

$$x = 880$$

nachgefragt. Da sich die Menge nicht ändert, bei der das einzelne Unternehmen im Minimum der Stückkosten produziert, stellt jedes Unternehmen 10 Einheiten her. Die Zahl der Unternehmen muß also von 98 auf 88 sinken.

27. Um den Wert der Lizenz zu bestimmen, muß zunächst der Preis des Gutes X ermittelt werden, der sich durch Angebot und Nachfrage bildet, wenn die Zahl der Unternehmen auf 60 beschränkt ist.

Das einzelne Unternehmen bietet langfristig die Menge an, bei der die langfristigen Grenzkosten gleich dem Preis sind.

$$K' = 3x_i^2 - 40x_i + 140$$

$$K' = p$$

$$p = 3x_i^2 - 40x_i + 140$$

Die letzte Gleichung ist die inverse Angebotsfunktion des einzelnen Unternehmens.

Aus der Gesamtnachfragefunktion $x = 1180\text{-}5p$ erhält man die inverse Gesamtnachfragefunktion

$$p = 236 - 0{,}2x$$

Im Gleichgewicht muß der Angebotspreis gleich dem Nachfragepreis sein. Die Menge x, die insgesamt nachgefragt wird, muß 60 mal so groß sein wie die Menge x_i, die von dem einzelnen Unternehmen angeboten wird. Es ist also $x = 60x_i$.

Im Gleichgewicht muß deshalb gelten:

$$3x_i^2 - 40x_i + 140 = 236 - 0{,}2 \cdot 60x_i$$

$$3x_i^2 - 28x_i = 96$$

$$x_i^2 - \frac{28}{3}x_i = 32$$

$$\left(x_i - \frac{14}{3}\right)^2 = \frac{484}{9}$$

$$\mathbf{x_i = 12}$$

Die Menge $x = 60x_i$, die insgesamt angeboten wird, ist $60 \cdot 12 = 720$. Der Gleichgewichtspreis ist

$$p = 236 - 0{,}2 \cdot 720$$

$$\mathbf{p = 92}$$

Die langfristigen Durchschnittskosten bei einer Produktion von $x_i = 12$ sind:

$$\frac{K}{x_i} = 12^2 - 20 \cdot 12 + 140$$

$$= \mathbf{44}$$

Der Stückgewinn beträgt also 92-44 = 48. Da pro Periode 12 Einheiten produziert werden, entsteht ein Gewinn von 576. Das ist im Gleichgewicht der Preis, der pro Periode für die Lizenz gezahlt wird.

28. a. Die Gleichung der langfristigen Angebotskurve ist

$$p = 40 - 0{,}05x$$

Es ist x der gesamte Output der Branche. Die Produktion von X ist mit positiven externen Effekten verbunden, die intern für die Branche sind. Der Preis, der mindestens gezahlt werden muß, damit alternative Mengen angeboten werden, ist um so niedriger, je größer der Branchenoutput ist. Die langfristige Angebotskurve ist **vorwärts geneigt**.

Aus der Gesamtnachfragefunktion

$$x = 400 - 4p$$

erhält man die inverse Gesamtnachfragefunktion

$$p = 100 - 0{,}25x$$

Im Gleichgewicht ist

$$40 - 0{,}05x = 100 - 0{,}25x$$

$$0{,}2x = 60$$

$$\mathbf{x = 300}$$

$$\mathbf{p = 25}$$

b. Wenn pro Ausbringungseinheit eine Subvention von 10 DM gezahlt wird, erhält man als inverse Angebotsfunktion

$$p = 30 - 0{,}05x$$

Im neuen Gleichgewicht ist

$$30 - 0{,}05x = 100 - 0{,}25x$$

$$0{,}2x = 70$$

$$\mathbf{x = 350}$$

$$\mathbf{p = 12{,}5}$$

Der Preis sinkt also um 12,50. Die Preissenkung ist größer als der Betrag, der pro Einheit als Subvention gezahlt wird. Der Zuwachs an Konsumentenrente ist $300 \cdot 12{,}5 + 0{,}5 \cdot 50 \cdot 12{,}5 = 4062{,}5$. Der Zuwachs an Konsumentenrente ist größer als die Ausgaben von $350 \cdot 10 = 3500$, die getätigt werden, um die Subventionen zu zahlen.

c. Bei einem Mindestpreis von 30 wird die Menge $x = 400 - 4 \cdot 30 = 280$ nachgefragt. Der Preis, der mindestens gezahlt werden muß, damit die Menge $x = 280$ angeboten wird, ist

$$p = 40 - 0{,}05 \cdot 280$$

$$p = 26$$

Der Preis, der mindestens gezahlt werden muß, damit 280 Einheiten angeboten werden, ist also geringer als der festgesetzte Mindestpreis. Die Menge, die zum Mindestpreis nachgefragt wird, wird also auch angeboten.

Es wäre falsch, die bei einem Preis von $p = 30$ angebotene Menge zu bestimmen, indem man in der Angebotsfunktion

$$p = 40 - 0{,}05x$$

$p = 30$ setzt. Man erhielte $x = 200$. Dies ist bei einer vorwärts geneigten Angebotsfunktion aber die Menge, die bei $p = 30$ **mindestens** nachgefragt werden muß, damit das Gut angeboten wird. Es ist **nicht** die Menge, die maximal bei einem Preis $p = 30$ angeboten wird.

d. Bei einem Höchstpreis $p = 20$ wird langfristig das Gut X gar nicht angeboten!

E. Die Preisbildung im Monopol

Einführende Aufgaben

1. Was versteht man unter einem Monopol? Was sind die wichtigsten Gründe für die Entstehung eines Monopols?

2. Leiten Sie die Gewinnmaximierungsbedingung für einen Monopolisten ab.

3. Bestimmen Sie mit Hilfe einer Gesamterlösfunktion und einer Gesamtkostenfunktion graphisch die gewinnmaximale Menge eines Monopolisten. Wie bestimmt man graphisch den gewinnmaximalen Preis?

4. In Abbildung E.1 sind die Preisabsatzfunktion und die Grenzkostenfunktion eines Monopolisten gegeben. Bestimmen Sie graphisch die gewinnmaximale Menge und den gewinnmaximalen Preis.

Abb. E.1

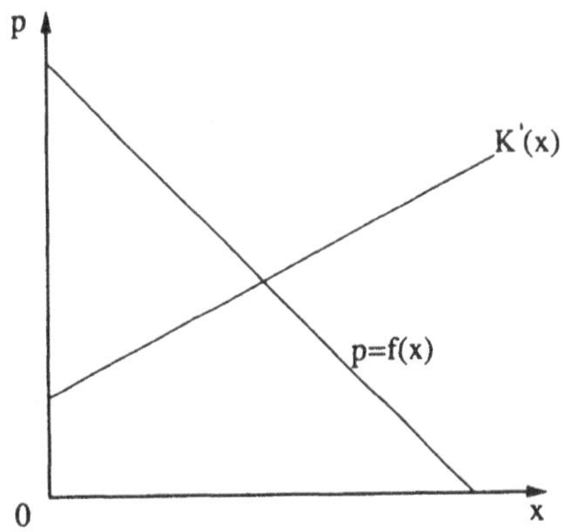

5. Wie lautet die Bedingung zweiter Ordnung für ein Gewinnmaximum?

6. Die Bedingung zweiter Ordnung für ein Gewinnmaximum ist immer erfüllt, wenn die Grenzerlöskurve fällt und die Grenzkostenkurve steigt. Sie ist nicht erfüllt, wenn Grenzerlös- und Grenzkostenkurve fallen. Stimmt das?

7. Ein Monopolist hat keine Angebotskurve. Warum nicht?

8. In welchem Sinne ist die Marktnachfragekurve die Preisabsatzfunktion des Monopolisten? Was versteht man unter der konjekturalen Preisabsatzfunktion?

9. Wenn der Durchschnittserlös des Monopolisten mit steigender Menge sinkt, sinkt auch der Grenzerlös. Trifft das zu?

10. Ein Monopolist wird stets Gewinne erzielen, da er den Preis beliebig hoch festsetzen kann. Stimmt das?

11. Ein Monopolist wird stets im elastischen Bereich der Preisabsatzfunktion anbieten. Warum?

12. Die Menge, die ein gewinnmaximierender Monopolist produziert, ist niemals größer als die Menge, bei der der Erlös des Monopolisten maximiert wird. Wahr oder falsch?

13. Ein Monopolist muß 20 Prozent seines Erlöses als Steuer an den Staat zahlen. Wegen sinkender Rohstoffpreise sinken die Grenzkosten des Monopolisten. Wie verändern sich die Einnahmen des Staates aus der Besteuerung des Monopolisten?

14. Zeigen Sie, daß für einen Monopolisten, der seinen Gewinn maximiert, die Differenz zwischen Preis und Grenzkosten gleich p/ε ist.

15. Das Maß an Marktmacht, über das ein Monopolist verfügt, wird meistens durch den Lerner-Index gemessen. Der Lerner-Index gibt an, wie hoch die relative Abweichung des Preises von den Grenzkosten ist. Er ist definiert als

$$\frac{p-K'}{p}$$

    a. Wie groß ist der Lerner-Index bei vollständiger Konkurrenz?

    b. Wie groß kann der Lerner-Index höchstens sein?

    c. Zeigen Sie, daß der Lerner-Index gleich dem Kehrwert der Preiselastizität der Nachfrage ist.

16. Monopolisten geben stets einen größeren Teil der Kostensteigerung im Preis weiter, als dies bei vollständiger Konkurrenz möglich ist. Sie tragen so zu einer Erhöhung der Inflationsrate bei. Stimmt das?

17. Der Staat setzt einen Höchstpreis fest, der unter dem Monopolpreis liegt. Das hat zur Folge, daß die von dem Monopolisten angebotene Menge sinkt und sich ein Nachfrageüberschuß ergibt. Wahr oder falsch?

Lösungen der Aufgaben 1 - 17

1. Von einem Monopol spricht man, wenn es auf einem Markt nur einen Anbieter gibt. Es gibt keine anderen Anbieter, die sachlich gleichartige Güter oder gute Substitutionsgüter produzieren. Der Markteintritt ist blockiert. Der Monopolist braucht nicht zu befürchten, daß hohe Preise potentielle Konkurrenten, die das vom Monopolisten hergestellte Gut bisher nicht produziert haben, zum Markteintritt veranlassen. Mögliche Gründe für eine Monopolstellung sind:

    1. Alleiniges Verfügungsrecht über knappe Ressourcen
    2. Patente
    3. Staatliche Zugangsbeschränkungen
    4. Die minimale optimale Betriebsgröße ist groß relativ zur Gesamtnachfrage.

2. Gewinn ist Erlös minus Kosten.

$$G(x) = R(x) - K(x)$$

Der Gewinn wird maximiert, wenn die erste Ableitung der Gewinnfunktion Null ist.

$$\frac{dG}{dx} = \frac{dR}{dx} - \frac{dK}{dx} = 0$$

$$\frac{dR}{dx} = \frac{dK}{dx}$$

Bedingung für ein Gewinnmaximum ist also, daß der Grenzerlös gleich den Grenzkosten ist. Im Unterschied zu einem Anbieter in vollständiger Konkurrenz ist der Grenzerlös nicht gleich dem Preis, sondern kleiner als der Preis.

3. In Abbildung E.2 sind eine Gesamterlöskurve und eine Gesamtkostenkurve eingezeichnet worden.

Abb. E.2

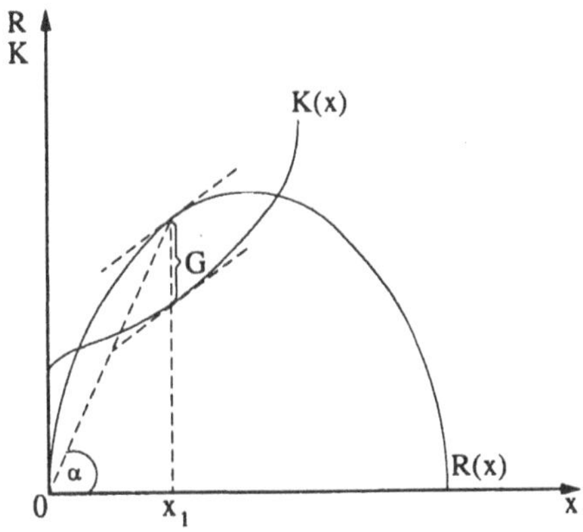

Der Gewinn wird maximiert, wenn die Menge x_1 ausgebracht wird. Bei der Menge x_1 ist der vertikale Abstand zwischen der Gesamterlöskurve und der Gesamtkostenkurve am größten. Die Steigung der Gesamterlöskurve ist gleich der Steigung der Gesamtkostenkurve. Das bedeutet, daß bei der Menge x_1 die Grenzkosten gleich dem Grenzerlös sind. Der gewinnmaximale Preis ist gleich tan α.

4. Um die gewinnmaximale Menge und den gewinnmaximalen Preis graphisch zu bestimmen, muß die Grenzerlöskurve eingezeichnet werden. Diese schneidet wie in Abbildung E.3 die Abszisse bei der halben Sättigungsmenge.

Abb. E.3

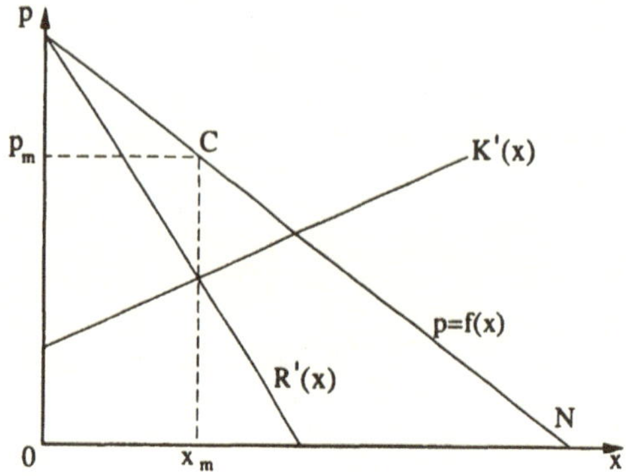

Durch den Schnittpunkt der Grenzerlöskurve mit der Grenzkostenkurve ist die gewinnmaximale Menge x_m bestimmt. Diese Menge wird zum Preis p_m verkauft.

5. Aus G(x) = R(x) - K(x) erhält man als erste Ableitung:

$$\frac{dG}{dx} = \frac{dR}{dx} - \frac{dK}{dx}$$

Als zweite Ableitung erhält man:

$$\frac{d^2G}{dx^2} = \frac{d^2R}{dx^2} - \frac{d^2K}{dx^2}$$

Wenn ein Maximum vorliegt, muß diese kleiner Null sein:

$$\frac{d^2R}{dx^2} - \frac{d^2K}{dx^2} < 0$$

$$\frac{d^2R}{dx^2} < \frac{d^2K}{dx^2}$$

Graphisch bedeutet dies, daß die Steigung der Grenzerlöskurve kleiner sein muß als die Steigung der Grenzkostenkurve.

6. Es trifft zu, daß die Bedingung zweiter Ordnung immer erfüllt ist, wenn die Grenzerlöskurve fällt und die Grenzkostenkurve steigt. Die Steigung der Grenzerlöskurve ist dann negativ und damit kleiner als die positive Steigung der Grenzkostenkurve.

Die Bedingung zweiter Ordnung ist auch erfüllt, wenn Grenzerlös- und Grenzkostenkurve fallen, sofern der Grenzerlös schneller fällt als die Grenzkosten. Graphisch bedeutet dies, daß die Grenzkostenkurve flacher verläuft als die Grenzerlöskurve (die Steigung der Grenzerlöskurve ist absolut größer als die Steigung der Grenzkostenkurve).

7. Die Angebotskurve gibt an, welche Mengen bei alternativen gegebenen Preisen angeboten werden. Für den Monopolisten ist jedoch der Preis kein Datum. Er ist Aktionsparameter des Monopolisten. Es gibt also keine Angebotskurve des Monopolisten.

8. Die Marktnachfragefunktion ist objektiv die Preisabsatzfunktion des Monopolisten. Sie gibt an, welche Mengen er tatsächlich bei alternativen Preisen absetzen kann. Doch kann der Monopolist in aller Regel nur Vermutungen über den Verlauf der Gesamtnachfragekurve haben. Seine Entscheidungen basieren deshalb auf dem vermuteten Verlauf der Preisabsatzfunktion, das heißt: Sie basieren auf seiner konjekturalen Preisabsatzfunktion.

9. **Nein!** Das kann so sein, braucht aber nicht so zu sein. Wenn der Durchschnittserlös sinkt, ist der Grenzerlös kleiner als der Durchschnittserlös.

10. **Nein!** Der Monopolist kann nur Preis-Mengen-Kombinationen realisieren, die auf seiner Preisabsatzfunktion liegen. Die Kurve der totalen Durchschnittskosten kann aber stets oberhalb der Preisabsatzfunktion verlaufen. Der Monopolist hat dann keine Möglichkeit, einen Gewinn zu erzielen.

11. Der Monopolist realisiert die Bedingung "Grenzerlös gleich Grenzkosten". Wenn man davon ausgeht, daß die Grenzkosten stets positiv sind, ist auch der Grenzerlös positiv. Da der Grenzerlös nach der Amoroso-Robinson-Formel gleich $p(1 - 1/\varepsilon)$ ist, ist der Grenzerlös nur positiv, wenn $1 - 1/\varepsilon$ größer als Null ist. Das ist nur dann der Fall, wenn ε größer als eins ist.

12. Die Aussage ist **wahr**. Bei positiven Grenzkosten muß der Schnittpunkt von Grenzerlös- und Grenzkostenkurve bei einer kleineren Menge liegen als bei der Menge, bei der der Grenzerlös gleich Null ist.

13. Der gewinnmaximale Preis sinkt, und die gewinnmaximale Menge steigt. Da ein Monopolist stets im elastischen Bereich der Preisabsatzfunktion anbietet ($\varepsilon_{xp} > 1$), wird infolge der Preissenkung der Erlös steigen. Da 20% Prozent des Erlöses als Steuern an den Staat gezahlt werden müssen, nehmen die Einnahmen des Staates aus der Besteuerung des Monopolisten zu.

14. Der Monopolist realisiert die Bedingung

$$\text{Grenzerlös} = \text{Grenzkosten}$$

$$p \cdot \left(1 - \frac{1}{\varepsilon}\right) = K'$$

Daraus folgt:

$$p - K' = \frac{p}{\varepsilon}$$

15. a. Bei vollständiger Konkurrenz ist p = K'. Der Lerner-Index ist Null.

b. Der Lerner-Index kann höchstens eins sein.

c. Wegen p - K' = p/ε läßt sich der Lerner-Index schreiben als

$$\frac{\frac{p}{\varepsilon}}{p} = \frac{1}{\varepsilon}$$

16. **Nein!** Erhöhen sich die fixen Kosten, so führt dies weder bei vollständiger Konkurrenz noch im Monopol zu einer Preiserhöhung.

Bewirkt die Kostensteigerung, daß die Grenzkosten größer sind als in der Ausgangssituation - die Grenzkostenkurve verschiebt sich wie in Abbildung E.4 nach oben -, so steigt der Monopolpreis um Δp_m von p_m auf p'_m.

Abb. E.4

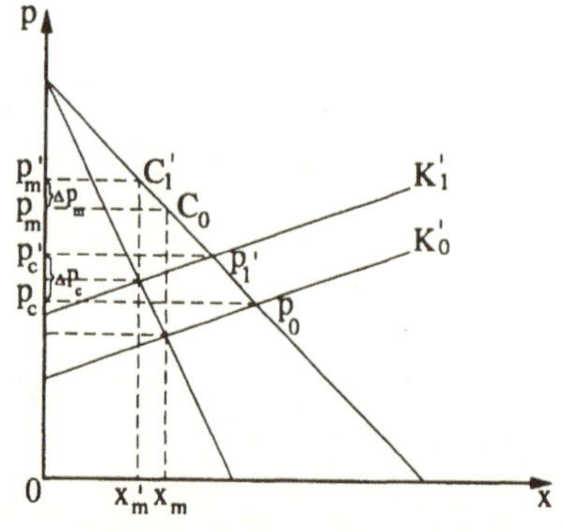

Fassen wir K'_0 und K'_1 als Angebotskurven bei vollständiger Konkurrenz auf, so würde bei vollständiger Konkurrenz der Preis um Δp_c steigen. Man ersieht aus der Zeichnung, daß $\Delta p_c > \Delta p_m$ ist.

17. **Falsch!** Die angebotene Menge kann steigen, gleich bleiben oder sinken. Ein Nachfrageüberschuß ergibt sich nur, wenn der Preis unter dem Als-ob Wettbewerbspreis festgesetzt wird (Der Als-ob Wettbewerbspreis ist durch den Schnittpunkt der Grenzkostenkurve mit der Nachfragekurve bestimmt).

Weiterführende Aufgaben

18. In Abbildung E.5 ist p_m der Monopolpreis. Welchen Preis muß der Staat als Höchstpreis festsetzen, damit die Ausbringungsmenge des Monopolisten möglichst groß ist? Wie verlaufen dann die relevante Preisabsatzfunktion und die relevante Grenzerlösfunktion des Monopolisten?

Abb. E.5

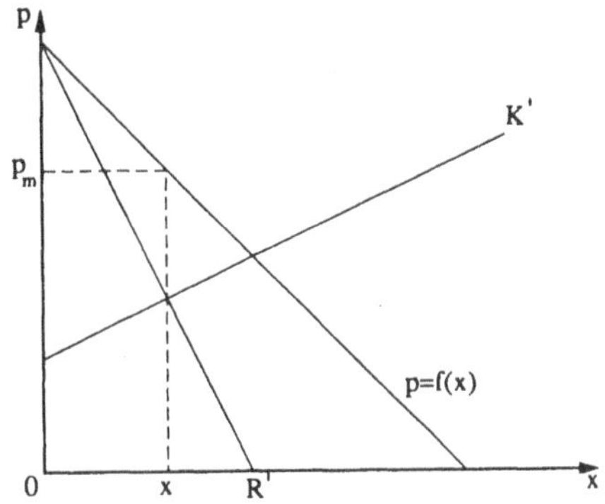

19. Der Student A interviewt einen Monopolisten M.

A: Trifft es zu, daß Sie den Preis so festsetzen, daß die Grenzkosten gleich dem Grenzerlös sind?

M: Schon deshalb nicht, weil ich nicht weiß, was Grenzerlös und Grenzkosten sind.

A: Stimmt es, daß Sie stets im elastischen Bereich Ihrer Preisabsatzfunktion anbieten?

M: Was weltfremde Theoretiker unter Preiselastizität verstehen, weiß ich nicht. Ich setze den Preis nach anderen Gesichtspunkten fest.

A: Ist es wahr, daß Sie den Gewinn maximieren?

M: Sicher nicht. Ich bin kein Ausbeuter. Ich bin mir bei der Preisfestsetzung der gesellschaftlichen Verantwortung bewußt.

Der Student A erwägt, nach diesem Interview sein Studium aufzugeben, weil alles falsch ist, was er dort lernt. Darauf entschließt sich sein Freund B, den Monopolisten M zu interviewen.

B: Können Sie Ihren Gewinn erhöhen, indem Sie den Preis senken, um mehr zu verkaufen?

M: Auf keinen Fall. Ich wäre ja ein Narr, wenn ich eine solche Gelegenheit nicht nutzen würde, wenn es sie gäbe.

B: Können Sie zum Wohle des Betriebs, der Eigentümer und der Arbeiter nicht Ihren Gewinn erhöhen, indem Sie den Preis erhöhen?

M: Nein; wir haben genau geprüft, daß in diesem Fall die Menge, die wir verkaufen können, so stark sinkt, daß der Gewinn nicht steigt, sondern zurückgeht.

B: Wie setzen Sie den Preis fest?

M: Wir schlagen 100 Prozent auf die konstanten variablen Stückkosten auf.

Kommentieren Sie das Interview. Wie hoch sind der Grenzerlös, die Grenzkosten und die Preiselastizität der Nachfrage, wenn der Monopolist einen Preis von 10 DM verlangt?

20. Ein Monopolist produziert die Menge $\bar{x}$ in zwei Betrieben. In Abbildung E.6 ist die Grenzkostenkurve für Betrieb 1 von 0 aus, die von Betrieb 2 von 0′ aus nach links abgetragen.

Abb. E.6

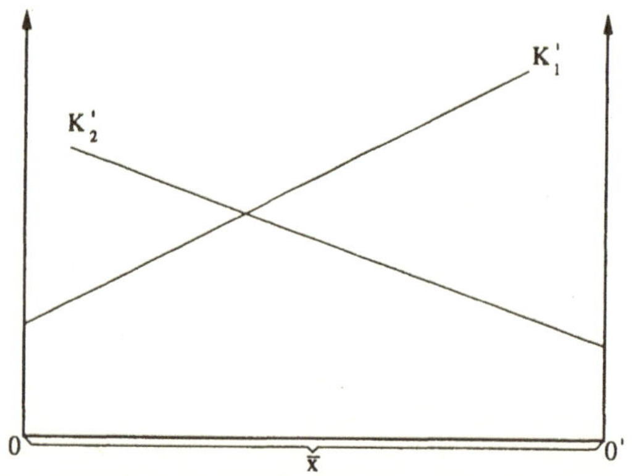

Wie muß der Monopolist die Menge $\bar{x}$ auf die beiden Betriebe verteilen, wenn die Kosten insgesamt so niedrig wie möglich sein sollen? Wie groß müßte der Grenzerlös sein, wenn $\bar{x}$ die gewinnmaximale Menge für den Monopolisten ist?

21. Der Monopolist M ist der einzige Anbieter auf dem Inlandsmarkt. Vor ausländischer Konkurrenz ist er durch einen Prohibitivzoll geschützt. Der Monopolist bietet zugleich auf dem Weltmarkt an, wo er einer unter vielen Anbietern ist. Der Weltmarktpreis ist für ihn ein Datum. Wie kann man den Monopolgrad, gemessen durch den Lerner-Index, bestimmen, wenn man die Grenzkosten des Monopolisten nicht kennt?

22. Der Anbieter M ist auf dem Inlandsmarkt Monopolist. In Abbildung E.7 sind die Inlandsnachfragekurve und die dieser Nachfragekurve entsprechende Grenzerlöskurve dargestellt.

Abb. E.7

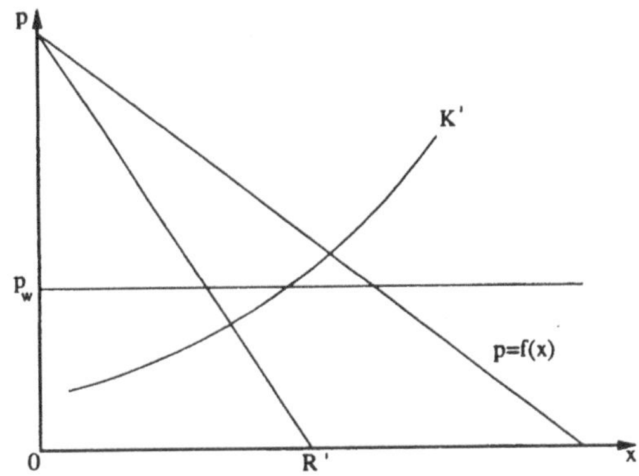

Der Monopolist kann auf dem Weltmarkt zum Weltmarktpreis p_w beliebige Mengen verkaufen. Auf dem Inlandsmarkt ist er durch einen Prohibitivzoll vor der ausländischen Konkurrenz geschützt. Welchen Preis wird der Monopolist auf dem Inlandsmarkt festsetzen?

23. Ein Monopolist wird besteuert. Er muß pro Periode einen Betrag von T DM zahlen, der nicht von der produzierten Menge, dem Erlös oder dem Gewinn abhängt (Pauschalsteuer). Wie verändert sich der gewinnmaximale Preis?

24. Der bisher nicht besteuerte Monopolist muß 50% seines Gewinns als Steuer zahlen. Wie verändert sich der gewinnmaximale Preis?

25. Ein Monopolist muß pro Ausbringungseinheit eine Steuer von t DM zahlen. Da der Preisspielraum eines Monopolisten durch Konkurrenten nicht beschränkt wird, er also seinen Preis beliebig hoch setzen kann, wird der Monopolist die Steuer vollständig überwälzen. Trifft das zu?

26. In Abbildung E.8 produziert der nicht besteuerte Monopolist die Menge x_m. Er verkauft sie zum Preis p_m.

Abb. E.8

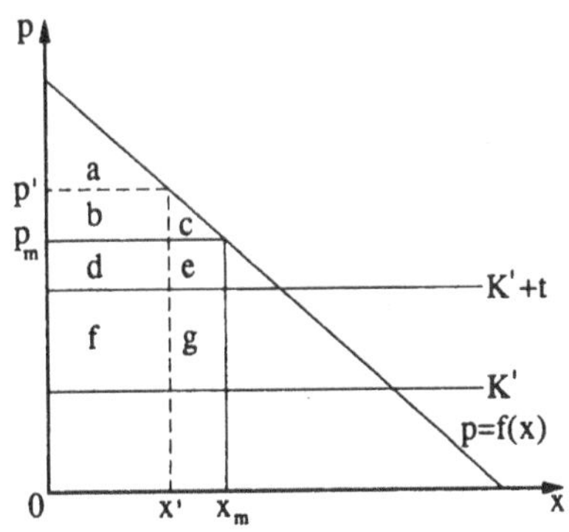

Nach Einführung einer Stücksteuer produziert der Monopolist die Menge x', die er zum Preis p' verkauft.

a. Bestimmen Sie die Veränderung der Konsumentenrente, des Gewinns und der Steuereinnahmen des Staates.

b. Zeigen Sie, daß der excess burden gleich c + e + g ist.

Lösungen der Aufgaben 18 - 26

18. Der Staat muß den Als-ob Wettbewerbspreis 0A festsetzen (siehe Abbildung E.9).

Abb. E.9

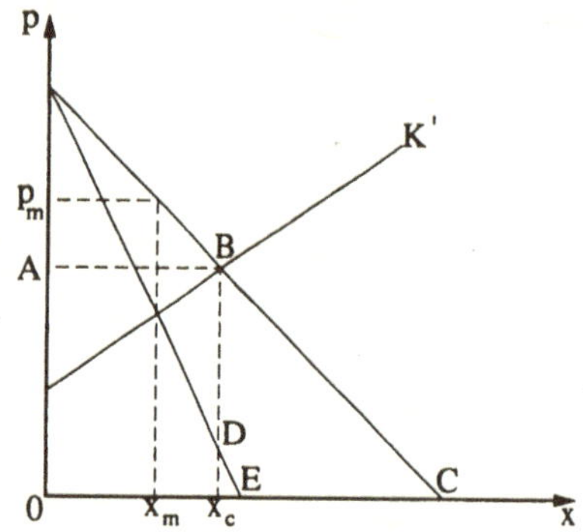

Die relevante Preisabsatzfunktion ist dann ABC. Sie hat also im Punkt B einen Knick. Die Grenzerlösfunktion fällt von A bis B mit der Preisabsatzfunktion zusammen, hat bei der Menge x_c eine Sprungstelle und fällt dann für $x > x_c$ mit der ursprünglichen Grenzerlöskurve zusammen. Für $x < x_c$ sind die Grenzkosten kleiner als der Grenzerlös; für $x > x_c$ ist der Grenzerlös kleiner als die Grenzkosten. Die gewinnmaximale Menge ist die Menge x_c. Wird der Höchstpreis 0A festgesetzt, so wird also die Menge x_c ausgebracht. Man sieht, daß sowohl bei einem höheren als auch bei einem niedrigeren staatlichen Höchstpreis als 0A eine kleinere Menge als x_c ausgebracht wird.

19. Aus den Antworten des Monopolisten auf die Fragen des B folgt, daß er den Preis so festsetzt, daß sein Gewinn maximiert wird. Zwar hat er dies gegenüber A bestritten, doch ist zu vermuten, daß er auf die indirekten Fragen des B wahrheitsgemäß geantwortet hat.

Da der Monopolist den Preis festsetzt, indem er hundert Prozent auf die variablen Durchschnittskosten aufschlägt, sind die variablen Durchschnittskosten gleich fünf DM. Da die variablen Durchschnittskosten konstant sind, sind diese gleich den Grenzkosten. Wegen

$$\frac{p-K'}{p}=\frac{1}{\varepsilon}$$

erhält man

$$\frac{10-5}{10}=\frac{1}{\varepsilon}$$

$$\frac{1}{2}=\frac{1}{\varepsilon}$$

$$\varepsilon=2$$

Die Aussagen des M implizieren, daß die Preiselastizität der Nachfrage bei dem gewinnmaximalen Preis gleich zwei ist.

20. Aufgrund des Äquimarginalprinzips muß die Menge x so auf die beiden Betriebe verteilt werden, daß $K'_1 = K'_2$ ist.

Abb. E.10

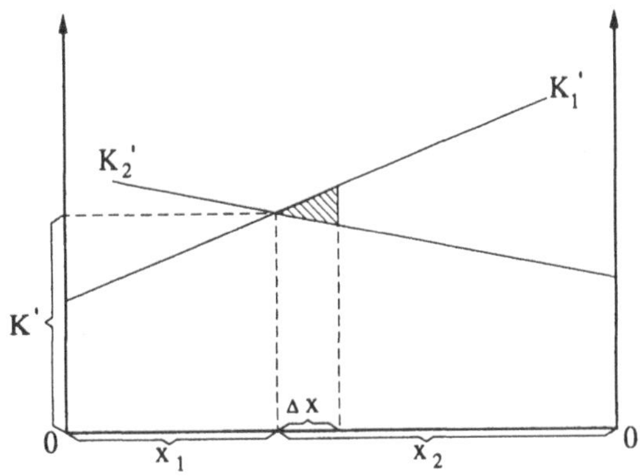

Diese Bedingung ist in Abbildung E.10 erfüllt, wenn die Menge x_1 im ersten Betrieb und die Menge x_2 im zweiten Betrieb produziert wird. Wird die Menge anders auf die beiden Betriebe verteilt, sind die Gesamtkosten größer. Würden zum Beispiel im ersten Betrieb Δx Einheiten mehr und im zweiten Betrieb Δx Einheiten weniger produziert, so wäre die Kostensteigerung im ersten Betrieb größer als die Kostenminderung im zweiten Betrieb. Die Gesamtkosten nähmen um die schraffierte Fläche zu.

Ist $\bar{x} = x_1 + x_2$ die gewinnmaximale Menge, so muß der Grenzerlös gleich $K'_1 = K'_2 = K'(x)$ sein.

21. Wenn der Weltmarktpreis für den inländischen Monopolisten ein Datum ist, so wird er insgesamt die Menge ausbringen, bei der die Grenzkosten gleich dem Weltmarktpreis sind. Der Lerner-Index kann bestimmt werden durch die relative Abweichung des Inlandspreises vom Weltmarktpreis.

$$L = \frac{p_I - p_W}{p_I} = \frac{p_I - K'}{p_I}$$

22. In Abbildung E.11 ist die relevante Grenzerlöskurve gleich dem Streckenzug ABC, der in B einen Knick hat.

Abb. E.11

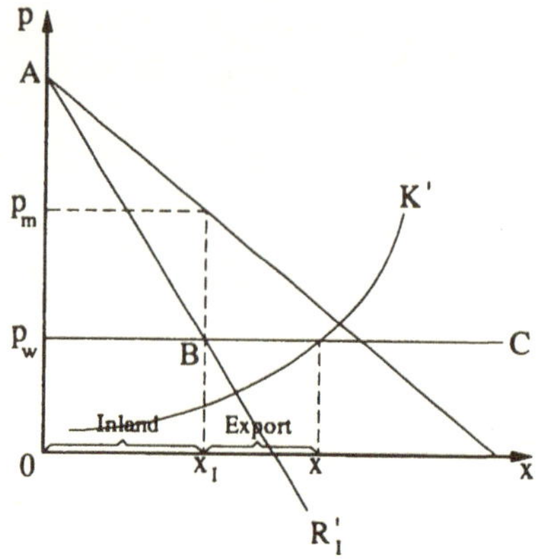

Bei Mengen, die kleiner als x_I sind, ist der Grenzerlös beim Absatz auf dem Inlandsmarkt (R'_I) größer als der Weltmarktpreis. Wird mehr als x_I produziert, ist der Grenzerlös R'_I kleiner als der Weltmarktpreis; er ist kleiner als der Grenzerlös p_W, der erzielt wird, wenn zusätzliche Einheiten exportiert werden.

Die relevante Grenzerlöskurve ist der geknickte Streckenzug ABC. Der Monopolist maximiert seinen Gewinn, wenn er insgesamt die Menge x produziert. Bei dieser Menge ist die Bedingung "Grenzkosten gleich Grenzerlös" erfüllt. Der Monopolist verteilt die Menge so auf Inlandsabsatz und Export, daß der Grenzerlös beim Absatz auf dem Inlandsmarkt gleich dem Grenzerlös beim Absatz auf dem Weltmarkt ist. Anders formuliert: Die Menge wird so aufgeteilt, daß der Grenzerlös auf dem Inlandsmarkt gleich dem Weltmarktpreis p_W ist. Der Monopolist wird also auf dem Inlandsmarkt die Menge x_I absetzen und diese Menge zum Preis p_m verkaufen. Die Menge x - x_I wird exportiert und zum Preis p_w verkauft.

23. Der Monopolist bringt die Menge aus, bei der die Grenzkosten gleich dem Grenzerlös sind. Eine Pauschalsteuer verändert weder die Grenzkosten noch den Grenzerlös. Der Monopolist wird also die gleiche Menge ausbringen wie zuvor. Bei gegebener Nachfrage ändert sich auch der gewinnmaximale Preis nicht.

24. Der Monopolist versucht, seinen Nettogewinn (Bruttogewinn-Steuern) zu maximieren. Der Nettogewinn ist 50% des Gewinns vor Steuern. Der Nettogewinn ist ein Maximum, wenn der Bruttogewinn ein Maximum ist. Der Monopolist maximiert also dann seinen Nettogewinn, wenn er den Bruttogewinn maximiert. Er wird also die gleiche Menge zum gleichen Preis anbieten wie ein nicht besteuerter Monopolist. Das heißt: Der gewinnmaximale Preis ändert sich nicht.

25. **Nein!** Der Monopolist, der pro Ausbringungseinheit eine Steuer von t DM zahlen muß, wird die Menge produzieren, bei der der Grenzerlös gleich den Grenzkosten ist. Der gewinnmaximale Preis kann um weniger als t DM, aber auch um mehr als t DM über dem Preis liegen, der für den nichtbesteuerten Monopolisten gewinnmaximal ist.

26. a. Es ist

$$\Delta KR = -b - c$$

$$\Delta G = b - e - f - g$$

$$T = f$$

b. Der excess burden ergibt sich als Summe aus $\Delta KR + \Delta G + T$. Er ist also

$$\begin{aligned} & \Delta KR = -b - c \\ + \quad & \Delta G = b - e - f - g \\ + \quad & T = f \\ & \Delta W = -c - e - g \end{aligned}$$

Algebraisch zu lösende Monopolpreisaufgaben

27. Ein Monopolist hat die Menge $x = 40$ produziert. Der Teil der produzierten Menge, der in der betrachteten Periode nicht verkauft wird, verdirbt, da das Gut nicht gelagert werden kann. Die Nachfragefunktion ist $x^n = 100 - 10p$.

   a. Zu welchem Preis wird der Monopolist das Gut X verkaufen?

   b. Ist dieser Preis höher als der Preis, der sich bildet, wenn die Menge $x = 40$ in vollständiger Konkurrenz angeboten würde?

   c. Wie müßte die Antwort auf die Fragen a. und b. lauten, wenn die Nachfragefunktion $x^n = 60 - 10p$ wäre?

   Erläutern Sie Ihre Ergebnisse auch mit Hilfe einer Zeichnung.

28. Die Preisabsatzfunktion und Kostenfunktion eines Monopolisten seien: $p = 12 - 0{,}1x$ und $K = 60 + 4x$.

   a. Bestimmen Sie die gewinnmaximale Menge, den gewinnmaximalen Preis, die Höhe des Gewinns und die Konsumentenrente.

   b. Wie groß ist die Preiselastizität der Nachfrage, wenn die gewinnmaximale Menge produziert wird?

   c. Wie groß ist der monopolistische Wohlfahrtsverlust?

29. Der Monopolist mit der Preisabsatzfunktion $p = 12 - 0{,}1x$ und der Kostenfunktion $K = 60 + 4x$ (siehe Aufgabe 28) muß pro Ausbringungseinheit eine Steuer von 2 DM zahlen.

   a. Wie verändern sich die gewinnmaximale Menge, der gewinnmaximale Preis und der Gewinn des Monopolisten infolge der Steuer?

   b. Wie verändert sich die Konsumentenrente?

   c. Wie hoch sind die Einnahmen des Staates aus der Besteuerung des Monopolisten?

   d. Vergleichen Sie die Gewinnminderung des Monopolisten und den Verlust an Konsumentenrente mit den Einnahmen des Staates aus der Steuer und bestimmen Sie den excess burden.

30. Die Preisabsatzfunktion eines Monopolisten sei $p = 48/\sqrt{x}$, die Kostenfunktion sei $K = 80 + 4x$.

   a. Zeigen Sie, daß die Gesamtnachfragefunktion isoelastisch ist, mit $\varepsilon_{xp} = 2$.

   b. Bestimmen Sie die gewinnmaximale Menge, den gewinnmaximalen Preis, den Gewinn und die Konsumentenrente.

   c. Eine Stücksteuer von $t = 2$ DM wird erhoben. Wie verändern sich der Preis, der Gewinn und die Konsumentenrente? Wie groß sind die Steuereinnahmen des Staates aus der Besteuerung des Monopolisten? Wie groß ist der excess burden?

   d. Zeigen Sie: Ist die Nachfrage isoelastisch und sind die Grenzkosten konstant, so steigt bei Erhebung einer Stücksteuer von t DM der Preis um 2t (3t), wenn die Elastizität gleich 2 (1,5) ist.

31. Ein Monopolist mit der Preisabsatzfunktion $p = 14 - 0{,}1x$ und der Kostenfunktion $K = 80 + 4x$ maximiert seinen Gewinn.

   a. Bestimmen Sie die gewinnmaximale Menge, den gewinnmaximalen Preis und die Konsumentenrente.

   b. Der Monopolist muß pro Ausbringungseinheit eine Stücksteuer von 2 DM zahlen. Wie verändern sich der Gewinn und die Konsumentenrente? Wie hoch sind die Einnahmen des Staates aus der Stücksteuer? Wie hoch ist der excess burden der Steuer?

   c. Bei welchem Steuersatz werden die Einnahmen des Staates aus der Stücksteuer maximiert?

d. Der Staat erhebt statt der Stücksteuer eine Erlössteuer. Die Steuereinnahmen des Staates sind also $T = t \cdot R$. Wie hoch muß t sein, wenn der excess burden genauso hoch sein soll wie bei der Stücksteuer von 2 DM? Wie hoch sind dann die Steuereinnahmen des Staates? Kommentieren Sie das Ergebnis kurz.

32. Die Preisabsatzfunktion und die Kostenfunktion eines Monopolisten seien: $p = a - bx$ und $K = c + dx$. Die Nachfrage steigt so, daß bei jedem Preis 50 Prozent mehr nachgefragt wird als in der Ausgangssituation (siehe Abbildung E.12).

Abb. E.12

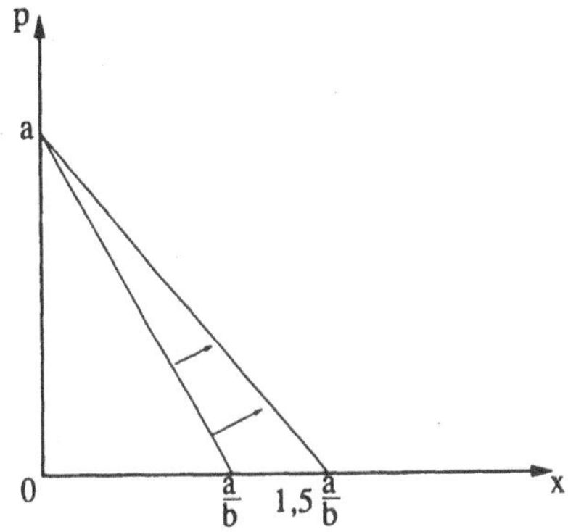

Wie verändert sich der gewinnmaximale Preis?

33. Die Gesamtnachfrage sei $x = f(p)$. Die Kostenfunktion sei $K = c + dx$. Die Nachfrage steigt so, daß die neue Gesamtnachfragefunktion als $x = a \cdot f(p)$ geschrieben werden kann. Wie verändert sich infolge der Nachfragesteigerung der für den Monopolisten gewinnmaximale Preis?

34. Ein Monopolist verkauft sein Produkt auf zwei Teilmärkten. Auf beiden Teilmärkten gilt jeweils die Preisabsatzfunktion $p = a - bx$. Die Kostenfunktion ist $K = c + dx$.

Beim Verkauf auf Teilmarkt 1 entstehen keine Transportkosten. Beim Verkauf auf Teilmarkt 2 entstehen Transportkosten von r DM pro Einheit. Wird der Monopolist das Gut X auf Teilmarkt 2 zu einem um r DM höheren Preis als auf Teilmarkt 1 verkaufen?

35. Ein Monopolist mit der Preisabsatzfunktion $p = 80 - x$ produziert das Gut X in den beiden Betrieben 1 und 2. Die Kostenfunktionen sind $K_1 = x_1^2$ und $K_2 = 1/2\ x_2^2$.

Welche Mengen wird der Monopolist bei Gewinnmaximierung in den Betrieben 1 und 2 produzieren?

36. Die Kostenfunktion eines Monopolisten sei $K = 100 + 4x$. Die gewinnmaximale Menge ist $x = 40$. Der maximale Gewinn ist $G = 60$.

a. Wie groß ist der gewinnmaximale Preis?

b. Wie groß ist die Preiselastizität der Nachfrage beim gewinnmaximalen Preis?

c. Wie lautet die lineare Preisabsatzfunktion des Monopolisten?

37. Die Preisabsatzfunktion und die Kostenfunktion eines Monopolisten seien: $p = 14 - 0{,}1x$ und $K = 2x + 0{,}05x^2$. Der Staat setzt einen Höchstpreis fest. Welche Menge wird der Monopolist produzieren, wenn der Höchstpreis

a. $p = 7$
b. $p = 9$ ist.

38. Die Preisabsatzfunktion und die Kostenfunktion eines Monopolisten seien: $p = 14 - 0{,}1x$ und $K = 120 + 4x$.

a. Bestimmen Sie die gewinnmaximale Menge und den gewinnmaximalen Preis.

b. Den Käufern wird die Hälfte des von ihnen zu zahlenden Preises erstattet (z.B. durch eine Versicherung mit Selbstbeteiligung). Wie lautet die neue Preisabsatzfunktion? Wie hoch ist der gewinnmaximale Preis?

c. Wie verändert sich die Marktmacht, gemessen durch den Lerner-Index, wenn die Käufer nur die Hälfte des Preises zu zahlen haben?

39. Ein Monopolist produziert die Güter 1 und 2. Die Preisabsatzfunktionen sind: $p_1 = 60 - x_1$ und $p_2 = 40 - 0{,}5\, x_2$.

Die konstanten Grenzkosten für das Gut 1 sind 10. Die konstanten Grenzkosten für das Gut 2 sind 20. Beide Güter werden auf derselben Anlage produziert, die eine starre Kapazität von 40 Maschinenstunden pro Periode hat. Um eine Einheit des Gutes 1 herzustellen, werden zwei Maschinenstunden benötigt. Um eine Einheit des Gutes 2 herzustellen, wird eine Maschinenstunde benötigt.

Welche Mengen von Gut 1 und Gut 2 wird ein Monopolist herstellen, der den Gewinn pro Periode maximiert?

Lösungen der Aufgaben 27 - 39

27. a. Der Monopolist wird die gesamte Menge verkaufen, wenn der Grenzerlös der letzten Einheit größer Null ist. Die inverse Nachfragefunktion lautet:

$$p = 10 - 0{,}1x$$

$$R = 10x - 0{,}1x^2$$

$$\frac{dR}{dx} = 10 - 0{,}2x$$

Für x = 40 ist der Grenzerlös positiv. Der Monopolist bietet also die vierzig Einheiten, die er produziert hat, auch an. Setzen wir in der Preisabsatzfunktion $p = 10 - 0{,}1x$ für x vierzig ein, so ergibt sich ein Preis von sechs.

b. Bei Konkurrenz bildet sich der Preis durch den Schnittpunkt der Angebotskurve mit der Nachfragekurve.

$$x^a = x^n$$

$$40 = 100 - 10p$$

$$10p = 60$$

$$p = 6$$

Der Preis, zu dem die Menge x = 40 bei vollständiger Konkurrenz verkauft würde, unterscheidet sich also nicht von dem Preis, den ein Monopolist festsetzen würde.

c. Bei der Nachfragefunktion $x = 60 - 10p$ und der Preisabsatzfunktion $p = 6 - 0{,}1x$ ergibt sich als Grenzerlösfunktion $R' = 6 - 0{,}2x$.

Der Monopolist wird soviel verkaufen, daß der Grenzerlös Null ist.

$$6 - 0{,}2x = 0$$

$$x = 30$$

Ein Teil der produzierten Menge wird also nicht angeboten und verdirbt. (Es wird unterstellt, daß die Beseitigung der verdorbenen Ware nicht mit Kosten verbunden ist.) Der Preis, zu dem die angebotene Menge verkauft wird, ist $p = 3$.

Bei vollständiger Konkurrenz bildet sich der Preis, bei dem die angebotene Menge gleich der nachgefragten Menge ist.

$$40 = 60 - 10p$$

$$10p = 20$$

$$p = 2$$

In Abbildung E.13a sind die Gesamtnachfragefunktion $x^n = 100 - 10p$, die Grenzerlöskurve $R' = 10 - 0{,}2x$ und die Angebotskurve $x^a = 40$ dargestellt. Abbildung E.13b zeigt die Gesamtnachfragekurve $x^n = 60 - 10p$, die Grenzerlöskurve $R' = 6 - 0{,}2x$ und die Angebotskurve $x^a = 40$.

Abb. E.13

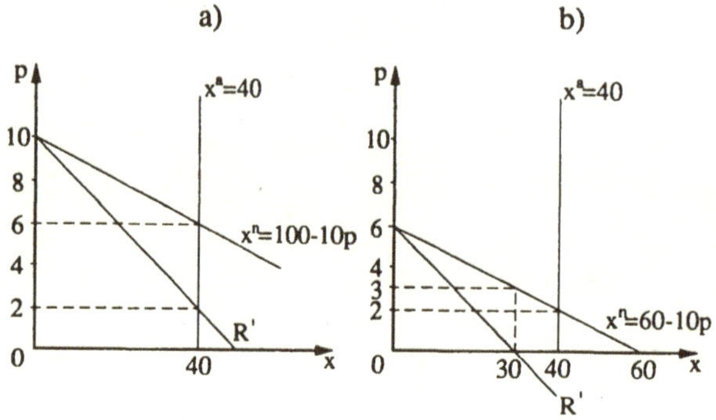

In Abbildung E.13a ist der Grenzerlös bei der Menge x = 40 positiv. Deshalb bietet der Monopolist die gesamte produzierte Menge an und verkauft sie zum Preis p = 6. Der Preis p = 6 ergibt sich auch als Schnittpunkt der Angebotskurve mit der Nachfragekurve. Das heißt, daß auch bei vollständiger Konkurrenz die Menge x = 40 zum Preis p = 6 verkauft wird.

In Abbildung E.13b ist der Grenzerlös bei der Menge x = 40 negativ. Der Monopolist bietet nur 30 Einheiten an, weil bei dieser Menge sein Grenzerlös Null ist. Diese Menge wird zum Preis p = 3 verkauft. Der Gleichgewichtspreis bei vollständiger Konkurrenz ist p = 2.

28. a. Wird die gewinnmaximale Menge ausgebracht, so muß der Grenzerlös gleich den Grenzkosten sein.

$$12 - 0{,}2x = 4$$

$$\mathbf{x = 40}$$

$$\mathbf{p = 8}$$

$$\mathbf{G} = 40 \cdot 8 - 60 - 160 = \mathbf{100}$$

Die Konsumentenrente ist

$$KR = \int_0^{40} (12 - 0{,}1x)dx - 320$$

$$= 12x - 0{,}05x^2 \big|_0^{40} - 320 = \mathbf{80}$$

b. Wegen x = 120 - 10p ist

$$\varepsilon_{xp} = -\frac{dx}{dp} \cdot \frac{p}{x} = 10 \cdot \frac{p}{120 - 10p} = \frac{p}{12 - p}$$

Für $p = 8$ erhält man $\varepsilon_{xp} = 2$.

c. Der monopolistische Wohlfahrtsverlust läßt sich graphisch mit Hilfe von Abbildung E.14 ermitteln.

Abb. E.14

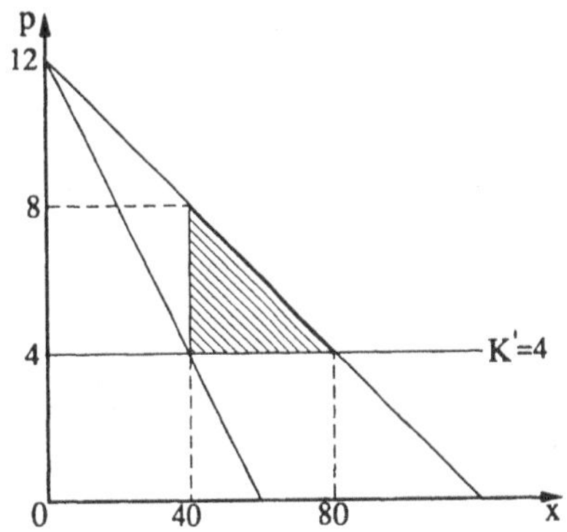

Der Monopolist produziert 40 Einheiten. Die wohlfahrtsoptimale Ausbringungsmenge ist $x = 80$. Sie ist gegeben durch den Schnittpunkt der Grenzkostenkurve mit der Nachfragekurve. Der statische monopolistische Wohlfahrtsverlust wird durch die schraffierte Fläche repräsentiert. Der Inhalt der Fläche ist

$$\frac{1}{2} \cdot 40 \cdot 4 = 80$$

Der monopolistische Wohlfahrtsverlust, der durch die monopolistische Angebotsbeschränkung verursacht wird, beträgt also 80.

29. a. In der Ausgangssituation ohne Steuer ist $x = 40$, $p = 8$, $G = 100$, $KR = 80$ (siehe Aufgabe 28).

Die neue Kostenfunktion des Monopolisten ist

$$K = 60 + 4x + tx$$

$$K = 60 + 6x$$

Als Bedingung für die gewinnmaximale Menge erhält man:

$$12 - 0{,}2x = 6$$
$$x = 30$$
$$p = 9$$
$$G = 30$$

Daraus ergibt sich:

$$\Delta x = -10$$
$$\Delta p = 1$$
$$\Delta G = -70$$

b. Die Konsumentenrente beträgt jetzt $1/2 \cdot 30 \cdot (12\text{-}9) = 45$. Sie ist also im Vergleich zur Ausgangssituation um 35 gesunken.

c. Die Einnahmen des Staates aus der Besteuerung des Monopolisten ($T = t \cdot x$) sind $T = 2 \cdot 30 = 60$.

d. Der Wohlfahrtsverlust infolge der Besteuerung des Monopolisten (excess burden) beträgt:

$$\Delta KR = -35$$
$$\Delta G = -70$$
$$T = 60$$
$$\Delta W = -45$$

Die Besteuerung des Monopolisten verursacht also einen Wohlfahrtsverlust von 45.

30. a. Aus $p = 48/\sqrt{x}$ erhält man

$$x = \frac{48^2}{p^2}$$

$$-\frac{dx}{dp} = \frac{2 \cdot 48^2}{p^3}$$

$$-\frac{dx}{dp} \cdot \frac{p}{x} = \frac{2 \cdot 48^2 \cdot p \cdot p^2}{p^3 \cdot 48^2} = 2$$

Die Preiselastizität der Nachfrage ist auf jedem Punkt der Nachfragekurve gleich zwei.

b. Man bildet zunächst die Grenzerlösfunktion

$$R = p \cdot x = 48\sqrt{x}$$

$$\frac{dR}{dx} = \frac{24}{\sqrt{x}}$$

Bei Gewinnmaximierung muß der Grenzerlös gleich den Grenzkosten sein.

$$\frac{24}{\sqrt{x}} = 4$$

$$\sqrt{x} = 6$$

$$x = 36$$

$$p = \frac{48}{\sqrt{36}}$$

$$p = 8$$

Der Gewinn ist

$$G_0 = 8 \cdot 36 - 80 - 4 \cdot 36$$

$$G_0 = 64$$

Die Konsumentenrente ist gleich der Fläche unter der Nachfragekurve zwischen 0 und 36 abzüglich der Ausgaben von $8 \cdot 36 = 288$.

$$KR = \int_0^{36} 48x^{-\frac{1}{2}}dx - 288 = 96x^{\frac{1}{2}}\Big|_0^{36} - 288$$

$$= 96 \cdot 6 - 288 = 288$$

c. Wird eine Stücksteuer von 2 erhoben, sind die Grenzkosten gleich $4 + 2 = 6$. Als Bedingung für ein Gewinnmaximum erhalten wir

$$\frac{24}{\sqrt{x}} = 6$$

$$\sqrt{x} = 4$$

$$x = 16$$

$$p = \frac{48}{\sqrt{16}}$$

$$p = 12$$

Der Preis steigt von $p = 8$ auf $p = 12$. Die Preissteigerung Δp ist $2t$. Der Gewinn des Monopolisten beträgt jetzt

$$G_1 = 16 \cdot 12 - 80 - 6 \cdot 16$$

$$G_1 = 16$$

Der Gewinn sinkt also infolge der Besteuerung von $G_0 = 64$ auf $G_1 = 16$. Es ist $\Delta G = -48$.

Die Konsumentenrente beträgt jetzt

$$KR = \int_0^{16} 48x^{-\frac{1}{2}}dx - 192 = 96x^{\frac{1}{2}}\Big|_0^{16} - 192$$

$$= 96 \cdot 4 - 192 = 192.$$

Die Konsumentenrente sinkt also von 288 auf 192. Es ist $\Delta KR = -96$. Die Steuereinnahmen des Staates betragen $16 \cdot 2 = 32$.

Es ergibt sich also infolge der Einführung der Steuer ein excess burden von

$$\Delta G = -48$$

$$\Delta KR = -96$$

$$\Delta T = 32$$

$$\textbf{excess burden} = \mathbf{-112}$$

d. Wenn die Grenzkosten konstant sind ($K' = c$), lautet die Gewinnmaximierungsbedingung

$$R' = c$$

Nach der Amoroso-Robinson Formel ist

$$R' = p\left(1 - \frac{1}{\varepsilon}\right)$$

Nennt man den gewinnmaximalen Preis in der Ausgangssituation p_0, so ist

(1) $$p_0\left(1 - \frac{1}{\varepsilon}\right) = c$$

Ist p_1 der gewinnmaximale Preis nach Einführung der Stücksteuer, so gilt bei Gewinnmaximierung

(2) $$p_1\left(1 - \frac{1}{\varepsilon}\right) = c + t$$

Zieht man die erste Gleichung von der zweiten ab, erhält man:

$$p_1\left(1 - \frac{1}{\varepsilon}\right) - p_0\left(1 - \frac{1}{\varepsilon}\right) = t$$

$$\Delta p\left(1 - \frac{1}{\varepsilon}\right) = t$$

Für $\varepsilon = 2$ erhält man:

$$\Delta p\left(1 - \frac{1}{2}\right) = t$$

$$\Delta p \cdot \frac{1}{2} = t$$

$$\Delta p = 2t$$

Für $\varepsilon = 1{,}5$ erhält man:

$$\Delta p\left(1 - \frac{1}{1{,}5}\right) = t$$

$$\Delta p \cdot \frac{1}{3} = t$$

$$\Delta p = 3t$$

31. a. Die Bedingung für Gewinnmaximierung lautet:

$$\text{Grenzerlös} = \text{Grenzkosten}$$

$$14 - 0{,}2x = 4$$

$$0{,}2x = 10$$

$$\mathbf{x = 50}$$

$$\mathbf{p = 9}$$

$$\mathbf{G} = 450 - 80 - 200 = \mathbf{170}$$

$$\mathbf{KR} = \frac{1}{2}(14 - 9) \cdot 50 = \mathbf{125}$$

b. Die Gewinnmaximierungsbedingung lautet jetzt:

$$14 - 0{,}2x = 6$$

$$0{,}2x = 8$$

$$\mathbf{x = 40}$$

$$\mathbf{p = 10}$$

$$\mathbf{G} = 400 - 80 - 240 = \mathbf{80}$$

Im Vergleich zur Ausgangssituation ist der Gewinn um 90 gesunken. Es ist $\Delta G = -90$.

Die Steuereinnahmen des Staates betragen $40 \cdot 2 = \mathbf{80}$.

Die Veränderung der Konsumentenrente kann mit Hilfe der folgenden Zeichnung bestimmt werden.

Abb. E.15

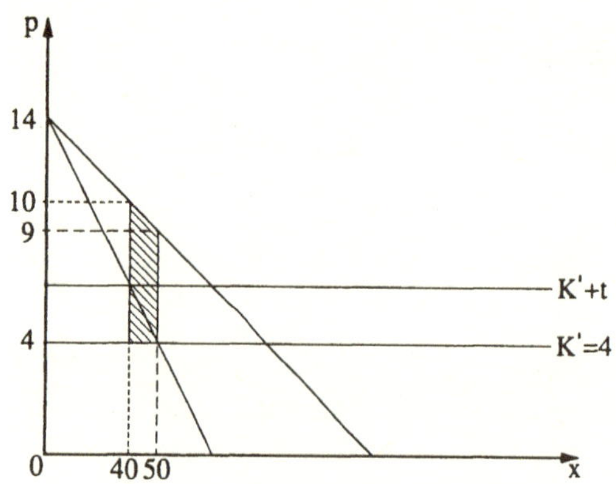

Die Konsumentenrente in der Ausgangssituation betrug

$$\frac{1}{2} \cdot (14-9) \cdot 50 = 125$$

Nach Einführung der Steuer beträgt die Konsumentenrente

$$\frac{1}{2} \cdot (14-10) \cdot 40 = 80$$

Die Konsumentenrente ist also um 45 gesunken. Es ist ΔKR = -45.

Der **excess burden** der Steuer beträgt

$$\Delta KR = -45$$

$$\Delta G = -90$$

$$\Delta T = 80$$

$$\textbf{excess burden} = -55$$

Der excess burden wird in der Zeichnung durch die schraffierte Fläche repräsentiert. Diese Fläche ist gleich der Differenz aus der Fläche unter der Nachfragekurve zwischen x=50 und x=40, die den Wert der Produktion mißt, auf die verzichtet wird, wenn die Produktion von x=50 auf x=40 eingeschränkt wird, und der Fläche unter der Grenzkostenkurve zwischen x=40 und x=50, die die Kostenersparnis mißt, die mit der Produktionseinschränkung verbunden ist.

c. Die Einnahmen des Staates aus der Stücksteuer sind $T=t \cdot x$. Dabei ist die ausgebrachte Menge eine Funktion von t. Die Gewinnmaximierungsbedingung lautet:

$$14-0{,}2x = 4+t$$

$$-0{,}2x = -10+t$$

$$0{,}2x = 10-t$$

$$x = 50-5t$$

Also ist $T = t \cdot x = 50t - 5t^2$.

Um den Steuersatz zu ermitteln, bei dem die Einnahmen des Staates ein Maximum sind, bildet man die erste Ableitung und setzt diese gleich Null.

$$\frac{dT}{dt} = 50 - 10t = 0$$

$$10t = 50$$

$$t = 5$$

d. Der Gewinn der Monopolisten beträgt

$$G = R - K - t \cdot R$$

$$G = (1 - t)R - K$$

Der Monopolist maximiert seinen Gewinn, wenn die erste Ableitung der Gewinnfunktion Null ist.

$$\frac{dG}{dx} = (1 - t) \cdot \frac{dR}{dx} - \frac{dK}{dx} = 0$$

$$\frac{dR}{dx} = \frac{dK}{dx} \cdot \frac{1}{1 - t}$$

In unserem Fall erhalten wir

$$14 - 0{,}2x = \frac{4}{1 - t}$$

Der Steuersatz t ist so zu bestimmen, daß der excess burden gleich 55 ist. Dies ist dann so, wenn die gewinnmaximale Menge auf x=40 sinkt.

Abb. E.16

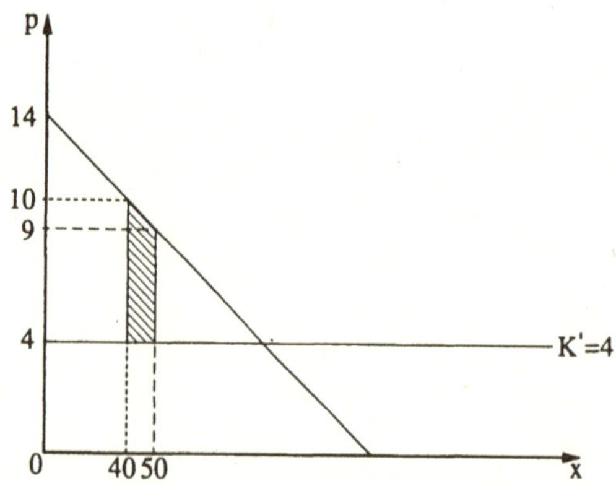

Setzt man in

$$14 - 0{,}2x = \frac{4}{1-t}$$

x=40 ein, erhält man

$$14 - 8 = \frac{4}{1-t}$$

$$1 - t = \frac{4}{6}$$

$$t = \frac{1}{3}$$

Die Steuereinnahmen des Staates betragen $1/3 \cdot 400 = 133,\overline{3}$. Sie sind größer als im Fall der Stücksteuer. Anders gesagt: Das zusätzliche Steueraufkommen der Erlössteuer ist nicht mit einem zusätzlichen excess burden verbunden. Das Ergebnis legt die Vermutung nahe, daß eine Erlössteuer bei gleichem Steueraufkommen mit einem geringeren excess burden verbunden ist.

32. Bei Gewinnmaximierung ist der Grenzerlös gleich den Grenzkosten:

$$a - 2bx = d; \quad x = \frac{a-d}{2b}$$

Wegen $p = a - bx$ ist $p = a - b\frac{a-d}{2b}$

$$p = \frac{a+d}{2}$$

Die Höhe des Preises ist nicht von der Steigung der linearen Preisabsatzfunktion abhängig. Da sich nur die Steigung der linearen Preisabsatzfunktion ändert, wenn die Nachfrage so steigt, daß bei jedem Preis fünfzig Prozent mehr nachgefragt wird als in der Ausgangssituation, ändert sich der gewinnmaximale Preis nicht.

33. Die gewinnmaximale Ausbringungsmenge ist durch die Bedingung Grenzerlös gleich Grenzkosten bestimmt. Aufgrund der Amoroso - Robinson - Formel läßt sich die Bedingung schreiben als

$$p \cdot \left(1 - \frac{1}{\varepsilon}\right) = c$$

Ändert sich bei gegebenem Preis die Preiselastizität nicht, wenn an Stelle der Nachfragefunktion $x = f(p)$ die Nachfragefunktion $x = a \cdot f(p)$ tritt, wird sich auch der gewinnmaximale Preis nicht ändern. Zu diesem Zweck muß gezeigt werden, daß die Preiselastizität der Nachfrage unabhängig von a ist.

$$\varepsilon_{xp} = -\frac{dx}{dp} \cdot \frac{p}{x} = \frac{a \cdot f'(p) \cdot p}{a \cdot f(p)} = \frac{f'(p) \cdot p}{f(p)}$$

Die Preiselastizität der Nachfrage ist unabhängig von a. Ist p_0 der gewinnmaximale Preis in der Ausgangssituation, weil bei diesem Preis die Bedingung $p_0 \cdot (1 - 1/\varepsilon) = c$ erfüllt ist, so muß der Preis p_1, bei dem der Gewinn des Monopolisten maximiert wird, wenn die Gesamtnachfragefunktion $x = a \cdot f(p)$ ist, gleich p_0 sein.

34. Als gewinnmaximale Menge und gewinnmaximalen Preis erhält man für Teilmarkt 1

$$x_1 = \frac{a-d}{2b}$$

$$p_1 = \frac{a+d}{2}$$

Wenn beim Verkauf auf Teilmarkt 2 Transportkosten in Höhe von r DM pro Ausbringungseinheit entstehen, so lautet die Gewinnmaximierungsbedingung:

$$a - 2bx_2 = d + r$$

$$x_2 = \frac{a-d-r}{2b}$$

Für p erhält man

$$p_2 = a - b\left(\frac{a-d-r}{2b}\right)$$

$$p_2 = \frac{a+d}{2} + \frac{r}{2}$$

Das Gut wird also auf Teilmarkt 2 zu einem Preis verkauft, der nur um r/2 DM größer ist als der Preis auf Teilmarkt 1.

35. Der Monopolist maximiert seinen Gewinn nur dann, wenn er mit minimalen Kosten produziert. Zu diesem Zweck muß er die produzierte Menge so auf die Betriebe 1 und 2 verteilen, daß die Grenzkosten der Produktion in Betrieb 1 gleich den Grenzkosten der Produktion in Betrieb 2 sind. (Dies gilt nur dann, wenn es nicht kostengünstiger ist, die gesamte Menge nur in einem Betrieb herzustellen). Es muß also die Bedingung $K'_1 = K'_2$ erfüllt sein. Die aggregierte Grenzkostenfunktion erhält man (wegen $K'_1 = K'_2$) durch horizontale Addition der Grenzkostenkurven K'_1 und K'_2. Die gewinnmaximale Menge ergibt sich durch den Schnittpunkt der aggregierten Grenzkostenkurve mit der Grenzerlöskurve $R' = 80 - 2x$.

Abb. E.17

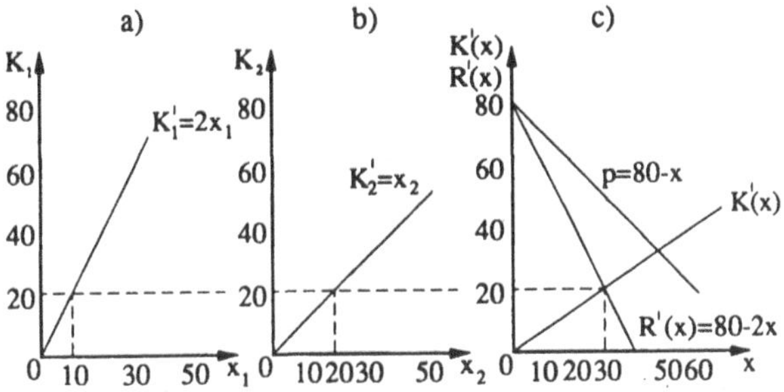

Aus Abbildung E.17c ersieht man, daß die aggregierte Grenzkostenkurve eine Ursprungsgerade mit der Steigung 2/3 ist. Die Gleichung der aggregierten Grenzkostenkurve ist also

$$K'(x) = \frac{2}{3}x \qquad (x = x_1 + x_2)$$

Durch den Schnittpunkt mit der Grenzerlöskurve

$$R' = 80 - 2x$$

ist die gewinnmaximale Menge bestimmt. Aus der Zeichnung ersieht man, daß $x = 30$ die Menge ist, bei der der Grenzerlös gleich den Grenzkosten ist. Der Monopolist produziert 10 Einheiten in Betrieb 1 und 20 Einheiten in Betrieb 2.

Auch algebraisch erhält man die aggregierte Grenzkostenkurve wegen $K'_1 = K'_2 = K'(x)$ und $x_1+x_2=x$ durch Addition der Grenzkostenkurven für Betrieb 1 und 2.

$$K'_1 = 2x_1 \qquad\qquad x_1 = \frac{K'_1}{2}$$

$$K'_2 = x_2 \qquad\qquad x_2 = K'_2$$

$$x = x_1 + x_2 = \frac{K'_1}{2} + K'_2$$

Wegen $K'_1 = K'_2 = K'(x)$ ist $x = 3/2\,K'(x)$ und $K'(x) = 2/3\,x$.

Bei gewinnmaximaler Produktion ist der Grenzerlös gleich den Grenzkosten.

$$80 - 2x = \frac{2}{3}x$$

$$2x + \frac{2}{3}x = 80$$

$$x = 30$$

Wegen $x_1 + x_2 = x$ und $2x_1 = x_2$ erhält man:

$$3x_1 = 30$$

$$x_1 = 10$$

$$x_2 = 20$$

Man kann die Aufgabe auch lösen, indem man unmittelbar von der Gewinnfunktion ausgeht.

$$G = 80x - x^2 - x_1^2 - 0{,}5x_2^2$$

Wegen $K'_1 = K'_2$ ist $2x_1 = x_2$.

Wegen $x = x_1 + x_2$ ist $x = 3x_1$.

Ersetzt man in der Gewinnfunktion x durch $3x_1$ und x_2 durch $2x_1$, erhält man:

$$G = 240x_1 - 9x_1^2 - x_1^2 - 2x_1^2$$

$$G = 240x_1 - 12x_1^2$$

$$\frac{dG}{dx_1} = 240 - 24x_1 = 0$$

$$x_1 = 10$$

$$x_2 = 20$$

36. a. Aus der Gewinnfunktion

$$G = p \cdot x - K$$

läßt sich der gewinnmaximale Preis ermitteln.

$$60 = 40p - 100 - 160$$

$$320 = 40p$$

$$p = 8$$

b. Wenn der Gewinn maximiert wird, sind die Grenzkosten gleich dem Grenzerlös. Da die Grenzkosten gleich 4 sind, muß auch der Grenzerlös gleich 4 sein.

Der Grenzerlös ist nach der Amoroso-Robinson Formel gleich $p(1 - \frac{1}{\varepsilon})$.

Es muß also gelten:

$$p(1 - \frac{1}{\varepsilon}) = 4$$

Da der gewinnmaximale Preis 8 beträgt, ist

$$1 - \frac{1}{\varepsilon} = \frac{1}{2}$$

$$\varepsilon = 2$$

Wird die gewinnmaximale Menge produziert, so ist die Preiselastizität der Nachfrage gleich zwei.

c. Die lineare Preisabsatzfunktion läßt sich schreiben als $p = a - bx$. In dieser Gleichung müssen a und b bestimmt werden.

Die Preiselastizität der Nachfrage ist

$$\varepsilon_{xp} = -\frac{dx}{dp} \cdot \frac{p}{x} = \frac{p}{a - p}$$

Wir wissen, daß für $p = 8$ die Preiselastizität der Nachfrage 2 ist.

$$2 = \frac{8}{a - 8}$$

$$a = 12$$

Setzt man in $p = a - bx$ die gewinnmaximale Menge $x = 40$, $p = 8$ und $a = 12$ ein, erhält man:

$$8 = 12 - 40b$$

$$b = 0{,}1$$

Die gesuchte Preisabsatzfunktion lautet also

$$p = 12 - 0{,}1x$$

Alternative Lösung:

Aus $p = a - bx$ (1) und $R' = a - 2bx$ (2) erhält man:

(1)	$8 = a - 40b$
(2)	$4 = a - 80b$
(1) − (2)	$4 = 40b$
	$b = 0{,}1$
	$a = 12$

Die gesuchten Werte für a und b lassen sich auch graphisch leicht ermitteln.

Abb. E.18

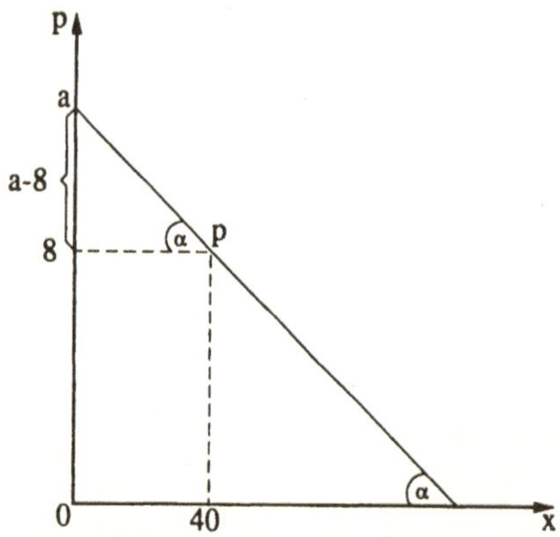

Aufgrund des Strahlensatzes ist die Preiselastizität der Nachfrage in $P = \frac{8}{a-8}$. Wegen $\varepsilon_{xp} = 2$ gilt also:

$$\frac{8}{a-8} = 2$$

$$a = 12$$

$$b = \tan\alpha = \frac{4}{40} = 0{,}1$$

37. a. Wird ein Höchstpreis von $p = 7$ festgesetzt, so verläuft die relevante Preisabsatzfunktion bis zu der Menge, die beim Preis $p = 7$ nachgefragt wird, parallel zur Mengenachse in Höhe von $p = 7$. Bei größeren Mengen fällt sie mit der Preisabsatzfunktion $p = 14 - 0{,}1x$ zusammen. Beim Preis $p = 7$ werden siebzig Einheiten vom Gut X nachgefragt. Als neue relevante Preisabsatzfunktion erhalten wir:

$$p = 7 \qquad (x \leq 70)$$

$$p = 14 - 0{,}1x \qquad (x > 70)$$

Die relevante Preisabsatzfunktion hat also bei der Menge $x = 70$ einen Knick.

Die relevante Grenzerlösfunktion fällt bei Mengen $x \leq 70$ mit der Preisabsatzfunktion zusammen. Für Mengen $x > 70$ ist sie gleich $R' = 14 - 0{,}2x$.

Die relevante Grenzerlösfunktion hat bei der Menge $x = 70$ eine Sprungstelle.

Der Monopolist bringt die Menge aus, bei der seine Grenzkosten gleich dem Grenzerlös sind. Wegen $K' = 2 + 0{,}1x$ erhält man:

$$2 + 0{,}1x = 7$$

$$0{,}1x = 5$$

$$x = 50$$

Da die Menge $x = 50$ kleiner als $x = 70$ ist, $R' = 7$ also der relevante Ast der Grenzerlöskurve ist, wird der Monopolist bei einem Höchstpreis $p = 7$ die Menge $x = 50$ ausbringen.

Abb. E.19

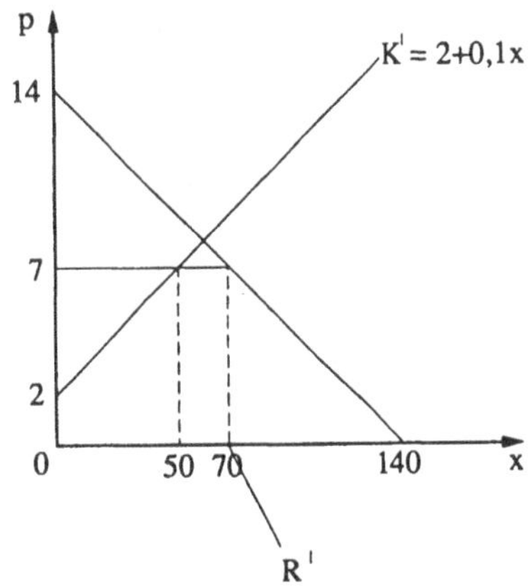

b. Bei einem Höchstpreis $p = 9$ erhält man als relevante Preisabsatzfunktion:

$$p = 9 \qquad (x \leq 50)$$

$$p = 14 - 0{,}1x \qquad (x > 50)$$

Als relevante Grenzerlösfunktion erhält man:

$$R' = 9 \qquad (x \leq 50)$$

$$R' = 14 - 0{,}2x \qquad (x > 50)$$

Abb. E.20

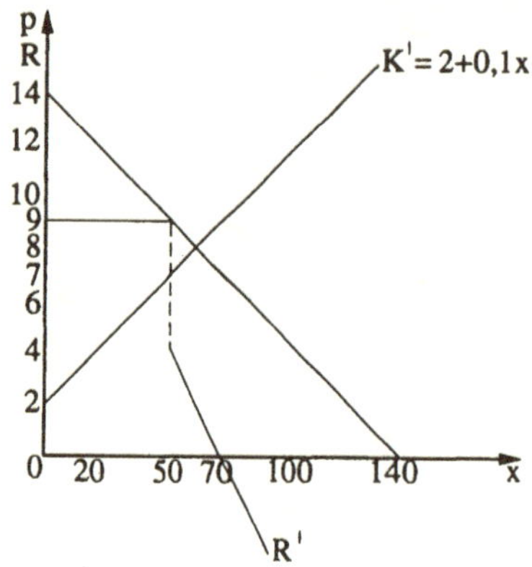

Aus Abbildung E.20 ersieht man, daß für alle Mengen $x \leq 50$ die Grenzkosten kleiner als der Grenzerlös sind. Für $x > 50$ sind die Grenzkosten größer als der Grenzerlös. Der Monopolist wird die Menge $x = 50$ anbieten. Würde er die Menge ausbringen, bei der seine Grenzkosten gleich dem Höchstpreis $p = 9$ sind, so ergäbe sich ein Angebotsüberschuß; er könnte nicht die gesamte Menge zum Höchstpreis verkaufen.

38. a. Da bei Gewinnmaximierung die Bedingung Grenzerlös gleich Grenzkosten erfüllt sein muß, gilt:

$$14 - 0{,}2x = 4$$

$$0{,}2x = 10$$

$$x = 50$$

$$p = 9$$

b. Wenn die Käufer in der Ausgangssituation für die marginale Einheit maximal a zu zahlen bereit waren, sind sie bereit, für die gleiche marginale Einheit einen Bruttopreis von 2a zu zahlen, wenn den Käufern die Hälfte des zu zahlenden Preises erstattet wird. Der Nettopreis der marginalen Einheit beträgt dann a wie in der Ausgangssituation. Graphisch bedeutet dies, daß sich die lineare Nachfragekurve um den Schnittpunkt mit der Abszisse im Uhrzeigersinn dreht. Der vertikale Abstand der neuen Nachfragekurve von der Abszisse ist jetzt doppelt so groß wie bei der ursprünglichen Nachfragekurve.

Abb. E.21

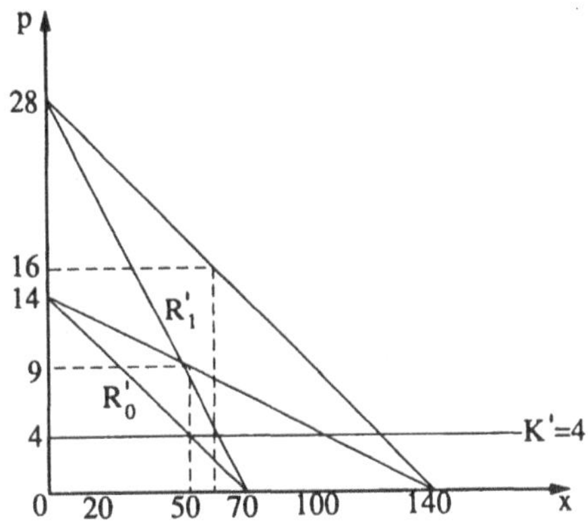

Abbildung E.21 zeigt, daß die gewinnmaximale Menge von x = 50 auf x = 60 steigt. Der gewinnmaximale Preis steigt von p = 9 auf p = 16.

Die Gleichung der neuen Preisabsatzfunktion des Monopolisten lautet

$$p = 2(14 - 0{,}1x)$$

$$p = 28 - 0{,}2x$$

Bei Gewinnmaximierung ist der Grenzerlös gleich den Grenzkosten

$$28 - 0{,}4x = 4$$

$$0{,}4x = 24$$

$$x = 60$$

$$p = 16$$

Der Gewinn des Monopolisten steigt von $G_0 = 450 - 320 = 130$ auf $G_1 = 960 - 360 = 600$.

c. Auch die Marktmacht, gemessen durch den Lerner-Index steigt.

In der Ausgangssituation ergibt sich für den Lerner-Index:

$$L_0 = \frac{p - K'}{p} = \frac{9 - 4}{9} = \frac{5}{9}$$

In der neuen Situation erhält man:

$$L_1 = \frac{p - K'}{p} = \frac{16 - 4}{16} = \frac{12}{16} = \frac{3}{4}$$

Es ist $L_1 > L_0$ wegen $\frac{3}{4} > \frac{5}{9}$.

39. **Vorüberlegung:**

Da die Güter 1 und 2 auf derselben Anlage produziert werden, kann bei voller Kapazitätsauslastung die Produktion eines Gutes nur erhöht werden, wenn die Produktion des anderen Gutes vermindert wird. Der Monopolist kann insgesamt nicht mehr von den Gütern 1 und 2 herstellen, als dies die starre Kapazität von 40 Maschinenstunden zuläßt. Da man zwei Maschinenstunden benötigt, um eine Einheit von Gut 1 herzustellen und eine Maschinenstunde benötigt wird, um eine Einheit von Gut 2 herzustellen, unterliegt der Monopolist der Restriktion

$$40 \geq 2x_1 + x_2,$$

die die Form einer Ungleichung hat.

Wenn der Monopolist keiner Kapazitätsrestriktion unterläge, würde er das **unbeschränkte Maximum** realisieren. Wegen

$$G_1 = 60x_1 - x_1^2 - 10x_1 \quad \text{und}$$

$$G_2 = 40x_2 - 0{,}5x_2^2 - 20x_2$$

erhält man:

$$G = G_1 + G_2 = 50x_1 - x_1^2 + 20x_2 - 0{,}5x_2^2$$

Das unbeschränkte Maximum findet man, indem man partiell nach x_1 und x_2 ableitet und die Ableitungen gleich Null setzt:

$$\frac{\delta G}{\delta x_1} = 50 - 2x_1 = 0 \qquad x_1 = 25$$

$$\frac{\delta G}{\delta x_2} = 20 - x_2 = 0 \qquad x_2 = 20$$

Das unbeschränkte Maximum kann nicht realisiert werden, da $25 \cdot 2 + 20 = 70$ Maschinenstunden pro Periode benötigt werden. Es stehen jedoch nur 40 Maschinenstunden zur Verfügung. Die **Restriktion** ist also **bindend**. Anders gesagt: Das unbeschränkte Maximum liegt außerhalb des zulässigen Lösungsbereiches. Sofern sich die Gewinnfunktion wohl verhält, muß die Restriktion $40 \geq 2\,x_1 + x_2$ als Gleichung erfüllt sein, wenn das beschränkte Maximum realisiert werden soll.

Wir lösen deshalb die Aufgabe, die gewinnmaximalen Mengen von Gut 1 und Gut 2 zu bestimmen, indem wir den Lagrangeausdruck bilden. Zu diesem Zweck formen wir zunächst die als Ungleichung gegebene Restriktion so um, daß die Summe aller Terme ≥ 0 ist. Wir schreiben:

$$40 - 2x_1 - x_2 \geq 0$$

Wir multiplizieren den Ausdruck auf der linken Seite mit λ und addieren ihn zu der Zielfunktion

$$G = 50x_1 - x_1^2 + 20x_2 - 0{,}5x_2^2$$

Als Lagrangefunktion erhält man:

$$L = 50x_1 - x_1^2 + 20x_2 - 0{,}5x_2^2 + \lambda \cdot (40 - 2x_1 - x_2)$$

Durch Ableiten nach x_1, x_2 und λ ergibt sich:

(1) $$\frac{\delta L}{\delta x_1} = 50 - 2x_1 - 2\lambda = 0$$ (1a) $$25 - x_1 = \lambda$$

(2) $$\frac{\delta L}{\delta x_2} = 20 - x_2 - \lambda = 0$$ (2a) $$20 - x_2 = \lambda$$

(3) $$\frac{\delta L}{\delta \lambda} = 40 - 2x_1 - x_2 = 0$$

In den Gleichungen (1a) und (2a) gibt λ jeweils den zusätzlichen Gewinn an, der der letzten Maschinenstunde zu verdanken ist, die in der Produktion von Gut 1 oder Gut 2 eingesetzt wird. Gewinnmaximierung bedeutet, daß die begrenzte Kapazität an Maschinenstunden so eingesetzt wird, daß der zusätzliche Gewinn, der der letzten Maschinenstunde zu verdanken ist, die in der Produktion des Gutes 1 eingesetzt wird, gleich dem zusätzlichen Gewinn ist, der der letzten Maschinenstunde zu verdanken ist, die in der Produktion von Gut 2 eingesetzt wird.

Aus der Gleichung (1a) und (2a) erhält man:

$$x_1 = x_2 + 5$$

Ersetzt man in Gleichung (3) x_1 durch $x_2 + 5$, erhält man:

$$40 - 2x_2 - 10 - x_2 = 0 \quad \Rightarrow \quad 3x_2 = 30 \quad \Rightarrow \quad \mathbf{x_2 = 10}$$

$$\mathbf{x_1 = 15} \quad ; \quad \mathbf{\lambda = 10}$$

Der seinen Gewinn maximierende Monopolist wird also 15 Einheiten von Gut 1 und 10 Einheiten von Gut 2 erzeugen. Der positive Wert von λ zeigt an, daß die Restriktion bindend ist. Da die algebraische Lösung positive Werte für x_1 und x_2 ergibt, sind auch die Nichtnegativitätsbedingungen $x_1 \geq 0$ und $x_2 \geq 0$ erfüllt.

In der folgenden Abbildung E.22 sind im rechten Quadranten die Funktion $\lambda = 25 - x_1$ und im linken Quadranten die Funktion $\lambda = 20 - x_2$ abgetragen, die jeweils angeben, wie hoch der zusätzliche Gewinn ist, der der letzten Maschinenstunde zu verdanken ist, die für die Produktion von Gut 1 und Gut 2 verwendet wird.

Abb. E.22

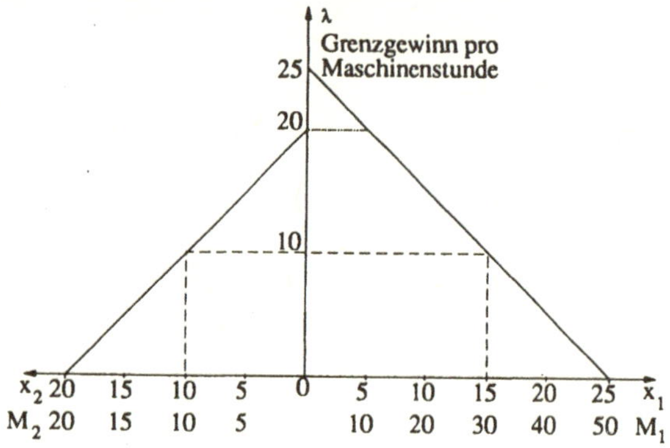

Die verfügbaren Maschinenstunden sind so auf die Produktion der beiden Güter zu verteilen, daß der Grenzgewinn der letzten Maschinenstunde gleich groß ist. Man ersieht aus Abbildung E.22, daß dies nur dann der Fall ist, wenn 30 Maschinenstunden in der Produktion von Gut 1 und 10 Maschinenstunden in der Produktion von Gut 2 eingesetzt werden. Es werden also 15 Einheiten von Gut 1 und 10 Einheiten von Gut 2 hergestellt. Der Grenzgewinn wird Null, wenn mit Hilfe von 50 Maschinenstunden 25 Einheiten von Gut 1 und mit Hilfe von 20 Maschinenstunden 20 Einheiten von Gut 2 hergestellt werden. Man erkennt: Um das unbeschränkte Maximum zu realisieren, sind 70 Maschinenstunden erforderlich. Stehen mehr als 70 Maschinenstunden zu Verfügung, ist die Restriktion nicht bindend. Man erkennt aus Abbildung E.22 auch, daß Gut 2 nicht hergestellt wird, wenn nur 10 oder weniger Maschinenstunden verfügbar sind. Algebraisch ergibt sich bei einer Kapazität von weniger als 10 Maschinenstunden ein negativer Wert für x_2. Bei der algebraischen Lösung müßte bei einer Verletzung der Nichtnegativitätsgleichung x_2 gleich Null gesetzt werden, um die gewinnmaximale Menge von Gut 1 zu bestimmen.

F. Monopolistische Preisdifferenzierung

1. Welche Bedingungen müssen erfüllt sein, damit monopolistische Preisdifferenzierung möglich ist?

2. Die Gesamtnachfragekurve ist bei vollkommener Preisdifferenzierung die Grenzerlöskurve des Monopolisten. Warum?

3. Ein Monopolist, der auf zwei Teilmärkten unterschiedliche Preise verlangen kann, weil er durch Arbitragebarrieren geschützt ist, wird es dennoch vorziehen, auf beiden Teilmärkten den gleichen Preis zu verlangen. Würde er nämlich auf dem ersten Teilmarkt einen höheren Preis verlangen als auf dem zweiten Teilmarkt, könnte er seinen Gewinn erhöhen, indem er eine Einheit weniger auf Teilmarkt 2 und eine Einheit mehr auf Teilmarkt 1 verkauft. Stimmt das?

4. Ein Monopolist verkauft das Gut X auf zwei isolierten Teilmärkten. Da die Preiselastizität der Nachfrage auf Teilmarkt 1 größer ist als auf Teilmarkt 2, wird er das Gut X auf Teilmarkt 1 zu einem höheren Preis verkaufen als auf Teilmarkt 2. Wahr oder falsch?

5. Ein Monopolist bietet das Gut X auf den Teilmärkten 1 und 2 an. Die konstante Preiselastizität auf Teilmarkt 1 ist 2 und die konstante Preiselastizität auf Teilmarkt 2 ist 1,5. Die konstanten Grenzkosten des Monopolisten sind gleich 1. Der Monopolist, der Preisdifferenzierung betreiben kann, wird bei Gewinnmaximierung die Preise $p_1 = 2$ und $p_2 = 3$ festsetzen. Ist das wahr?

6. Ein Anbieter, der auf dem Inlandsmarkt Monopolist ist, weil er durch einen Prohibitivzoll vor ausländischer Konkurrenz geschützt ist, kann zum Weltmarktpreis beliebige Mengen exportieren. Transportkosten entstehen nicht. Der Monopolist verlangt im Inland einen höheren Preis als den Weltmarktpreis. Ein Teil der Produktion wird exportiert. Eine Steuer wird eingeführt. Der Monopolist muß pro Einheit, die im Inland verkauft wird, eine Steuer von t DM zahlen. Die Einführung der Steuer bewirkt, daß die Menge, die der Monopolist exportiert, steigt. Wahr oder falsch?

7. Ein Anbieter, der auf dem Inlandsmarkt eine Monopolstellung hat und durch einen Prohibitivzoll vor ausländischer Konkurrenz geschützt ist, kann zum Weltmarktpreis beliebige Mengen exportieren. Der Anbieter verlangt im Inland einen höheren Preis als den Weltmarktpreis. Ein Teil der Produktion wird exportiert. Wenn auf dem Inlandsmarkt ein Höchstpreis festgesetzt wird, der unter dem bisher im Inland verlangten Monopolpreis und über dem Weltmarktpreis liegt, wird der Monopolist eine größere Menge exportieren als zuvor. Trifft das zu?

8. Ein Monopolist, der die Preise differenzieren kann, verlangt auf Teilmarkt 1 einen höheren Preis als auf Teilmarkt 2. Wenn er nach einem Verbot der Preisdifferenzierung insgesamt die gleiche Menge produziert wie zuvor, wird er auf Teilmarkt 1 weniger und auf Teilmarkt 2 mehr verkaufen. Ist das wahr?

9. In Abbildung F.1 ist ΣN die aggregierte Nachfragekurve, die durch horizontale Addition der Nachfragekurven auf Teilmarkt 1 und Teilmarkt 2 entstanden ist. Die aggregierte Nachfragekurve hat im Punkt B einen Knick. Die zugehörige Grenzerlöskurve ist ACDEF. Sie hat an der Stelle eine Sprungstelle, an der die aggregierte Nachfragekurve einen Knick hat. ACEF ist die durch horizontale Addition der Grenzerlöskurven auf Teilmarkt 1 und Teilmarkt 2 entstandene aggregierte Grenzerlöskurve.

Abb. F.1

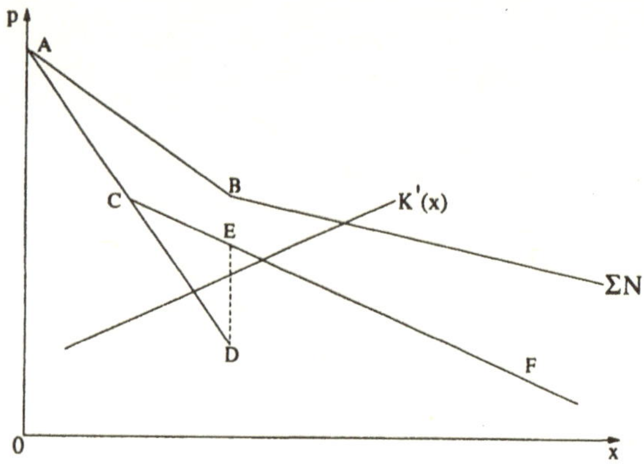

a. Welche Menge wird ein Monopolist insgesamt ausbringen, dem es nicht erlaubt ist, unterschiedliche Preise auf Teilmarkt 1 und Teilmarkt 2 zu setzen?

b. Welche Menge wird ein Monopolist insgesamt ausbringen, der unterschiedlich hohe Preise auf den beiden Teilmärkten setzen kann?

10. Wer mit dem Sessellift aufwärts fährt, muß meistens mehr zahlen als für eine Fahrt abwärts. Im Theater muß für einen Platz in den vorderen Reihen ein höherer Preis gezahlt werden als für einen Platz in den hinteren Reihen. Wer während des Tages telefoniert, zahlt mehr als für ein Telefongespräch am Abend. Für eine Ferienwohnung ist während der Hauptsaison ein höherer Preis zu zahlen als während der Nebensaison. Die Charterfluggesellschaften erhöhen zu Beginn der Hauptreisezeit die Flugpreise. Häufig wird gesagt, dies seien Beispiele für monopolistische Preisdifferenzierung. Trifft das zu?

11. In Abbildung F.2 ist die Branchenangebotskurve A bis zur Kapazitätsgrenze $\bar{x}$ eine Parallele zur Abszisse in Höhe der konstanten Grenzkosten b. In der Zeit der Spitzenlastnachfrage (On-Peak-Periode) ist N_1 die Nachfragekurve. In der nachfrageschwachen Zeit (Off-Peak-Periode) ist N_2 die Nachfragekurve.

Abb. F.2

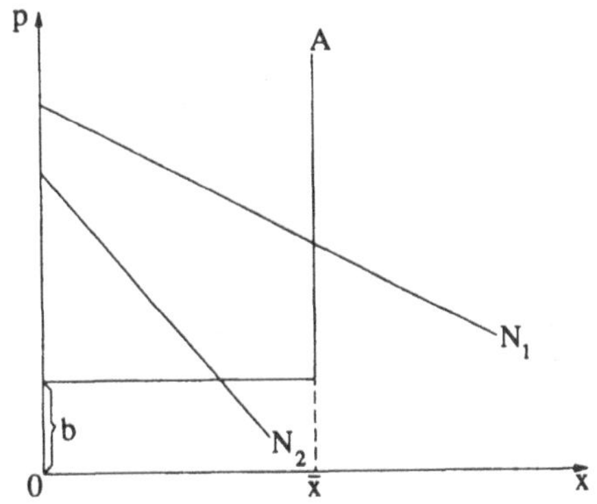

Welche Preise bilden sich bei vollständiger Konkurrenz in der On-Peak- und in der Off-Peak-Periode? Sind unterschiedliche Preise in der On-Peak-Periode und in der Off-Peak-Periode ein Beispiel für monopolistische Preisdifferenzierung? Welche Wirkungen hätte es, wenn in der On-Peak-Periode und in der Off-Peak-Periode ein einheitlicher Preis verlangt werden müßte?

Lösungen der Aufgaben 1 - 11

1. Preisdifferenzierung ist nur möglich, wenn **Arbitrage** verhindert werden kann, so daß Käufer, die das Gut zu einem niedrigeren Preis erhalten, es nicht an die Käufer weiter verkaufen können, von denen ein höherer Preis verlangt wird. Außerdem muß der Anbieter **Marktmacht** haben.

2. Bei vollkommener Preisdifferenzierung wird jede Einheit zu dem höchsten Preis verkauft, den ein Käufer zu zahlen bereit ist. Der zusätzliche Erlös, den ein Anbieter erzielt, wenn er eine zusätzliche Einheit verkauft, ist gleich dem Preis, den er für diese Einheit verlangt. Der **Grenzerlös** ist gleich dem **Preis der letzten Einheit**. Die Gesamtnachfragekurve ist deshalb bei vollkommener Preisdifferenzierung die Grenzerlöskurve des Monopolisten.

3. **Nein!** Wenn auf dem ersten Teilmarkt ein höherer Preis verlangt wird als auf dem zweiten Teilmarkt, so bedeutet dies nicht, daß der zusätzliche Erlös, der erzielt wird, wenn auf dem ersten Teilmarkt eine Einheit mehr abgesetzt wird, größer ist als die Erlösminderung auf Teilmarkt 2, die sich ergibt, weil dort eine Einheit weniger abgesetzt wird. Der Gewinn wird maximiert, wenn auf den Teilmärkten solche Mengen abgesetzt werden, daß der Grenzerlös - nicht der Durchschnittserlös - auf beiden Teilmärkten gleich ist. Bei unterschiedlicher Preiselastizität der Nachfrage bedeutet dies, daß die Preise unterschiedlich hoch sind.

4. **Falsch!** Der Monopolist maximiert nur dann seinen Gewinn, wenn der Grenzerlös auf Teilmarkt 1 (R'_1) gleich dem Grenzerlös auf Teilmarkt 2 (R'_2) ist.

$$R'_1 = R'_2$$

Nach der Amoroso-Robinson-Formel läßt sich die Bedingung schreiben als

$$p_1 \cdot \left(1 - \frac{1}{\varepsilon_1}\right) = p_2 \cdot \left(1 - \frac{1}{\varepsilon_2}\right)$$

Ist ε_1 größer als ε_2, so ist $1/\varepsilon_1$ kleiner als $1/\varepsilon_2$ und somit $(1-1/\varepsilon_1)$ größer als $(1-1/\varepsilon_2)$. Daraus folgt, daß p_1 kleiner sein muß als p_2, wenn die Bedingung $R'_1 = R'_2$ erfüllt werden soll. Der Monopolist wird also dort, wo die Preiselastizität der Nachfrage größer ist, einen niedrigeren Preis festsetzen.

5. **Ja!** Der Monopolist maximiert seinen Gewinn, indem er die Bedingung $R'_1 = R'_2 = 1$ erfüllt. Nach der Amoroso-Robinson-Formel ist

$$R'_1 = p_1 \cdot \left(1 - \frac{1}{\varepsilon_1}\right) \quad \text{und}$$

$$R'_2 = p_2 \cdot \left(1 - \frac{1}{\varepsilon_2}\right)$$

Wird der Gewinn maximiert, so ist

$$p_1 \cdot \left(1 - \frac{1}{\varepsilon_1}\right) = 1$$

$$p_2 \cdot \left(1 - \frac{1}{\varepsilon_2}\right) = 1$$

Für $\varepsilon_1 = 2$ erhält man:

$$p_1 \cdot \left(1 - \frac{1}{2}\right) = 1$$

$$p_1 \cdot \frac{1}{2} = 1$$

$$\mathbf{p_1 = 2}$$

Für $\varepsilon_2 = 1{,}5$ erhält man:

$$p_2 \cdot \left(1 - \frac{1}{1{,}5}\right) = 1$$

$$p_2 \cdot \frac{1}{3} = 1$$

$$\mathbf{p_2 = 3}$$

6. **Wahr!** In Abbildung F.3 ist N_I die inländische Gesamtnachfragekurve und R'_I die entsprechende Grenzerlöskurve. Die Grenzerlöskurve des Monopolisten, der auf dem Inlandsmarkt durch einen Prohibitivzoll geschützt ist, und der zum Weltmarktpreis p_W beliebige Mengen exportieren kann, ist ABC. Der Monopolist produziert insgesamt die Menge x_2. Er verkauft auf dem Inlandsmarkt x_1 zum Preis von p_I. Auf dem Auslandsmarkt verkauft er (x_2-x_1) zum Weltmarktpreis p_W. Wird eine Stücksteuer eingeführt, die nur beim Absatz auf dem Inlandsmarkt zu zahlen ist, so ist der inländische Nettogrenzerlös um den Betrag der Steuer geringer als in der Ausgangssituation. In Abbildung F.3 verschiebt sich die inländische Nettogrenzerlöskurve nach unten. Die im Inland abgesetzte Menge sinkt von x_1 auf x'. Die exportierte Menge steigt auf $(x_2 - x')$.

Abb. F.3

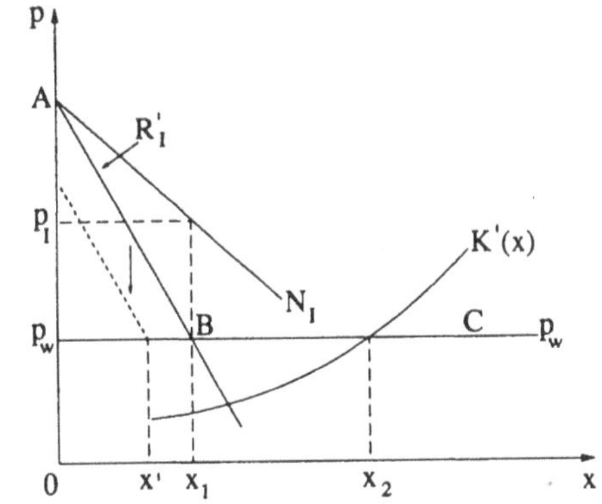

7. **Nein!** Die exportierte Menge wird als Folge des Höchstpreises sinken.

Abb. F.4

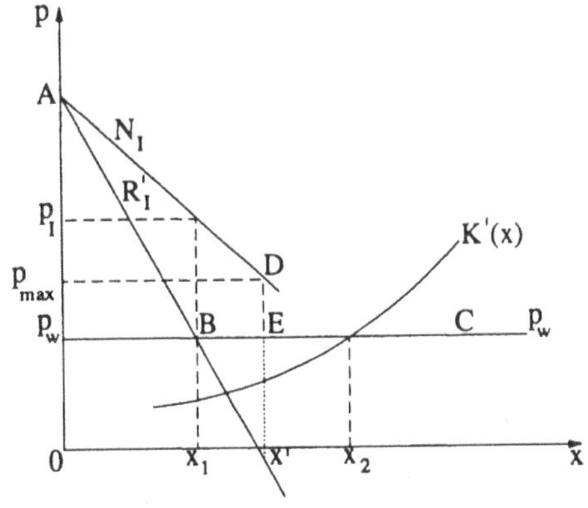

In Abbildung F.4 wird in der Ausgangssituation die Menge x_2 produziert, bei der die Grenzkostenkurve die Grenzerlöskurve ABC schneidet. Auf dem Inlandsmarkt wird die Menge x_1 zum Preis p_I verkauft. Die Menge x_2-x_1 wird exportiert. Die insgesamt produzierte Menge x_2 wird also so auf Inlandsmarkt und Auslandsmarkt verteilt, daß der Grenzerlös auf dem Inlandsmarkt R'_I gleich dem Grenzerlös auf dem Auslandsmarkt p_W ist. Wird ein Höchstpreis p_{max} festgesetzt, der niedriger als p_I ist, so verläuft die neue Grenzerlöskurve bis zur Menge x′ parallel zur Abszisse in Höhe von p_{max}. Sie hat an der Stelle x′ eine Sprungstelle und verläuft dann in Höhe von p_W parallel zur Abszisse. Da bis zur Menge x′ der Grenzerlös beim Absatz auf dem Inlandsmarkt größer ist als p_W, wird die Menge x′ im Inland abgesetzt. Die exportierte Menge steigt also nicht, sondern sinkt in Abbildung F.4 von (x_2-x_1) auf (x_2-x').

8. **Nein!** Der einheitliche Preis, zu dem insgesamt die gleiche Menge abgesetzt werden kann wie zu den differenzierten Preisen p_1 und p_2, muß niedriger als p_1, der Preis auf Teilmarkt 1, und höher als p_2 sein, der auf Teilmarkt 2 verlangt wurde. Das bedeutet, daß auf Teilmarkt 1 mehr und auf Teilmarkt 2 weniger abgesetzt wird.

9. a. Die Grenzerlöskurve des Monopolisten, der auf den beiden Teilmärkten den gleichen Preis setzen muß, ist ACDEF in Abbildung F.5. Sie wird von der Grenzkostenkurve K′(x) in den Punkten G und I geschnitten. Dem Punkt G entspricht die Ausbringungsmenge x_1, dem Punkt I die Ausbringungsmenge x_2. Wird statt der Menge x_1 die Menge x_2 ausgebracht, so verändert sich der Gewinn um die Differenz der Flächen GHD und HEI. Da GHD größer ist als HEI, sinkt der Gewinn, wenn statt der Menge x_1 die Menge x_2 ausgebracht wird. Der Monopolist, der auf beiden Märkten den gleichen Preis setzen muß, wird also insgesamt nur die **Menge x_1** produzieren. Das Gut X wird in diesem Fall nur auf einem der beiden Teilmärkte angeboten.

Abb. F.5

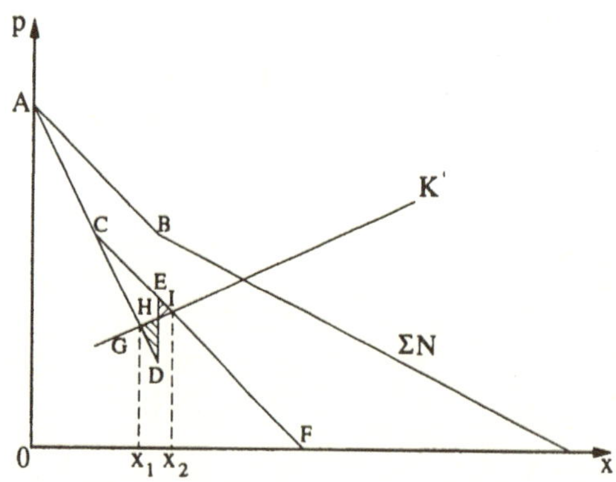

b. Wenn der Monopolist die Preise differenzieren kann, ist ACEF die aggregierte Grenzerlöskurve, die im Punkt I von der Grenzkostenkurve geschnitten wird. Der Monopolist bringt insgesamt die Menge x_2 aus. Der Gewinn ist bei Preisdifferenzierung um den Inhalt der Fläche CGI größer als bei einheitlichem Preis.

10. **Nein!** In allen erwähnten Fällen handelt es sich um verbundene Produktion. Ein Sessellift, der aufwärts fährt, fährt auch wieder abwärts. Wenn eine Telefonleitung es erlaubt, tagsüber zu telefonieren, kann sie auch abends benutzt werden. Die Ferienwohnung, die in der Hauptreisezeit zur Verfügung steht, ist auch in der

Nebensaison vorhanden. Wie hoch die Preise sind, die sich bilden, hängt von der Nachfrage ab. Wenn zum Beispiel die Nachfrage nach Ferienwohnungen in der Hauptsaison größer ist als in der Nebensaison, werden sich auch bei Konkurrenz in Haupt- und Nebensaison unterschiedliche Preise bilden. Marktmacht ist keine Voraussetzung dafür, daß die Preise in der Hauptsaison höher sind als in der Nebensaison. Die unterschiedlichen Preise sind deshalb kein Indiz für monopolistische Preisdifferenzierung.

11. In der On-Peak-Periode bildet sich bei vollständiger Konkurrenz der Preis p_1, der durch den Schnittpunkt der Nachfragekurve N_1 mit dem senkrecht verlaufenden Ast der Angebotskurve bestimmt ist. Es wird die Menge $x_1 = \bar{x}$ verkauft.

Abb. F.6

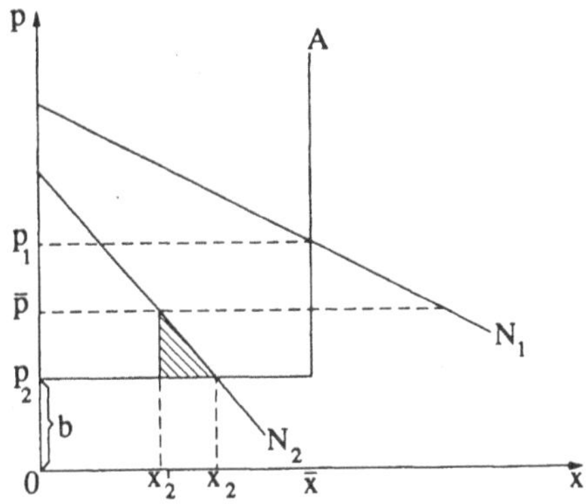

Bei einem Preis, der niedriger oder höher ist als p_1, ergäbe sich in der On-Peak-Periode entweder ein Nachfrageüberschuß oder ein Angebotsüberschuß. p_1 ist der Gleichgewichtspreis in der Spitzenlastperiode. Der Preis in der Off-Peak-Periode ist durch den Schnittpunkt der Nachfragekurve N_2 mit dem horizontalen Ast der Angebotsperiode bestimmt. In der Off-Peak-Periode wird bei vollständiger Konkurrenz die Menge x_2 zum Preis p_2 verkauft.

Es kommt also bei vollständiger Konkurrenz zu unterschiedlichen Preisen in der On-Peak- und der Off-Peak-Periode. Diese unterschiedlichen Preise sind daher **kein Beispiel** für monopolistische Preisdifferenzierung.

Müßte ein einheitlicher Preis $\bar{p}$, der zwischen p_1 und p_2 liegt, gesetzt werden, so würde die Menge, die in der Off-Peak-Periode verkauft wird, von x_2 auf x'_2 sinken. Die Kostenersparnis in Höhe von $(x_2 - x'_2) \cdot b$ wäre kleiner als der Wert der Produktion - gemessen durch die Fläche unter der Nachfragekurve zwischen x'_2 und x_2 -, auf die verzichtet werden müßte. Es ergäbe sich in der Off-Peak-Periode ein Wohlfahrtsverlust in Höhe der in Abbildung F.6 schraffierten Fläche. In der On-Peak-Periode ergäbe sich bei einem Preis $\bar{p}$ ein Nachfrageüberschuß. Wenn kostenlose Nichtpreisrationierung nach der höchsten Zahlungsbereitschaft nicht möglich ist, ergibt sich auch in der On-Peak-Periode ein Wohlfahrtsverlust. Geht man vom Kriterium des sozialen Überschusses aus, sind also die differenzierten Preise p_1 und p_2 wohlfahrtsoptimale Preise.

Algebraisch zu lösende Aufgaben

12. Einheitlicher Preis und Preisdifferenzierung im Vergleich

Ein Monopolist bietet das Gut X auf zwei unterschiedlichen Teilmärkten an. Die Preisabsatzfunktion auf Teilmarkt 1 ist

$$p_1 = 18 - 0{,}2x_1$$

Die Preisabsatzfunktion auf Teilmarkt 2 ist

$$p_2 = 12 - 0{,}1x_2$$

Die Kostenfunktion des Monopolisten ist

$$K = 400 + 2x \quad (x = x_1 + x_2)$$

a. Der Monopolist muß auf beiden Teilmärkten den gleichen Preis fordern. Welche Menge produziert er insgesamt und wie hoch ist der gewinnmaximale Preis? Wie groß sind die Mengen, die er auf Teilmarkt 1 und Teilmarkt 2 absetzt? Wie hoch ist der Gewinn des Monopolisten?

b. Der Monopolist kann auf den beiden Teilmärkten unterschiedlich hohe Preise setzen, da er durch Arbitragebarrieren geschützt ist. Bestimmen Sie die gewinnmaximalen Preise und Mengen für Teilmarkt 1 und Teilmarkt 2. Wie hoch ist der Gewinn?

c. Wie groß ist der zusätzliche volkswirtschaftliche Wohlfahrtsverlust, der sich als Folge der monopolistischen Preisdifferenzierung ergibt?

13. Zweistufiger Tarif

Die Preisabsatzfunktionen eines Monopolisten auf den Teilmärkten 1 und 2 sind wie in Aufgabe 12

$$p_1 = 18 - 0{,}2x_1 \quad \text{und}$$

$$p_2 = 12 - 0{,}1x_2$$

Die Kostenfunktion ist

$$K = 400 + 2x \quad (x = x_1 + x_2)$$

Auf beiden Teilmärkten gibt es jeweils 10 Nachfrager mit identischen Nachfragefunktionen. Die inverse Nachfragefunktion des einzelnen Nachfragers auf Teilmarkt 1 ist

$$p_1 = 18 - 2x_1$$

Die inverse Nachfragefunktion des einzelnen Nachfragers auf Teilmarkt 2 ist

$$p_2 = 12 - x_2$$

Der Einkommenseffekt ist Null.

Der Monopolist überläßt den Nachfragern die Wahl zwischen einem einstufigen Tarif $T_1 = 8x$ und einem zweistufigen Tarif $T_2 = 20+4x$.

Welche Mengen wird der Monopolist auf Teilmarkt 1 und Teilmarkt 2 verkaufen? Wie hoch ist sein Gewinn? Wie verändert sich die Summe der Konsumentenrenten im Vergleich zu einer Situation, in der der einfache Monopolpreis $p = 8$ gesetzt wird?

14. **Preisdifferenzierung mit Nebenbedingung**

Ein Monopolist bietet das Gut X auf zwei unterschiedlichen Teilmärkten an. Die Preisabsatzfunktionen sind

$$p_1 = 340 - x_1 \quad \text{und}$$

$$p_2 = 200 - 2x_2$$

Die Kostenfunktion des Monopolisten ist

$$K = 15\,000 + 80x \quad (x = x_1 + x_2)$$

a. Wie hoch sind die Preise auf den Teilmärkten 1 und 2, wenn der Monopolist die Preise differenzieren kann, ohne einer Beschränkung zu unterliegen?

b. Wie hoch sind die Preise auf den Teilmärkten 1 und 2, wenn die Preisdifferenz p_1-p_2 nicht größer als 40 sein darf?

15. **Steigende Grenzkosten**

Ein Monopolist bietet das Gut X auf den beiden Teilmärkten 1 und 2 an. Die Preisabsatzfunktionen sind

$$p_1 = 80 - 2{,}5x_1 \quad \text{und}$$

$$p_2 = 180 - 10x_2$$

Die Kostenfunktion des Monopolisten ist

$$K = 10x + x^2 \quad (x = x_1 + x_2)$$

a. Welche Preise wird der Monopolist auf den beiden Teilmärkten setzen, wenn Preisdifferenzierung möglich ist? Wie hoch ist der Gewinn des Monopolisten?

b. Preisdifferenzierung ist verboten. Wie hoch ist der gewinnmaximale Preis? Wie hoch ist der Gewinn des Monopolisten?

16. **"Quasioptimale Preise"**

Ein Monopolist bietet das Gut X auf den beiden Teilmärkten 1 und 2 an. Die Preisabsatzfunktionen sind

$$p_1 = 12 - 0{,}1x_1 \quad \text{und}$$

$$p_2 = 20 - 0{,}3x_2$$

Die Kostenfunktion des Monopolisten ist

$$K = 390 + 2x \quad (x = x_1 + x_2)$$

a. Wie hoch sind die Preise, die ein gewinnmaximierender Monopolist festsetzt, der die Preise differenzieren kann?

b. Die Preise sollen so festgesetzt werden, daß der soziale Überschuß maximiert wird. Wie hoch ist der Verlust des Monopolisten?

c. Die Preise sollen so festgesetzt werden, daß die durch den sozialen Überschuß gemessene Wohlfahrt unter der Nebenbedingung maximiert wird, daß die Kosten gedeckt werden. Wie hoch sind die "quasioptimalen Preise"?

17. **"Peak-Load-Pricing"**

Die Nachfrage schwankt systematisch während des Jahres. In der On-Peak-Periode, die sechs Monate dauert, gilt die auf den Monat bezogene inverse Nachfragefunktion

$$N_1: \qquad p_1 = 24 - 0{,}2x_1$$

In der Off-Peak-Periode mit einer Dauer von ebenfalls sechs Monaten gilt die auf den Monat bezogene inverse Nachfragefunktion

$$N_2: \qquad p_2 = 20 - 0{,}4x_2$$

Die kurzfristigen Grenzkosten sind b = 2 DM. Um pro Monat eine Einheit von X herzustellen, ist eine Kapazitätseinheit y erforderlich. Die Kapazitätskosten pro Kapazitätseinheit betragen pro Jahr

a. 60 DM

b. 96 DM.

Bestimmen Sie die gesamtwirtschaftlich optimale Kapazität y und die optimalen Preise für die On-Peak- und die Off-Peak-Periode.

c. Das Gut wird von einem Monopolisten angeboten. Bestimmen Sie die gewinnmaximale Kapazität und die gewinnmaximalen Preise für die On-Peak- und die Off-Peak-Periode. Die Kosten pro Kapazitätseinheit betragen 60 DM.

Lösungen der Aufgaben 12 - 17

12. a. Um die gewinnmaximale Menge zu bestimmen, wird zunächst die aggregierte Nachfragefunktion gebildet.[1] Aus $p_1 = 18\text{-}0{,}2\ x_1$ und $p_2 = 12\text{-}0{,}1\ x_2$ erhält man

$$x_1 = 90 - 5p_1 \qquad (0 \le p_1 \le 18)$$

$$x_2 = 120 - 10p_2 \qquad (0 \le p_2 \le 12)$$

Wegen $p_1 = p_2$ erhält man für $x = x_1 + x_2$

$$x = 210 - 15p \qquad (0 \le p \le 12)$$

$$x = 90 - 5p \qquad (12 \le p \le 18)$$

Die durch horizontale Addition entstehende Gesamtnachfragefunktion ist also eine abschnittsweise definierte Funktion. Das Gut X wird nur dann auf beiden Teilmärkten verkauft, wenn der zu ermittelnde einheitliche gewinnmaximale Preis kleiner als zwölf ist. Es soll zunächst unterstellt werden, daß $p \le 12$ ist, so daß $x = 210 - 15p$ der relevante Abschnitt der Nachfragefunktion ist.

Aus $x = 210 - 15p$ erhält man:

$$p = 14 - \frac{x}{15}$$

$$R = 14x - \frac{x^2}{15}$$

$$R' = 14 - \frac{2}{15}x$$

Bei gewinnmaximaler Produktionsmenge ist der Grenzerlös gleich den Grenzkosten.

1 Eine alternative Lösungsmöglichkeit besteht darin, die Gewinnfunktion des Monopolisten zu bilden und den Gewinn unter der Nebenbedingung zu maximieren, daß $p_1 = p_2$ ist.

$$14-\frac{2}{15}x=2$$

$$\mathbf{x=90}$$

$$\mathbf{p=8}$$

Zu dem einheitlichen Preis $p = 8$ wird auf dem ersten Teilmarkt die Menge $x_1 = 50$ und auf dem zweiten Teilmarkt die Menge $x_2 = 40$ verkauft. Der Gewinn des Monopolisten ist $G = 8 \cdot 90 - 400 - 2 \cdot 90$.

$$\mathbf{G=140}$$

b. Der Monopolist, der die Preise differenziert, realisiert auf beiden Teilmärkten die Bedingung Grenzerlös gleich Grenzkosten.

$p_1 = 18 - 0{,}2x_1$	$p_2 = 12 - 0{,}1x_2$
$R_1 = 18x_1 - 0{,}2x_1^2$	$R_2 = 12x_2 - 0{,}1x_2^2$
$R'_1 = 18 - 0{,}4x_1$	$R'_2 = 12 - 0{,}2x_2$
$18 - 0{,}4x_1 = 2$	$12 - 0{,}2x_2 = 2$
$0{,}4x_1 = 16$	$0{,}2x_2 = 10$
$\mathbf{x_1 = 40}$	$\mathbf{x_2 = 50}$
$\mathbf{p_1 = 10}$	$\mathbf{p_2 = 7}$

Der Gewinn des Monopolisten ist $R_1 + R_2 - K$

$$G = 400 + 350 - 400 - 2 \cdot 90$$
$$\mathbf{= 170}$$

Der seine Preise differenzierende Monopolist kann also einen um $\Delta G = 30$ höheren Gewinn erzielen als der Monopolist, der auf beiden Teilmärkten den gleichen Preis setzen muß.

c. Die Preisdifferenzierung bewirkt, daß auf dem ersten Teilmarkt der Preis von acht auf zehn steigt. Die Menge sinkt von $x_1 = 50$ auf $x_1 = 40$. Der Verlust an Konsumentenrente ist $40 \cdot 2 + 10 \cdot 1 = 90$. Auf dem zweiten Teilmarkt sinkt der Preis infolge der Preisdifferenzierung von 8 auf 7. Die Menge steigt von 40 auf 50. Der Zuwachs an Konsumentenrente ist $40 \cdot 1 + 10 \cdot 0{,}5 = 45$. Da infolge der Preisdifferenzierung der Gewinn des Monopolisten von 140 auf 170 steigt, ist die gesamtwirtschaftliche Wohlfahrtsänderung ΔW, die sich infolge der monopolistischen Preisdifferenzierung ergibt, gleich

$$\Delta G = +30$$

$$\Delta KR_1 = -90$$

$$\Delta KR_2 = +45$$

$$\mathbf{\Delta W = -15}$$

13. Um die Menge zu bestimmen, die der Monopolist absetzt, müssen wir prüfen, welche Menge der einzelne Nachfrager auf Teilmarkt 1 und Teilmarkt 2 kauft. Das hängt davon ab, welchen Tarif der einzelne Nachfrager wählt. Der einzelne Nachfrager wird den Tarif wählen, der für ihn am günstigsten ist.

Betrachten wir zunächst den einzelnen Nachfrager auf Teilmarkt 1.

Abb. F.7

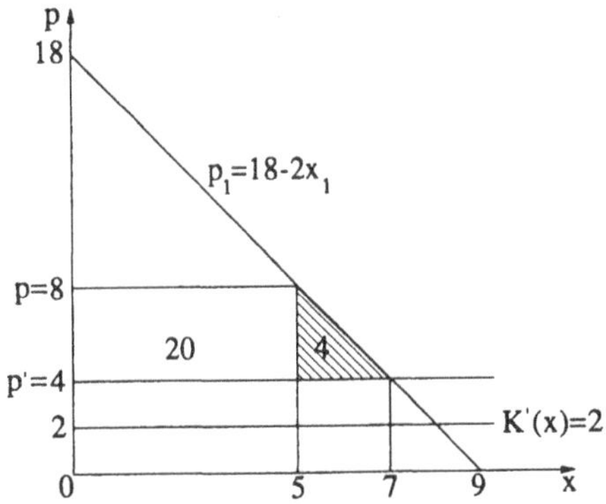

Bei dem Tarif $T_1 = 8x$, bei dem der Nachfrager also pro Einheit einen Preis $p = 8$ zahlen muß, kauft der Nachfrager fünf Einheiten. Er zahlt insgesamt $5 \cdot 8 = 40$. Wählt er den Tarif $T_2 = 20 + 4x$, so kann er für Ausgaben in Höhe von $40 = 20 + 4 \cdot 5$ ebenfalls fünf Einheiten kaufen. Bei Wahl des zweistufigen Tarifs wird er aber nicht fünf, sondern sieben Einheiten kaufen. Die Konsumentenrente steigt um die in Abbildung F.7 schraffierte Fläche, die einen Wert von $0{,}5 \cdot (7-5) \cdot (8-4) = 4$ repräsentiert. Doch auch der Gewinn des Anbieters steigt, da der Preis $p' = 4$ höher ist als die Grenzkosten $K' = 2$. Der Gewinn des Anbieters steigt also um $2 \cdot 2 = 4$. Insgesamt steigt die Summe der Konsumentenrenten der 10 Nachfrager um 40, der Gewinn des Anbieters beim Absatz auf Teilmarkt 1 steigt ebenfalls um 40.

Betrachten wir den einzelnen Nachfrager auf Teilmarkt 2, dessen inverse Nachfragefunktion gleich $p_2 = 12 - x_2$ ist.

Abb. F.8

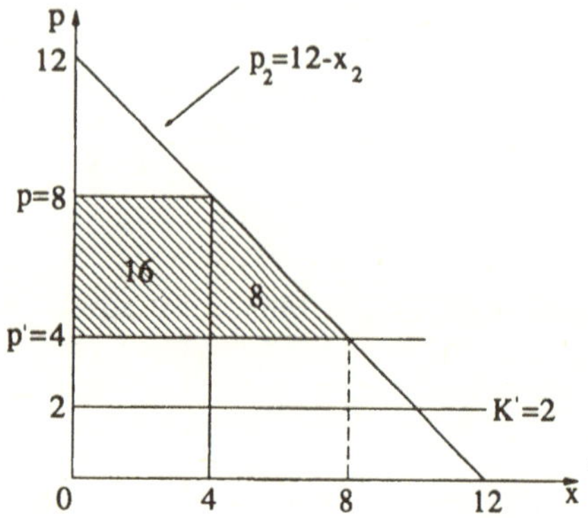

Wählt er den Tarif $T_1 = 8x$, so kauft er vier Einheiten. Seine Ausgaben sind $T_1 = 32$. Bei Wahl des zweistufigen Tarifs $T_2 = 20 + 4x$ würde er acht Einheiten von x kaufen. Der zweistufige Tarif ist vorteilhaft, wenn in Abbildung F.8 die schraffierte Fläche zwischen der Nachfragekurve und der Ordinate zwischen $p = 8$ und $p' = 4$ größer ist als der feste Betrag von 20, der beim zweistufigen Tarif zu zahlen ist.

Die in Abbildung F.8 schraffierte Fläche gibt den Zuwachs an Konsumentenrente an, der dem einzelnen Nachfrager auf Teilmarkt 2 zufiele, wenn er das Gut X statt zum Preis $p = 8$ zum Preis $p' = 4$ kaufen könnte. Dieser Zuwachs an Konsumentenrente in Höhe von $16 + 8 = 24$ ist größer als der feste Betrag von 20, den der einzelne Nachfrager auf Teilmarkt 2 zahlen muß, wenn er den zweistufigen Tarif $T_2 = 20 + 4x$ wählt. Der einzelne Nachfrager auf Teilmarkt 2 wird sich daher für den zweistufigen Tarif entscheiden. Die Konsumentenrente steigt um $24 - 20 = 4$. Da sich alle 10 Nachfrager auf Teilmarkt 2 für den zweistufigen Tarif entscheiden, steigt die Summe der Konsumentenrenten auf Teilmarkt 2 um 40.

Auch der Gewinn des Monopolisten beim Absatz auf Teilmarkt 2 ist bei dem zweistufigen Tarif höher als bei dem einstufigen Tarif $T_1 = 8x$. Die Ausgaben des einzelnen Nachfragers sind bei Wahl des zweistufigen Tarifs $20 + 8 \cdot 4 = 52$ und somit um 20 höher als bei dem einstufigen Tarif $T_1 = 8x$. Die zusätzlichen Kosten, die entstehen, um statt vier Einheiten acht Einheiten zu liefern, sind $(8 - 4) \cdot 2 = 8$. Der Gewinn pro Käufer steigt um $20 - 8 = 12$. Der Gewinn des Monopolisten beim Absatz auf Teilmarkt 2 steigt um $10 \cdot 12 = 120$.

Im Vergleich zu einer Situation, in der der Monopolist auf den beiden Teilmärkten den einheitlichen Monopolpreis $p = 8$ setzt, steigt also die Summe aller Konsumentenrenten um 80 (40+40) und der Gewinn des Monopolisten um 160 ($\Delta G_1 = 40 + \Delta G_2 = 120$). Die Einführung des zweistufigen Tarifs ist mit einem Wohlfahrtsgewinn verbunden.

14. a. Die Gewinnfunktion des Monopolisten ist

$$G = 340x_1 - x_1^2 + 200x_2 - 2x_2^2 - 15000 - 80x_1 - 80x_2$$

$$G = 260x_1 - x_1^2 + 120x_2 - 2x_2^2 - 15000$$

Man findet die gewinnmaximalen Mengen x_1 und x_2, die ein Monopolist auf den Teilmärkten 1 und 2 verkauft, indem man die Gewinnfunktionen partiell nach x_1 und x_2 ableitet und die Ableitungen gleich Null setzt.

$$\frac{\delta G}{\delta x_1} = 260 - 2x_1 = 0 \qquad \mathbf{x_1 = 130}$$

$$\frac{\delta G}{\delta x_2} = 120 - 4x_2 = 0 \qquad \mathbf{x_2 = 30}$$

Setzt man $x_1 = 130$ in die Preisabsatzfunktion $p_1 = 340 - x_1$ und $x_2 = 30$ in die Preisabsatzfunktion $p_2 = 200 - 2x_2$ ein, erhält man:

$$\mathbf{p_1 = 210}$$

$$\mathbf{p_2 = 140}$$

Der Gewinn des Monopolisten ist

$$\begin{aligned} G &= R_1 + R_2 - K \\ &= 27300 + 4200 - 27800 \\ &= \mathbf{3700} \end{aligned}$$

b. Der Monopolist unterliegt der Restriktion

$$p_1 - p_2 \leq 40$$

Die Restriktion läßt sich schreiben als

$$340 - x_1 - 200 + 2x_2 \leq 40$$

$$100 - x_1 + 2x_2 \leq 0$$

Da es sich um eine Maximierungsaufgabe handelt, wird die Restriktion so geschrieben, daß die Summe aller Terme auf der linken Seite ≥ 0 ist.

$$x_1 - 2x_2 - 100 \geq 0$$

Es wird zunächst unterstellt, daß die Restriktion bindend ist, die Restriktion also als Gleichung erfüllt ist. Die Lagrangefunktion wird gebildet, indem die Nebenbedingung mit λ multipliziert und zur Gewinnfunktion addiert wird. Man erhält:

$$L = 260x_1 - x_1^2 + 120x_2 - 2x_2^2 + \lambda \cdot (x_1 - 2x_2 - 100)$$

Man leitet partiell nach x_1, x_2 und λ ab und setzt die Ableitungen gleich Null.

(1) $\delta L/\delta x_1 = 260 - 2x_1 + \lambda = 0$ (1a) $260 - 2x_1 = -\lambda$

(2) $\delta L/\delta x_2 = 120 - 4x_2 - 2\lambda = 0$ (2a) $60 - 2x_2 = \lambda$

(3) $\delta L/\delta \lambda = x_1 - 2x_2 - 100 = 0$ (3a) $x_1 = 2x_2 + 100$

Durch Addition von (1a) und (2a) erhält man:

$$320 - 2x_1 - 2x_2 = 0$$

$$x_1 = 160 - x_2$$

Einsetzen in (3a) ergibt:

$$160 - x_2 = 2x_2 + 100$$

$$3x_2 = 60$$

$$\mathbf{x_2 = 20}$$

$$\mathbf{x_1 = 140}$$

$$\mathbf{p_1 = 200}$$

$$\mathbf{p_2 = 160}$$

Es ist $\lambda = 20$. Der positive Wert von λ zeigt an, daß die Restriktion bindend ist, wie das bei der Ableitung unterstellt wurde. Für $\lambda = 0$ erhielte man aus (1a) und (2a) $x_1 = 130$ und $x_2 = 30$, die Werte für das unbeschränkte Gewinnmaximum. Würde sich für λ ein negativer Wert ergeben, wäre die Restriktion nicht bindend. Die Aufgabe müßte gelöst werden, indem man $\lambda = 0$ setzt. Die positiven Werte für x_1 und x_2 zeigen, daß auch die nicht explizit erwähnten Nichtnegativitätsbedingungen erfüllt sind.

Der Gewinn des Monopolisten beträgt

$$G = R_1 + R_2 - K$$
$$= 3400$$

15\. a. Um die gewinnmaximalen Mengen zu bestimmen, die ein Monopolist, der die Preise differenziert, auf den Teilmärkten 1 und 2 ausbringt, wird zunächst die aggregierte Grenzerlösfunktion gebildet.[1]

$p_1 = 80 - 2{,}5x_1$ $\qquad$ $p_2 = 180 - 10x_2$

$R_1 = 80x_1 - 2{,}5x_1^2$ $\qquad$ $R_2 = 180x_2 - 10x_2^2$

$R'_1 = 80 - 5x_1$ $\qquad$ $R'_2 = 180 - 20x_2$

$x_1 = 16 - 0{,}2R'_1$ $\qquad$ $x_2 = 9 - 0{,}05R'_2$

Bei gewinnmaximaler Verteilung der insgesamt produzierten Menge $x = x_1 + x_2$ auf die Teilmärkte 1 und 2 ist $R'_1 = R'_2 = R'(x)$.

$$x = x_1 + x_2 = 25 - 0{,}25R'(x)$$
$$R'(x) = 100 - 4x$$

Der Monopolist produziert jene Menge, bei der der Grenzerlös gleich den Grenzkosten $K'(x) = 10 + 2x$ ist.

$$100 - 4x = 10 + 2x$$
$$6x = 90$$
$$x = 15$$
$$R'(x) = 40$$

Wegen $R'(x) = R'_1 = R'_2$ ist

$$x_1 = 16 - 0{,}2R'_1$$
$$x_1 = 16 - 0{,}2 \cdot 40$$
$$\mathbf{x_1 = 8} \qquad \mathbf{p_1 = 60}$$

1 Eine alternative Lösungsmöglichkeit besteht darin, die Gewinnfunktion zu bilden und partiell nach x_1 und x_2 abzuleiten.

$$x_2 = 9 - 0{,}05R'_2$$

$$x_2 = 9 - 0{,}05 \cdot 40$$

$$\mathbf{x_2 = 7} \qquad \mathbf{p_2 = 110}$$

Der Gewinn des Monopolisten ist $8 \cdot 60 + 7 \cdot 110 - 10 \cdot 15 - 15^2$.

$$\mathbf{G = 875}$$

b. Der Monopolist, der auf den beiden Teilmärkten einen einheitlichen Preis setzen muß, maximiert seinen Gewinn, wenn er die Menge ausbringt, bei der die Grenzkosten gleich dem Grenzerlös sind. Um die Grenzerlösfunktion zu erhalten, ist zunächst die aggregierte Nachfragefunktion zu bilden.[1]

$$p_1 = 80 - 2{,}5x_1 \qquad p_2 = 180 - 10x_2$$

$$x_1 = 32 - 0{,}4p_1 \qquad x_2 = 18 - 0{,}1p_2$$

Wegen $p_1 = p_2$ ist

$$x = x_1 + x_2 = 50 - 0{,}5p$$

$$p = 100 - 2x$$

$$p \cdot x = 100x - 2x^2$$

$$R'(x) = 100 - 4x$$

Wird die gewinnmaximale Menge produziert, so ist der Grenzerlös gleich den Grenzkosten $K' = 10 + 2x$.

$$100 - 4x = 10 + 2x$$

$$6x = 90$$

$$\mathbf{x = 15}$$

$$\mathbf{p = 70}$$

Bei dem auf beiden Teilmärkten gleichen Preis $p = 70$ werden auf dem ersten Teilmarkt vier und auf dem zweiten Teilmarkt elf Einheiten verkauft.

Der Gewinn des Monopolisten ist

---

1 Eine alternative Lösungsmöglichkeit besteht darin, die Gewinnfunktion zu bilden und den Gewinn unter der Nebenbedingung $p_1 = p_2$ zu maximieren.

$$G = 70 \cdot 15 - 150 - 225$$

$$\mathbf{G=675}$$

Der Gewinn des Monopolisten ist um 200 niedriger als im Fall der Preisdifferenzierung.

16. a. Die Gewinnfunktion des Monopolisten ist

$$G = p_1x_1 + p_2x_2 - K$$

$$G = 12x_1 - 0{,}1x_1^2 + 20x_2 - 0{,}3x_2^2 - 390 - 2x_1 - 2x_2$$

$$G = 10x_1 - 0{,}1x_1^2 + 18x_2 - 0{,}3x_2^2 - 390$$

Man findet die Mengen x_1 und x_2, die ein Monopolist auf den Teilmärkten 1 und 2 absetzt, wenn er die Preise differenzieren kann, indem man die Gewinnfunktion partiell nach x_1 und x_2 ableitet und die Ableitungen gleich Null setzt. Man erhält:

$$\frac{\delta G}{\delta x_1} = 10 - 0{,}2x_1 = 0 \qquad \mathbf{x_1 = 50}$$

$$\frac{\delta G}{\delta x_2} = 18 - 0{,}6x_2 = 0 \qquad \mathbf{x_2 = 30}$$

Setzt man in die Preisabsatzfunktionen $p_1 = 12\text{-}0{,}1x_1$ und $p_2 = 20\text{-}0{,}3x_2$ für $x_1 = 50$ und $x_2 = 30$ ein, erhält man:

$$\mathbf{p_1 = 7} \qquad \text{und} \qquad \mathbf{p_2 = 11}$$

Der Gewinn des Monopolisten ist

$$G = p_1x_1 + p_2x_2 - K$$

$$G = 350 + 330 - 390 - 160$$

$$\mathbf{G = 130}$$

b. Der soziale Überschuß wird maximiert, wenn auf beiden Teilmärkten der Preis gleich den konstanten Grenzkosten von 2 ist. Es muß also $p_1 = p_2 = 2$ sein. Es werden auf dem ersten Teilmarkt $x_1 = 100$ Einheiten von x und auf dem zweiten Teilmarkt $x_2 = 60$ Einheiten von X verkauft. Der Erlös des Monopolisten ist $160 \cdot 2 = 320$. Seine Kosten sind 390 + 320 = 710. Der Monopolist erleidet also einen Verlust von 390.

c. Da der Monopolist bei der "erstbesten" Lösung einen Verlust von 390 erleidet, fragt es sich, wie die Preise gebildet werden müßten, wenn die Wohlfahrt - gemessen durch den sozialen Überschuß - unter der Nebenbedingung maximiert werden soll, daß kein Verlust entsteht.

Der soziale Überschuß ist die Summe aus Konsumentenrente und Produzentenrente. Das ist die Summe aus Konsumentenrente und Erlös minus vermeidbare Kosten.

Abb. F.9

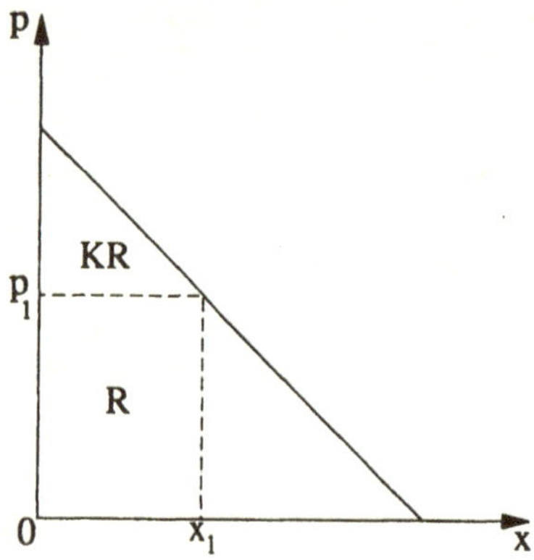

Wie aus Abbildung F.9 zu ersehen ist, ist die Summe aus Konsumentenrente und Erlös für einen Preis p_1 gleich der Fläche unter der Nachfragekurve zwischen 0 und x_1.

In unserem Fall ist der zu maximierende soziale Überschuß gleich

$$W = \int_0^{x_1} (12 - 0{,}1x_1)dx_1 + \int_0^{x_2} (20 - 0{,}3x_2)dx_2 - 2x_1 - 2x_2$$

Die Nebenbedingung besagt, daß der Erlös mindestens gleich den Kosten sein muß.

$$10x_1 - 0{,}1x_1^2 + 18x_2 - 0{,}3x_2^2 \geq 390$$

$$10x_1 - 0{,}1x_1^2 + 18x_2 - 0{,}3x_2^2 - 390 \geq 0$$

Die Lagrangefunktion lautet:

$$L = \int_0^{x_1} (12 - 0{,}1x_1)dx_1 + \int_0^{x_2} (20 - 0{,}3x_2)dx_2 - 2x_1 - 2x_2$$

$$+\lambda(10x_1 - 0{,}1x_1^2 + 18x_2 - 0{,}3x_2^2 - 390)$$

Man bildet die partiellen Ableitungen nach x_1, x_2 und λ und setzt diese gleich Null.

(1) $$\frac{\delta L}{\delta x_1} = 12 - 0{,}1x_1 - 2 + 10\lambda - 0{,}2\lambda x_1 = 0$$

(2) $$\frac{\delta L}{\delta x_2} = 20 - 0{,}3x_2 - 2 + 18\lambda - 0{,}6\lambda x_2 = 0$$

(3) $$\frac{\delta L}{\delta \lambda} = 10x_1 - 0{,}1x_1^2 + 18x_2 - 0{,}3x_2^2 - 390 = 0$$

Aus (1) erhält man:

$$10 - 0{,}1x_1 = -\lambda \cdot (10 - 0{,}2x_1)$$

(1a) $$\frac{10 - 0{,}1x_1}{10 - 0{,}2x_1} = -\lambda$$

Aus (2) erhält man:

$$18 - 0{,}3x_2 = -\lambda \cdot (18 - 0{,}6x_2)$$

(2a) $$\frac{18 - 0{,}3x_2}{18 - 0{,}6x_2} = -\lambda$$

Die Gleichungen (1a) und (2a) sind jeweils der Quotient aus Preis - Grenzkosten und Grenzerlös - Grenzkosten. Für $x_1 = 100$ und $x_2 = 60$ werden die Zähler jeweils gleich Null. Es ist $\lambda = 0$; das unbeschränkte Maximum wird realisiert. Für $x_1 = 50$ und $x_2 = 30$ wird jeweils der Nenner Null. Der bei Preisdifferenzierung maximal erzielbare Gewinn wird erzielt.

Aus (1a) und (2a) erhält man:

$$\frac{10 - 0{,}1x_1}{10 - 0{,}2x_1} = \frac{18 - 0{,}3x_2}{18 - 0{,}6x_2}$$

$$x_1 = \frac{5}{3}x_2$$

Ersetzt man in (3) x_1 durch $5/3\ x_2$, erhält man:

$$10 \cdot \frac{5}{3}x_2 - 0{,}1\frac{25}{9}x_2^2 + 18x_2 - 0{,}3x_2^2 - 390 = 0$$

$$150x_2 - 2{,}5x_2^2 + 162x_2 - 2{,}7x_2^2 - 3510 = 0$$

$$x_2^2 - 60x_2 + 675 = 0$$

$$(x_2 - 30)^2 = 225$$

$$x_2 - 30 = \pm 15$$

$$\mathbf{x_2 = 45}$$ (da für $x_2 = 15$ der soziale Überschuß kein Maximum, sondern ein Minimum ist)

$$x_1 = \frac{5}{3}x_2$$

$$\mathbf{x_1 = 75}$$

$$\mathbf{p_1 = 4{,}5}$$

$$\mathbf{p_2 = 6{,}5}$$

Ein Monopolist, der die Wohlfahrt unter der Nebenbedingung maximiert, daß der Erlös gleich den Kosten ist, muß auf den Teilmärkten unterschiedlich hohe Preise setzen. Die "**quasi-optimalen Preise**" sind **differenzierte Preise**. Ein Verbot der Preisdifferenzierung wäre mit einem Wohlfahrtsverlust verbunden.

17. a. Die optimale Kapazität ist die Kapazität, bei der der soziale Überschuß maximiert wird. Der soziale Überschuß ist die Summe aus Konsumentenrente und Produzentenrente. Das ist die Summe aus Konsumentenrente (KR) und Erlös (R) minus Kosten. In Abbildung F.10 ist die Summe aus Konsumentenrente und Erlös gleich der Fläche unter der Nachfragekurve zwischen 0 und x_1.

Abb. F.10

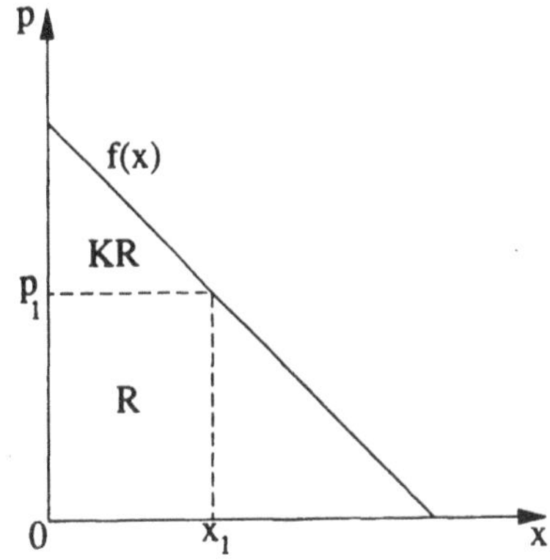

Die zu maximierende Zielfunktion lautet deshalb:

Maximiere $$W = 6 \cdot \int_0^{x_1} (24 - 0{,}2x_1)dx_1 + 6 \cdot \int_0^{x_2} (20 - 0{,}4x_2)dx_2$$
$$- 6 \cdot 2x_1 - 6 \cdot 2x_2 - 60y$$

Die Ausbringungsmenge pro Monat kann weder in der On-Peak-Periode noch in der Off-Peak-Periode größer als die Kapazität y sein.

$$x_1 \leq y \quad \text{oder} \quad y - x_1 \geq 0$$

$$x_2 \leq y \quad \text{oder} \quad y - x_2 \geq 0$$

Die Lagrangefunktion lautet:

$$L = 6 \cdot \int_0^{x_1} (24 - 0{,}2x_1)dx_1 + 6 \cdot \int_0^{x_2} (20 - 0{,}4x_2)dx_2 - 6 \cdot 2x_1 - 6 \cdot 2x_2$$
$$-60y + \lambda_1(y - x_1) + \lambda_2(y - x_2)$$

Nur wenn bei optimaler Kapazität die Kapazitätsrestriktion in beiden Perioden bindend ist, weil bei $p_1 = b$ und $p_2 = b$ die pro Monat nachgefragte Menge größer als y ist, sind die Nebenbedingungen beide als Gleichung erfüllt. Ist die Restriktion in der Off-Peak-Periode nicht bindend, entfällt die zweite Restriktion.

Man leitet die Lagrangefunktion partiell nach x_1, x_2, y, λ_1 und λ_2 ab und setzt die Ableitungen gleich Null. Man erhält:

(1) $$\frac{\delta L}{\delta x_1} = 6 \cdot (24 - 0{,}2x_1) - 6 \cdot 2 - \lambda_1 = 0$$

(2) $$\frac{\delta L}{\delta x_2} = 6 \cdot (20 - 0{,}4x_2) - 6 \cdot 2 - \lambda_2 = 0$$

(3) $$\frac{\delta L}{\delta y} = -60 + \lambda_1 + \lambda_2 = 0$$

(4) $$\frac{\delta L}{\delta \lambda_1} = y - x_1 = 0$$

(5) $$\frac{\delta L}{\delta \lambda_2} = y - x_2 = 0$$

Das ist ein System mit fünf Gleichungen und fünf zu bestimmenden Variablen.

Die erste Gleichung läßt sich schreiben als

$$6 \cdot (22 - 0{,}2x_1) = \lambda_1$$

(1a) $$(22 - 0{,}2x_1) = \frac{\lambda_1}{6}$$

Betrachten wir den Klammerausdruck 22 - $0{,}2x_1$. Er ergibt sich, wenn wir von der inversen Nachfragefunktion $p_1 = 24\text{-}0{,}2x_1$ die konstanten Grenzkosten in Höhe von b = 2 DM subtrahieren. Man erhält $p'_1 = 22\text{-}0{,}2x_1$. Das ist die auf den Monat bezogene Kapazitätsnachfragefunktion N'_1. Der graphische Ausdruck der Kapazitätsnachfragefunktion ist in Abbildung F.11 die Kapazitätsnachfragekurve N'_1.

Abb. F.11

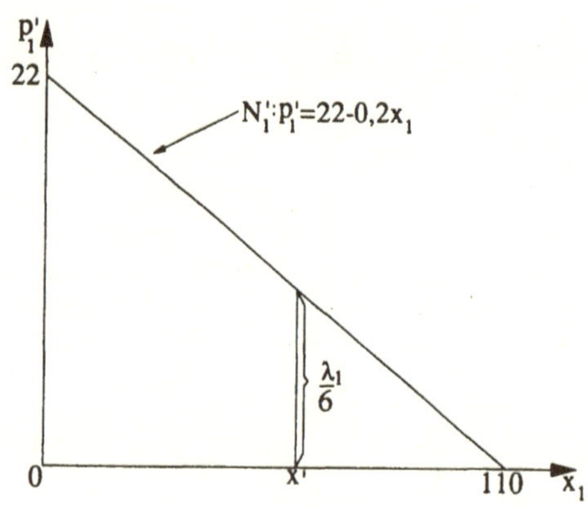

Da nach Gleichung (1a) $22-0{,}2x_1 = \lambda_1/6$ ist, gibt $\lambda_1/6$ den Wert an, den die letzte Kapazitätseinheit pro Monat in der Spitzenlastperiode stiftet. $\lambda_1/6$ mißt in Abbildung F.11 den vertikalen Abstand der Kapazitätsnachfragekurve von der Abszisse. Daher gibt λ_1 den Wert an, den die letzte Kapazitätseinheit während der gesamten On-Peak-Periode stiftet.

Gleichung (2) läßt sich schreiben als

$$6\cdot(18-0{,}4x_2)=\lambda_2$$

Es ist $p'_2 = 18-0{,}4x_2$ die auf den Monat bezogene Kapazitätsnachfragefunktion der Off-Peak-Periode. λ_2 gibt den Wert an, den die letzte Kapazitätseinheit während der gesamten Off-Peak-Periode hat. Ein negativer Wert für λ_2 bedeutet, daß die Restriktion in der Off-Peak-Periode nicht bindend ist. In Abbildung F.12 ist bei $x_2 = y$ der Wert von λ_2 negativ.

Abb. F.12

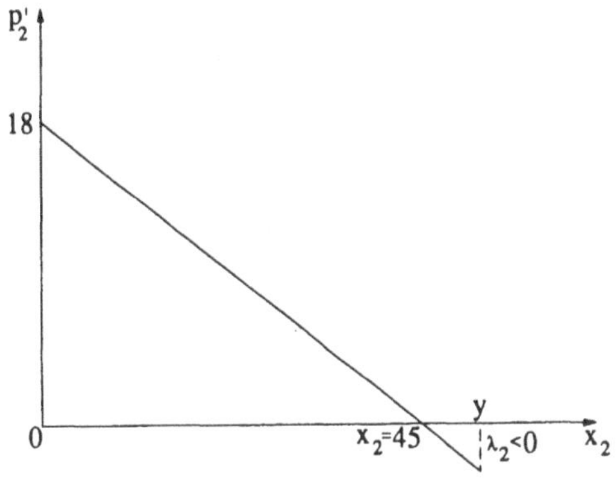

Bei optimaler Nutzung der Kapazität y wird in der Off-Peak-Periode nur die Menge $x_2= 45$ ausgebracht. Gleichung (3)

$$\frac{\delta L}{\delta y} = -60+\lambda_1+\lambda_2=0$$

besagt, daß die Kapazität auszudehnen ist, bis $\delta L/\delta y$ gleich Null wird. Solange der Wohlfahrtsgewinn, der der letzten Kapazitätseinheit zu verdanken ist, noch positiv ist, wird die Kapazität erweitert. Der Wohlfahrtsgewinn wird Null, wenn die Summe der Werte $\lambda_1 + \lambda_2$ gleich den Kapazitätskosten pro Einheit von 60 ist. Da $\lambda_1 + \lambda_2$ den Wert angibt, den die letzte Kapazitätseinheit in der On-Peak-Periode und in der Off-Peak-Periode stiftet, muß also die Kapazität geschaffen werden, bei der der Wert der letzten Kapazitätseinheit gleich den Kapazitätsgrenzkosten ist.

Man löst die Aufgabe, die optimale Kapazität zu bestimmen, indem man zunächst unterstellt, daß bei optimaler Kapazität beide Restriktionen bindend sind. Es wird also angenommen, daß λ_1 und λ_2 jeweils ≥ Null sind.

Aus Gleichungen (4) und (5) folgt:

$$x_1 = x_2 = x$$

Aus Gleichung (1) $\quad 6 \cdot (22 - 0{,}2x_1) = \lambda_1$

und Gleichung (2) $\quad 6 \cdot (18 - 0{,}4x_2) = \lambda_2$

erhält man durch

Addition Gleichung (6) $\quad 6 \cdot (40 - 0{,}6x) = \lambda_1 + \lambda_2$

Betrachten wir den Klammerausdruck (40 – 0,6x).

Er ergibt sich durch vertikale Addition der Kapazitätsnachfragefunktionen N'_1 und N'_2.

$$p'_1 = 22 - 0{,}2x_1$$

$$p'_2 = 18 - 0{,}4x_2$$

$$p_c = 40 - 0{,}6x \qquad (x_1 = x_2 = x)$$

Durch $p_c = 40\text{-}0{,}6x$ wird jener Ast der Kapazitätsnachfragekurve beschrieben, der relevant ist, wenn $\lambda_1 \geq 0$ und $\lambda_2 \geq 0$ ist. Aus Gleichung (2)

$$6 \cdot (18 - 0{,}4x_2) = \lambda_2$$

ersieht man, daß λ_2 nur dann ≥ Null ist, wenn $x_2 \leq 45$ ist.

Die Kurve der "effektiven Gesamtnachfrage nach Kapazität" ist daher die abschnittsweise definierte Funktion

$$p_c = 40 - 0{,}6x \quad \text{für} \quad 0 \leq x \leq 45$$

$$p_c = 22 - 0{,}2x \quad \text{für} \quad 45 \leq x \leq 110$$

In Abbildung F.13 wird außer den Kapazitätsnachfragefunktionen N'_1 und N'_2 die Kurve der Gesamtnachfrage nach Kapazität mit den Teilstücken $p_c = 40\text{-}0{,}6x$ und $p_c = 22\text{-}0{,}2x$ graphisch dargestellt.

Abb. F.13

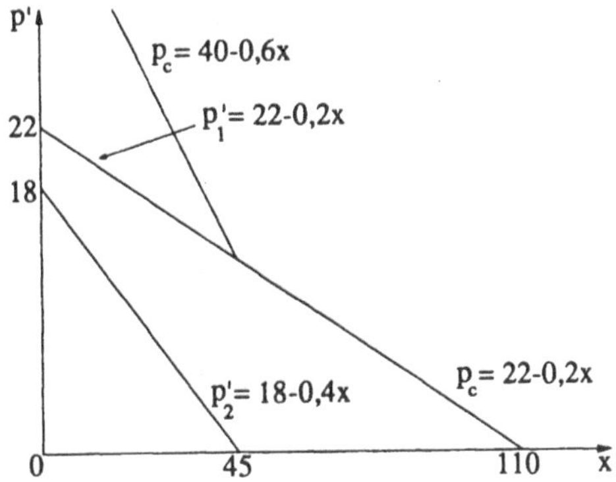

Aus Gleichung (6)

$$6 \cdot (40 - 0{,}6x) = \lambda_1 + \lambda_2$$

und aus Gleichung (3)

$$\lambda_1 + \lambda_2 = 60$$

erhält man:

$$40 - 0{,}6x = 10$$

$$0{,}6x = 30$$

$$x = 50$$

Da $x = x_1 = x_2$ ist, ergibt sich

$$\lambda_2 = 6 \cdot (18 - 0{,}4 \cdot 50)$$

$$\lambda_2 = -12$$

Die Lösung ist nicht zulässig, da λ_2 kleiner als Null ist. Das widerspricht der Annahme $\lambda_2 \geq 0$. Man setzt $\lambda_2 = 0$ und erhält die Lagrangefunktion

$$L = 6 \cdot \int_0^{x_1} (24 - 0{,}2x_1)dx_1 + 6 \cdot \int_0^{x_2} (20 - 0{,}4x_2)dx_2 - 6 \cdot 2x_1 - 6 \cdot 2x_2$$

$$-60y + \lambda_1(y - x_1)$$

(1) $$\frac{\delta L}{\delta x_1} = 6 \cdot (24 - 0{,}2x_1) - 6 \cdot 2 - \lambda_1 = 0$$

(2) $$\frac{\delta L}{\delta x_2} = 6 \cdot (20 - 0{,}4x_2) - 6 \cdot 2 = 0$$

(3) $$\frac{\delta L}{\delta y} = -60 + \lambda_1 = 0$$

(4) $$\frac{\delta L}{\delta \lambda_1} = y - x_1 = 0$$

Aus (1) und (3) erhält man:

$$6 \cdot (22 - 0{,}2x_1) = 60$$

$$22 - 0{,}2x_1 = 10$$

$$0{,}2x_1 = 12$$

$$x_1 = 60$$

Wegen (4) $y - x_1 = 0$ ist $$y = 60$$

Wegen $p_1 = 24 - 0{,}2x_1$ ist $p_1 = 24 - 0{,}2 \cdot 60$

$\mathbf{p_1 = 12}$

In der Spitzenlastperiode ist $p_1 = 12$ der wohlfahrtsoptimale Preis.

Aus (2) ergibt sich:

$$20 - 0{,}4x_2 = 2$$

$$0{,}4x_2 = 18$$

$$x_2 = 45$$

Wegen $p_2 = 20 - 0{,}4x_2$ ist $p_2 = 20 - 0{,}4 \cdot 45$

$\mathbf{p_2 = 2}$

In der Off-Peak-Periode wird also nur ein Preis $p_2 = 2$ in Höhe der konstanten Grenzkosten von $b = 2$ gesetzt.

Graphisch läßt sich die optimale Kapazität durch den Schnittpunkt der Kapazitätsnachfragefunktion p_c mit einer Parallelen zur Abszisse im Abstand 10 bestimmen. Der Betrag von 10 stellt die pro Monat der On-Peak-Periode und der Off-Peak-Periode insgesamt zu deckenden Kapazitätskosten pro Kapazitätseinheit dar. Er ergibt sich, indem man die Jahreskapazitätskosten von 60 durch 6 dividiert. Wird in der Off-Peak-Periode bei optimalen Preisen p_1 und p_2 wie in unserem Beispiel kein Beitrag zur Deckung der Kapazitätskosten geleistet, so müssen die gesamten Kapazitätskosten in den 6 Monaten der On-Peak-Periode gedeckt werden.

Abb. F.14

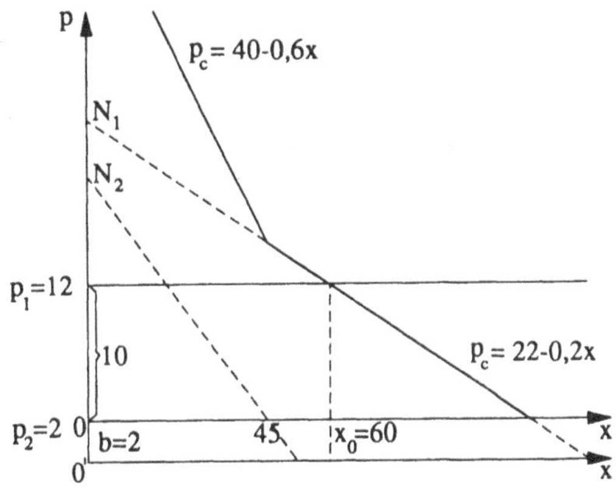

In Abbildung F.14 schneidet die relevante Kapazitätsgrenzkostenkurve, die, bezogen auf das durch 0 bestimmte Koordinatensystem, eine Parallele zur Abszisse im Abstand 10 ist, die Kapazitätsnachfragekurve p_c in dem Teilstück $p_c = 22-0{,}2x$. Durch den Schnittpunkt wird die optimale Kapazität $x_0 = 60$ bestimmt. Bezogen auf das durch 0′ definierte Koordinatensystem sind N_1 und N_2 die Nachfragefunktionen der On-Peak-Periode und der Off-Peak-Periode. Man erkennt: In der On-Peak-Periode wird das Gut X zum Preis $p_1 = 12$ und in der Off-Peak-Periode zum Preis $p_2 = 2$ verkauft. $p_1 = 12$ und $p_2 = 2$ sind die wohlfahrtsoptimalen Preise.

Die Kapazität von $x_0 = 60$ wird nur in der On-Peak-Periode voll ausgelastet. Im Anschluß an P.O. Steiner bezeichnet man dies als firm-peak-Fall.

Wenn 60 Kapazitätseinheiten bereitgestellt werden, entstehen pro Jahr Kapazitätskosten von $60 \cdot 60 = 3\,600$. Die gesamten Kapazitätskosten werden durch die Erlöse in der Spitzenlastperiode gedeckt. Der Erlös in der Spitzenlastperiode beträgt pro Monat $12 \cdot 60 = 720$. Zur Deckung der Kapazitätskosten verbleibt nach Abzug der konstanten Grenzkosten von 2 ein Betrag von $10 \cdot 60 = 600$ pro Monat. Da die Spitzenlastperiode 6 Monate dauert, stehen zur Deckung der Jahreskapazitätskosten $6 \cdot 600 = 3\,600$ zur Verfügung. Die gesamten Kapazitätskosten werden also gedeckt.

b. Die Kapazitätskosten pro Kapazitätseinheit betragen 96. Die Lagrangefunktion lautet:

$$L = 6 \cdot \int_0^{x_1} (24 - 0{,}2x_1)dx_1 + 6 \cdot \int_0^{x_2} (20 - 0{,}4x_2)dx_2 - 6 \cdot 2x_1 - 6 \cdot 2x_2$$

$$-96y + \lambda_1(y - x_1) + \lambda_2(y - x_2)$$

(1) $$\frac{\delta L}{\delta x_1} = 6 \cdot (22 - 0{,}2x_1) - \lambda_1 = 0$$

(2) $$\frac{\delta L}{\delta x_2} = 6 \cdot (18 - 0{,}4x_2) - \lambda_2 = 0$$

(3) $$\frac{\delta L}{\delta y} = -96 + \lambda_1 + \lambda_2 = 0$$

(4) $$\frac{\delta L}{\delta \lambda_1} = y - x_1 = 0$$

(5) $$\frac{\delta L}{\delta \lambda_2} = y - x_2 = 0$$

Aus den Gleichungen (4) und (5) ergibt sich:

$$x_1 = x_2 = x$$

Durch Addition der Gleichungen (1) und (2) erhält man:

$$6 \cdot (40 - 0{,}6x) = \lambda_1 + \lambda_2$$

Nach Gleichung (3) ist $\lambda_1 + \lambda_2 = 96$

$$6 \cdot (40 - 0{,}6x) = 96$$

$$40 - 0{,}6x = 16$$

$$x = 40$$

$$x_1 = 40$$

$$x_2 = 40$$

Nach Gleichung (1) ist $\lambda_1 = 6 \cdot (22 - 0{,}2x_1)$.
Für $x_1 = 40$ erhält man $\lambda_1 = 84$.

Nach Gleichung (2) ist $\lambda_2 = 6 \cdot (18 - 0{,}4x_2)$.
Für $x_2 = 40$ erhält man $\lambda_2 = 12$.

Wir erhalten also positive Werte für λ_1 und λ_2. Beide Restriktionen sind - wie in unserem Lösungsansatz unterstellt wurde - bindend.

Wegen $y = x_1 = x_2$ ist **y = 40** die optimale Kapazität.

Wegen $p_1 = 24 - 0{,}2x_1$ und $p_2 = 20 - 0{,}4x_2$ erhält man für $x_1 = x_2 = 40$

$$\mathbf{p_1 = 16}$$

$$\mathbf{p_2 = 4}$$

Die Kapazität wird in beiden Perioden voll ausgelastet. Auch die Erlöse der Off-Peak-Periode tragen in diesem Fall zur Deckung der Kapazitätskosten von 40·96 = 3 840 bei. Insgesamt steht zur Deckung der Kapazitätskosten in der On-Peak-Periode ein Betrag von 6·(16-2)·40 = 3 360 und in der Off-Peak-Periode ein Betrag von 6·(4-2)·40 = 480, also von 3 840 zur Verfügung. Die gesamten Kapazitätskosten werden gedeckt.

Graphisch läßt sich die optimale Kapazität durch den Schnittpunkt der Kapazitätsnachfragekurve p_c mit einer Parallelen zur Abszisse im Abstand 16 bestimmen, wie Abbildung F.15 zeigt. Der Betrag von 16 stellt die pro Monat in der On-Peak-Periode und der Off-Peak-Periode insgesamt zu deckenden Kapazitätskosten pro Kapazitätseinheit dar. Die Kapazitätsnachfragekurve wird bei $x_0 = 40$ geschnitten. y = 40 ist deshalb die optimale Kapazität. Man bezeichnet den in Abbildung F.15 dargestellten Fall im Anschluß an P.O. Steiner auch als den shifting-peak-Fall.

Abb. F.15

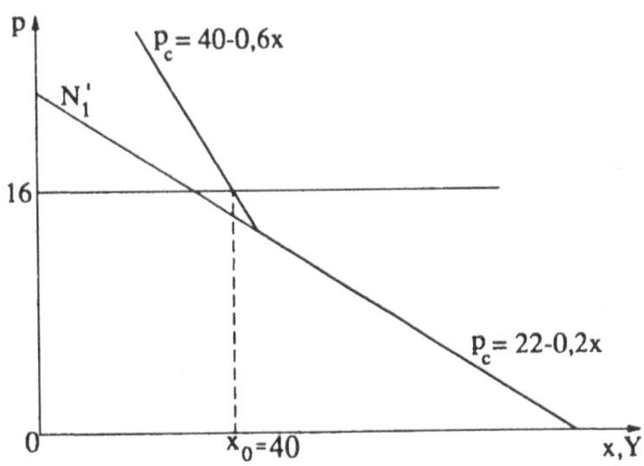

c. Die Gewinnfunktion des Monopolisten ist:

$$G = 6 \cdot (24x_1 - 0{,}2x_1^2) + 6 \cdot (20x_2 - 0{,}4x_2^2) - 6 \cdot 2x_1 - 6 \cdot 2x_2 - 60y$$

Die Ausbringungsmenge kann pro Monat nicht größer sein als die Zahl der Kapazitätseinheiten y.

$$y - x_1 \geq 0 \quad ; \quad y - x_2 \geq 0$$

Man bildet die Lagrangefunktion und leitet partiell nach x_1, x_2, y, λ_1 und λ_2 ab.

$$L = 6 \cdot (24x_1 - 0{,}2x_1^2) + 6 \cdot (20x_2 - 0{,}4x_2^2) - 6 \cdot 2x_1 - 6 \cdot 2x_2 - 60y + \lambda_1(y - x_1) + \lambda_2(y - x_2)$$

(1) $\delta L/\delta x_1 = 6 \cdot (24 - 0{,}4x_1) - 6 \cdot 2 - \lambda_1 = 0$ (1a) $6 \cdot (22 - 0{,}4x_1) = \lambda_1$

(2) $\delta L/\delta x_2 = 6 \cdot (20 - 0{,}8x_2) - 6 \cdot 2 - \lambda_2 = 0$ (2a) $6 \cdot (18 - 0{,}8x_2) = \lambda_2$

(3) $\delta L/\delta y = -60 + \lambda_1 + \lambda_2 = 0$ (3a) $\lambda_1 + \lambda_2 = 60$

(4) $\delta L/\delta \lambda_1 = y - x_1 = 0$ (4a) $y = x_1$

(5) $\delta L/\delta \lambda_2 = y - x_2 = 0$ (5a) $y = x_2$

Aus Gleichungen (4) und (5) folgt:

$$x_1 = x_2 = x \qquad (\lambda_1 \geq 0 \wedge \lambda_2 \geq 0)$$

Durch Addition der Gleichungen (1a) und (2a) erhält man:

$$6 \cdot (40 - 1{,}2x) = \lambda_1 + \lambda_2$$

Nach Gleichung (3a) ist $\lambda_1 + \lambda_2 = 60$.

$$6 \cdot (40 - 1{,}2x) = 60$$

$$40 - 1{,}2x = 10$$

$$1{,}2x = 30$$

$$x = 25$$

Für $x_2 = 25$ erhält man wegen

$$\lambda_2 = 6 \cdot (18 - 0{,}8x_2)$$

$$\lambda_2 = -12$$

Die Lösung ist nicht zulässig. Wir setzen $\lambda_2 = 0$ und erhalten als Lagrangefunktion:

$$L = 6 \cdot (24x_1 - 0{,}2x_1^2) + 6 \cdot (20x_2 - 0{,}4x_2^2) - 6 \cdot 2x_1 - 6 \cdot 2x_2 - 60y + \lambda_1(y - x_1)$$

(1) $\delta L/\delta x_1 = 6 \cdot (24 - 0{,}4x_1) - 6 \cdot 2 - \lambda_1 = 0$ (1a) $6 \cdot (22 - 0{,}4x_1) = \lambda_1$

(2) $\delta L/\delta x_2=6\cdot(20-0{,}8x_2)-6\cdot 2=0$ (2a) $6\cdot(18-0{,}8x_2)=0$

(3) $\delta L/\delta y=-60+\lambda_1=0$ (3a) $\lambda_1=60$

(4) $\delta L/\delta\lambda_1=y-x_1=0$ (4a) $y=x_1$

Aus (1a) und (3a) erhält man:

$$6\cdot(22-0{,}4x_1)=60$$

$$22-0{,}4x_1=10$$

$$0{,}4x_1=12$$

$$\mathbf{x_1=30}$$

$$\mathbf{p_1=18}$$

Wegen $y = x_1$ ist $\mathbf{y = 30}$ die gewinnmaximale Kapazität.

Aus (2a) erhält man:

$$6\cdot(18-0{,}8x_2)=0$$

$$0{,}8x_2=18$$

$$\mathbf{x_2=22{,}5}$$

$$\mathbf{p_2=11}$$

G. Oligopolpreistheorie

1. Was versteht man unter einem **Oligopol**?

2. Das Kernstück der Oligopolpreistheorien sind die in diesen Theorien enthaltenen Reaktionshypothesen. Warum?

3. Welche **Reaktionshypothese** liegt dem **Cournot-Modell** für das homogene Oligopol zugrunde?

4. Im homogenen Dyopol sei die Menge Aktionsparameter der beiden Oligopolisten. Jeder der Oligopolisten sieht die Menge, die der Konkurrent ausbringt, als Datum an. Der einzelne Oligopolist rechnet also nicht damit, daß eigene Mengenänderungen den Konkurrenten veranlassen, seine Menge zu verändern. Welchen Wert haben die **Reaktionskoeffizienten** dx_2/dx_1 und dx_1/dx_2?

5. Im homogenen Dyopol sei die Menge Aktionsparameter der beiden Dyopolisten. Wenn ein Dyopolist seine Menge erhöht, erwartet er, daß sein Konkurrent seine Ausbringungsmenge um den gleichen Betrag senkt. Wenn ein Dyopolist seine Ausbringungsmenge senkt, erwartet er, daß sein Konkurrent die Menge um den gleichen Betrag erhöht. Wie groß sind die **Reaktionskoeffizienten** dx_2/dx_1 und dx_1/dx_2? Wie groß ist die Preiselastizität der Nachfrage aus der Sicht des einzelnen Anbieters?

6. Im homogenen Oligopol ist die Menge Aktionsparameter der Oligopolisten. Jeder Anbieter sieht die Menge, die die Konkurrenten ausbringen, als Datum an. Die Preiselastizität der Nachfrage aus der Sicht des einzelnen Anbieters ist um so größer, je kleiner der Marktanteil ist. Wahr oder falsch?

7. Die inverse Gesamtnachfragefunktion ist $p = 12\text{-}0{,}1x$. Es gibt zwei Anbieter. Die Menge ist Aktionsparameter. Jeder sieht die Menge des anderen als Datum an. Die Produktion ist kostenlos. In der Ausgangssituation produziert jeder Anbieter 30 Einheiten. Die insgesamt produzierte Menge $x = 60$ wird zum Monopolpreis $p = 6$ verkauft. Die Anbieter prüfen, ob sie ihren Gewinn erhöhen können, wenn sie die Ausbringungsmenge um 10 Einheiten erhöhen. Zu welchem Ergebnis kommen sie? Kommentieren Sie das Ergebnis.

8. Im homogenen Dyopol sieht jeder der Anbieter die Menge des anderen als Datum an. Die konstanten Grenzkosten sind bei beiden Anbietern gleich drei. Die Elastizität der Gesamtnachfrage ist konstant und gleich zwei. Der Gleichgewichtspreis ist 4. Ist das wahr?

9. Im homogenen Oligopol ist $p = a\text{-}bx$ die inverse Gesamtnachfragefunktion. Die Menge ist Aktionsparameter. Es gibt n Oligopolisten, die sich als Cournot-Oligopolisten verhalten. Die konstanten Grenzkosten sind bei allen gleich c. Der Gleichgewichtspreis ist

$$p = \frac{a + nc}{n + 1}$$

Ist das wahr?

10. Wie hoch ist unter den Annahmen der Aufgabe 9 der Gleichgewichtspreis, wenn alle Oligopolisten eine Stücksteuer von t zu zahlen haben?

11. Welche Annahmen über die Reaktion der Konkurrenten liegen der **Theorie der geknickten Nachfragekurve** zugrunde?

12. Mit Hilfe der Theorie der geknickten Nachfragekurve kann man die (behauptete) **Preisstarrheit** im Oligopol erklären. Warum?

13. Kann es auch im **homogenen Oligopol** eine **geknickte Nachfragekurve** geben? Wie würde diese verlaufen?

14. In Abbildung G.1 ist N die Gesamtnachfragekurve nach dem Gut X. Es gibt einen großen Anbieter, der den Preis setzt, und mehrere kleine Anbieter, die den Preis als Datum ansehen und die Menge ausbringen, bei der ihre Grenzkosten gleich dem Preis sind, den der **Teilmonopolist** setzt. Die aggregierte Angebotskurve der kleinen Anbieter ist ΣK'. Die konstanten Grenzkosten des Teilmonopolisten sind b. Bestimmen Sie graphisch den Preis, bei dem der Teilmonopolist seinen Gewinn maximiert.

Abb. G.1

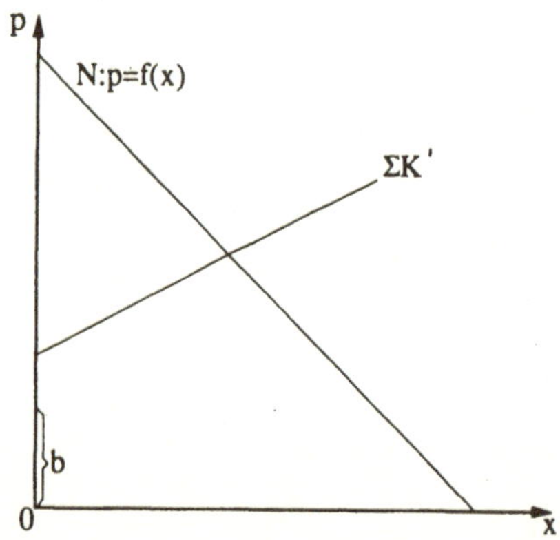

15. Professor D. lädt in seiner Vorlesung die Studenten zu einem Kartenspiel ein. Er gibt den Studenten A und B jeweils zwei Karten, ein As und eine Sieben. Die Studenten geben eine Karte ihrer Wahl zurück. Wenn beide - unabhängig handelnd - das As zurückgeben, zahlt Professor D. jedem 5 DM. Wenn beide die Sieben zurückgeben, müssen sie jeweils 5 DM an Professor D. zahlen. Wenn einer der Studenten eine Sieben zurückgibt, der andere das As, erhält Professor D. nichts. In diesem Fall erhält derjenige, der die Sieben zurückgibt, 10 DM von dem Studenten, der sich für das As entschieden hat.

    a. Stellen Sie die möglichen Ergebnisse in einer Gewinnmatrix dar. Kommentieren Sie die Matrix.

    b. Was ist spieltheoretisch für A und B jeweils die dominante Strategie?

    c. Wären Sie bereit, an dem Spiel teilzunehmen? Erläutern Sie Ihre Antwort.

16. Erläutern Sie, wie durch **bewußtes Parallelverhalten** die Rationalitätenfalle des Gefangenendilemmas überwunden werden kann.

17. Nennen Sie die wichtigsten Faktoren, die es erleichtern, durch koordiniertes Verhalten im Oligopol höhere Preise als bei wettbewerblichem Verhalten zu erzielen.

18. Der Spieler A kann zwischen den beiden Strategien r_1 und r_2, der Spieler B zwischen den Strategien s_1 und s_2 wählen. Die möglichen Ergebnisse werden durch die folgende Gewinnmatrix wiedergegeben.

		Spieler B	
		s_1	s_2
Spieler A	r_1	2/2	1/3
	r_2	0/0	3/1

Jeder Spieler wählt die Strategie, die ihm bei gegebener Strategie des Gegenspielers den höchsten Gewinn bringt.

a. A muß sich zuerst für eine der Strategien r_1 oder r_2 entscheiden. Erst danach wählt B seine Strategie. Wie hoch ist der Gewinn des B?

b. B, der seine Entscheidung erst nach A treffen kann, droht A, die Strategie s_1 zu wählen, falls A r_2 wählt. Welche Wirkung hat die Drohung des B?

c. B entscheidet als erster über seine Strategie. Wie hoch ist der Gewinn des B?

19. Der Spieler A kann zwischen den Strategien r_1 und r_2, B zwischen den Strategien s_1 und s_2 wählen. Es ergibt sich folgende Gewinnmatrix

		Spieler B	
		s_1	s_2
Spieler A	r_1	2/1	1/4
	r_2	0/1	4/0

Ist es für A vorteilhaft, wenn er als erster seine Strategie wählen kann?

Lösungen der Aufgaben 1 - 19

1. Ein **Oligopol** liegt vor, wenn es auf einem Markt nur **wenige Anbieter** gibt. Es gibt wenige Anbieter, wenn die Aktionen des einzelnen Anbieters fühlbare Auswirkungen auf den Absatz der Konkurrenten haben. Ein Oligopolist muß deshalb mit Reaktionen der Konkurrenten rechnen.

2. Da Aktionen des einzelnen Oligopolisten zu Reaktionen der Konkurrenten führen können, wird der Oligopolist die erwarteten Reaktionen der Konkurrenten in sein Kalkül einbeziehen. Seine Aktionen werden durch die erwarteten Reaktionen der Konkurrenten beeinflußt. In den Oligopolpreistheorien muß man deshalb Annahmen über die von den Oligopolisten erwarteten Reaktionen machen, die man **Reaktionshypothesen** nennt. Die Ergebnisse, zu denen man in den Oligopolpreistheorien gelangt, hängen von den Reaktionshypothesen ab. Die Reaktionshypothesen sind daher ein das Ergebnis der preistheoretischen Analysen bestimmendes Kernstück aller Oligopolpreistheorien.

3. Im Cournot-Modell für das homogene Oligopol, in dem die Menge Aktionsparameter der Oligopolisten ist, erwartet jeder, daß die Konkurrenten auf Mengenänderungen **nicht reagieren**. Jeder Oligopolist sieht die Mengen, die die anderen ausbringen, als Datum an.

4. Im Cournot-Modell ist

$$\frac{dx_2}{dx_1} = \frac{dx_1}{dx_2} = 0$$

5. Es ist

$$\frac{dx_2}{dx_1} = \frac{dx_1}{dx_2} = -1$$

Der einzelne Oligopolist, der seine Ausbringungsmenge ändert, erwartet, daß sich die insgesamt produzierte Menge nicht ändert. Er erwartet also auch, daß sich der Marktpreis nicht ändert. Die **Preiselastizität** der Nachfrage aus der Sicht des einzelnen Oligopolisten ist daher wie bei vollständiger Konkurrenz **unendlich**.

6. **Wahr!** Die individuelle Preiselastizität der Nachfrage aus der Sicht des einzelnen Anbieters ist

$$\varepsilon_i = -\frac{dx_i}{dp} \cdot \frac{p}{x_i}$$

Da aus der Sicht des einzelnen Anbieters seine Mengenänderung gleich der Änderung der Gesamtmenge ist, gilt:

$$\varepsilon_i = -\frac{dx}{dp} \cdot \frac{p}{x_i}$$

$$= -\frac{dx}{dp} \cdot \frac{p}{x} \cdot \frac{x}{x_i}$$

Da $-\frac{dx}{dp} \cdot \frac{p}{x}$ die Elastizität der Gesamtnachfrage ε_m und x_i/x der Marktanteil MA_i ist, erhält man:

$$\varepsilon_i = \frac{\varepsilon_m}{MA_i}$$

7. In der Ausgangssituation erzielen beide Anbieter einen Gewinn von $6 \cdot 30 = 180$. (Wegen der Annahme kostenloser Produktion ist der Gewinn gleich dem Erlös). Aus $p = 12\text{-}0{,}1x_1\text{-}0{,}1x_2$ und der Annahme, der erste Anbieter sehe die Menge x_2=30, die der zweite Anbieter bisher ausgebracht hat, als Datum an, ergibt sich als Preisabsatzfunktion des ersten Anbieters:

$$p = 12 - 0{,}1x_1 - 0{,}1 \cdot 30$$

$$p = 9 - 0{,}1x_1$$

Wenn der erste Anbieter prüft, ob es sich lohnt, die Menge von x_1=30 auf x_1=40 zu erhöhen, erwartet er, daß infolge der Mengenänderung der Preis von p=6 auf p=9-0,1·40=5 sinkt. Der erwartete Gewinn des ersten Anbieters beträgt 5·40=200. Der erste Anbieter kommt also zu dem Ergebnis, daß es sich lohnt, die Ausbringungsmenge um 10 zu erhöhen, weil er seinen Gewinn um 20 steigern kann. Zu dem gleichen Ergebnis kommt auch der zweite Anbieter. Wenn allerdings beide Anbieter ihre Menge auf 40 erhöhen, sinkt der Preis auf p=4. Der Gewinn der Anbieter sinkt auf 160. Die Anbieter stehen sich schlechter als in der Ausgangssituation, die die Monopollösung ist. Das Beispiel zeigt: Im homogenen Dyopol ergibt sich bei den Verhaltensannahmen, die dem Beispiel zugrunde lagen, ein Preis, der niedriger ist als der Monopolpreis.

8. Der einzelne Dyopolist maximiert seinen Gewinn, wenn sein Grenzerlös gleich den Grenzkosten ist.

$$p \cdot \left(1 - \frac{1}{\varepsilon_i}\right) = 3$$

Die Preiselastizität der Nachfrage aus der Sicht des einzelnen Anbieters, der die Menge des Konkurrenten als Datum ansieht, ist der Quotient aus der Elastizität der Marktnachfrage ε_m und dem Marktanteil MA_i.

$$\varepsilon_i = \frac{\varepsilon_m}{MA_i}$$

Das gleiche gilt auch für den zweiten Anbieter.

$$\varepsilon_j = \frac{\varepsilon_m}{MA_j}$$

Wegen $p \cdot \left(1 - \frac{1}{\varepsilon_i}\right) = 3$ und $p \cdot \left(1 - \frac{1}{\varepsilon_j}\right) = 3$ ist $p \cdot \left(1 - \frac{1}{\varepsilon_i}\right) = p \cdot \left(1 - \frac{1}{\varepsilon_j}\right)$.

Also ist im Gleichgewicht $\varepsilon_i = \varepsilon_j$.

Daraus folgt:

$$\frac{\varepsilon_m}{MA_i} = \frac{\varepsilon_m}{MA_j}$$

Somit ist $MA_i = MA_j = 0{,}5$.

Da die Preiselastizität der Marktnachfrage gleich 2 ist, ist $\varepsilon_i = 2/0{,}5 = 4$.

Setzt man diesen Wert für ε_i in

$$p \cdot \left(1 - \frac{1}{\varepsilon_i}\right) = 3$$

ein, erhält man:

$$p \cdot \left(1 - \frac{1}{4}\right) = 3 \quad \Rightarrow \quad p \cdot \frac{3}{4} = 3 \quad \Rightarrow \quad \mathbf{p = 4}$$

9. Der einzelne Anbieter bringt die Menge aus, bei der die Bedingung Grenzerlös gleich Grenzkosten erfüllt ist.

$$p \cdot \left(1 - \frac{1}{\varepsilon_i}\right) = c$$

Die Preiselastizität der Nachfrage aus der Sicht des einzelnen Anbieters, der die Mengen als Datum ansieht, die die Konkurrenten ausbringen, ist

$$\varepsilon_i = \frac{\varepsilon_m}{MA_i}$$

Da $\varepsilon_m = \frac{p}{a-p}$ und der Marktanteil des einzelnen Anbieters im Gleichgewicht gleich 1/n ist, erhält man:

$$\varepsilon_i = \frac{n \cdot p}{a - p}$$

Setzt man diesen Wert für ε_i in die erste Gleichung ein, ergibt sich:

$$p \cdot \left(1 - \frac{a-p}{n \cdot p}\right) = c \quad \Rightarrow \quad p \cdot \frac{n \cdot p - a + p}{n \cdot p} = c \quad \Rightarrow \quad np + p = a + nc$$

$$\Rightarrow \quad p \cdot (n+1) = a + nc \quad \Rightarrow \quad p = \frac{a+nc}{n+1}$$

10. Der einzelne Anbieter maximiert seinen Gewinn, wenn er die Bedingung

$$p \cdot \left(1 - \frac{1}{\varepsilon_i}\right) = c + t$$

erfüllt. Wegen $\varepsilon_i = \frac{n \cdot p}{a-p}$ (siehe Aufgabe 9) erhält man:

$$p \cdot \left(1 - \frac{a-p}{n \cdot p}\right) = c + t \quad \Rightarrow \quad p \cdot \frac{n \cdot p - a + p}{n \cdot p} = c + t$$

$$p \cdot (n+1) = a + nc + nt \quad \Rightarrow \quad p = \frac{a+nc}{n+1} + \frac{n}{n+1} \cdot t$$

Man erkennt: Der Teil der Steuer, der überwälzt wird, ist um so größer, je größer die Zahl der Oligopolisten ist. Wenn n gegen unendlich geht, steigt nach der Erhebung der Steuer der Preis um den vollen Betrag der Stücksteuer. Im Monopolfall ist n=1; nur die Hälfte der Steuer wird "überwälzt".

11. Es wird unterstellt, der einzelne Oligopolist erwarte, daß seine Konkurrenten auf **Preiserhöhungen nicht reagieren, Preissenkungen jedoch mitmachen**.

12. Die Preisabsatzfunktion des einzelnen Anbieters hat **bei dem geltenden Preis einen Knick**. Die Grenzerlöskurve hat bei dem Abszissenwert, bei dem die Preisabsatzfunktion einen Knick hat, eine Sprungstelle. Kostenänderungen, die zu einer Verschiebung der Grenzkostenkurve führen, bewirken keine Preisänderung, wenn die neue Grenzkostenkurve durch die Sprungstelle der Grenzerlöskurve geht. Auch wenn die Nachfrage steigt oder sinkt, mag die Grenzkostenkurve dennoch die nach rechts oder links verschobene Grenzerlöskurve bei der Sprungstelle "schneiden". Auch in diesem Fall ändert sich der gewinnmaximale Preis nicht. Da mäßige Kostenänderungen und Änderungen der Nachfrage nicht zu einer Preisänderung führen, kann mit Hilfe der Theorie der geknickten Nachfragekurve die Preisstarrheit im Oligopol erklärt werden.

13. **Ja**. Der Unterschied zum heterogenen Oligopol besteht darin, daß der Knick ausgeprägter ist. Der Oligopolist, der im homogenen Oligopol seinen Preis erhöht und erwartet, daß die Konkurrenten ihre Preise konstant halten, muß damit rechnen, daß er seinen gesamten Absatz verliert, sofern die Konkurrenten in der Lage sind, die gesamte zusätzliche Nachfrage zu befriedigen. Die Preisabsatzfunktion verläuft wie in Abbildung G.2 in Höhe des bisher verlangten Preises p_0 horizontal bis zur Menge x_0, die der Oligopolist bisher ausgebracht hat.

Abb. G.2

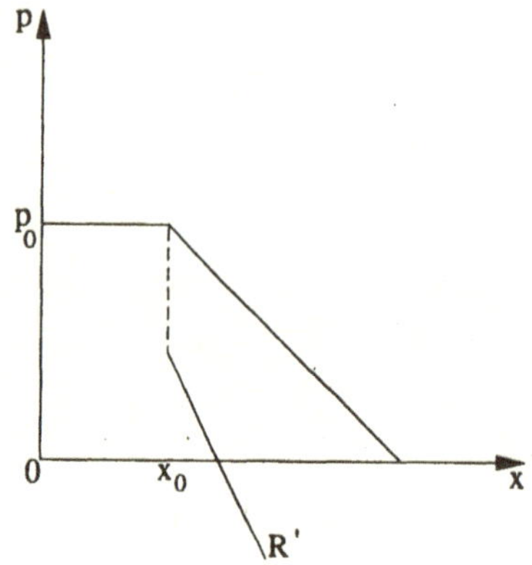

Die Grenzerlöskurve fällt bis zur Menge x_0 mit der Preisabsatzfunktion zusammen und hat an der Stelle x_0 eine Sprungstelle.

14. Die Menge, die der Teilmonopolist bei alternativen Preisen absetzt, ergibt sich, indem man von der Gesamtnachfrage die Menge subtrahiert, die die kleinen Anbieter bei alternativen Preisen anbieten.

Aus Abbildung G.3 ersieht man, daß bei dem Preis p_1 die kleinen Anbieter die gesamte Menge anbieten, die zu diesem Preis nachgefragt wird. Der Teilmonopolist könnte also zum Preis p_1 nichts verkaufen. Andererseits bieten die kleinen Anbieter bei einem Preis, der gleich oder kleiner als p_2 ist, nichts an.

Abb. G.3

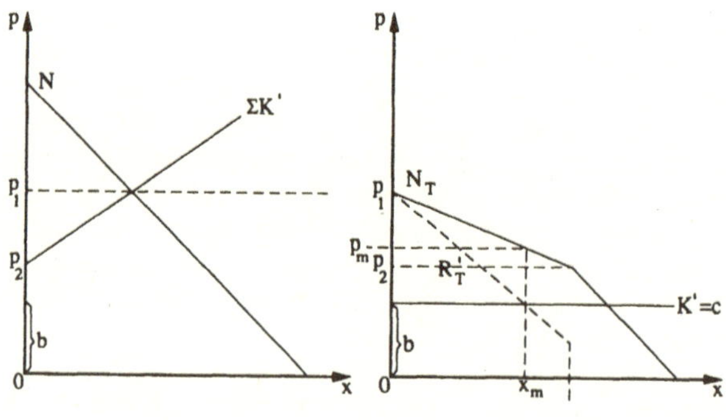

Bei Preisen, die gleich oder kleiner als p_2 sind, ist die Marktnachfragekurve die Preisabsatzfunktion des Teilmonopolisten. Die Preisabsatzfunktion des Teilmonopolisten N_T beginnt beim Preis p_1, hat bei dem Preis p_2 einen Knick und fällt dann mit der Marktnachfragekurve zusammen. Die entsprechende Grenzerlöskurve ist R'_T, die dort eine Sprungstelle hat, wo die Preisabsatzfunktion einen Knick aufweist. Die Grenzerlöskurve schneidet die Grenzkostenkurve bei der Menge x_m. Der gewinnmaximale Preis ist p_m.

15. a. Es ergibt sich folgende Gewinnmatrix

		Student B	
		7	As
Student A	7	-5/-5	+10/-10
	As	-10/+10	+5/+5

Durch die Gewinnmatrix wird ein Spiel beschrieben, das man **Gefangenendilemma** nennt.

b. Für beide Spieler besteht die dominante Strategie darin, die Sieben zu spielen. Betrachten wir die Möglichkeiten des Spielers A, dessen Gewinne in der Matrix an erster Stelle erscheinen. Wenn B die Sieben spielt, ist es für A am besten, auch die Sieben zu spielen. Zwar erleidet er einen Verlust von 5 DM. Sein Verlust wäre aber noch höher, nämlich 10 DM, wenn er das As zurückgeben würde. Wenn B das As zurückgibt, erzielt A einen Gewinn von 10 DM, wenn er die Sieben abgibt, aber nur einen Gewinn von 5 DM, wenn er ebenfalls das As zurückgibt. Es ist also für A stets das beste, die Sieben zu spielen. Das gleiche gilt für B. Auch für ihn ist es die dominante Strategie, die Sieben zu spielen.

c. Wenn man sicher wäre, daß der Mitspieler das Spiel spielt, das durch die Gewinnmatrix beschrieben wird, könnte man einen Verlust von 5 DM nicht vermeiden. Es wäre am besten, an dem Spiel nicht teilzunehmen. Doch kann man hoffen, daß der Mitspieler ein ganz anderes Spiel spielt, nämlich das Spiel "den Prof. schröpfen". Spieler A mag etwa denken: Wenn ich das As spiele, könnte B 10 DM gewinnen, wenn er die Sieben spielt. Das würde aber bedeuten, daß er vor dem Auditorium als Spielverderber erscheint, der den Studenten die Freude genommen hat, Zeuge bei einem Spiel zu sein, das entgegen den Intentionen des Erfinders zeigt, wie man einen Professor schröpft. Der Ansehensverlust wiegt, so sagt sich A, in den Augen von B schwerer als der mögliche Geldgewinn bei unsolidarischem Verhalten. Also kann ich hoffen, daß B das As spielt. Wenn B das gleiche Vertrauen in A setzt, mögen beide durch Teilnahme an dem Spiel hoffen, 5 DM zu gewinnen.

16. Es sei angenommen, daß zwei Dyopolisten jeweils zwischen dem niedrigeren Preis p_1 und dem höheren Preis p_2 wählen können. Es ergebe sich folgende Gewinnmatrix

		B: p_1^B	B: p_2^B
A	p_1^A	4/4	6/3
	p_2^A	3/6	5/5

Bei gegebenem Preis des Konkurrenten ist es für jeden Dyopolisten am besten, den Preis p_1 zu setzen. p_1 ist für beide die dominante Strategie. Wenn aber beide p_1 setzen, erzielen sie nur einen Gewinn von vier. Wenn es sich nicht um ein einmaliges Spiel handelt, kann jeder Oligopolist, der den Preis auf p_2 erhöht, jedoch hoffen, daß der Konkurrent die Preiserhöhung mitmacht. Wenn A den Preis von p_1^A auf p_2^A erhöht, wird B bedenken, daß seine Entscheidung Rückwirkungen auf A hat. B wird erwarten, daß A seine Preiserhöhung rückgängig macht, wenn B nicht seinerseits den Preis auf p_2^B erhöht. Da B sich schlechter steht, wenn beide den Preis p_1 setzen, wird er sich entscheiden, den Preis auf p_2^B zu erhöhen. Wenn nun der Preisführer A erwartet, daß B bei seiner Entscheidung die oligopolistische Reaktionsverbundenheit berücksichtigt, wird A damit rechnen, daß B die Preiserhöhung mitmacht. Wenn also beide Oligopolisten in vollem Bewußtsein der oligopolistischen Reaktionsverbundenheit handeln, kann die Rationalitätenfalle des Gefangenendilemmas überwunden werden.

17. Es ist um so leichter, durch koordiniertes Verhalten oligopolistisch überhöhte Preise zu erzielen,

- je kleiner die Zahl der Oligopolisten ist,
- je schwieriger es ist, Preissenkungen vor Konkurrenten geheim zu halten,
- je stabiler die Nachfrage und die Kostenstruktur sind,
- je homogener die Produkte sind,
- je geringer die Kosten der Lagerhaltung sind.

18. a. A erkennt, daß B s_2 wählt, wenn er sich für r_1 entscheidet. Der Gewinn des A wäre eins. Wählt A die Strategie r_2, ist es für B am besten, s_2 zu wählen. Der Gewinn des A wäre drei. Also entscheidet sich A für r_2. **Der Gewinn des B ist eins.**

    b. Die Drohung soll bewirken, daß A sich nicht für Strategie r_2 entscheidet, weil A nur einen Gewinn von Null erzielt, wenn B seine Drohung wahr macht. Wählt A r_1, erzielt er einen Gewinn von eins statt Null, wenn B die in diesem Fall für ihn günstigste Strategie s_2 wählt. Der Gewinn des B wäre dann gleich drei. Das Problem des B besteht darin, daß bei gegebener Gewinnmatrix die Drohung nicht glaubhaft ist. Spielt nämlich A r_2, so würde sich B selbst bestrafen, wenn er seine Drohung wahr macht. Es kann in einer solchen Situation im Interesse des B sein, Vorkehrungen zu treffen, die ihn schlechter stellen, falls er auf r_2 mit s_2 antwortet. Wenn er zum Beispiel bei der Kombination $r_2\ s_2$ statt eines Gewinns von eins einen Verlust von eins erleidet, könnte er A veranlassen, r_1 zu wählen.

c. Wenn B als erster über seine Strategie entscheidet, wählt er s_1. A wählt r_1. **Der Gewinn des B ist zwei.**

19. **Nein!** Wenn A beginnt, entscheidet er sich für r_1. B wählt s_2. Der Gewinn des A ist eins, der des B vier. Wenn B beginnt, entscheidet sich B für s_1, A für r_1. Der Gewinn des A ist zwei und somit höher, als wenn A beginnt.

Ergänzende Aufgaben speziell zur Kartellpreisbildung

20. Was ist ein Kartell?

21. Es gibt in einer Branche vier Unternehmen, die ein homogenes Gut herstellen. Das Unternehmen A erhöht zum 1.12.1990 den Preis für sein Produkt von 10 DM auf 12 DM. In den folgenden Tagen erhöhen auch die Unternehmen B, C und D mit sofortiger Wirkung den Preis von 10 auf 12 DM. Das Bundeskartellamt meint, daß hier ein nach § 1 GWB verbotenes Preiskartell vorliegen müsse. Stimmen Sie zu?

22. Die Unternehmen der Branche B vereinbaren, ihre Werbeausgaben im kommenden Jahr nicht zu erhöhen. Ist das ein Verstoß gegen das Kartellverbot des § 1 GWB?

23. In einem reinen Preiskartell wird ineffizient produziert. Warum?

24. Durch ein reines Preiskartell wird nur der Preiswettbewerb ausgeschaltet. Es besteht die Tendenz zu einem verschärften Wettbewerb mit anderen Aktionsparametern. Warum?

25. Als Folge eines reinen Preiskartells kommt es häufig zu verschärftem Qualitätswettbewerb. Da Qualitätswettbewerb wichtiger ist als Preiswettbewerb, ist in diesen Fällen ein Preiskartell gesamtwirtschaftlich wünschenswert. Teilen Sie diese Meinung?

26. Preiskartelle sind instabil. Warum?

27. Durch ein Quotenkartell kann der Wettbewerb wirkungsvoller beschränkt werden als durch ein reines Preiskartell. Ist das wahr?

28. Welche Ausnahmen vom Kartellverbot gibt es in den §§ 2-8 GWB?

29. Die Kostenfunktion aller Unternehmen einer Branche ist

$$K = 4 + 2x_i + x_i^2$$

Es ist x_i die Menge, die von dem einzelnen Unternehmen produziert wird. Die inverse Gesamtnachfragefunktion ist

$$p = 12 - 0{,}1x$$

a. Bei vollständiger Konkurrenz produzieren in der Ausgangssituation alle Unternehmen im Minimum der Stückkosten. Wie groß ist die Zahl der Unternehmen, die das Gut X anbieten? Wie hoch ist der Marktpreis p?

b. Die Unternehmen der Branche bilden ein Kartell. Alle erhalten die gleiche Quote. Wie hoch ist der Kartellpreis, bei dem der Gewinn maximiert wird?

Lösungen der Aufgaben 20 - 29

20. Ein **Kartell** ist ein Vertrag zwischen Unternehmen, der geeignet ist, die Marktverhältnisse durch **Beschränkung des Wettbewerbs** zu beeinflussen. (Vergleiche § 1 GWB).

21. Es **kann** ein nach § 1 GWB verbotenes **Preiskartell** vorliegen. Aus den in wenigen Tagen erfolgenden parallelen Preiserhöhungen der vier Unternehmen um den gleich Betrag kann man aber **nicht zwingend** folgern, daß ein Kartell vorliegen muß. Zu den parallelen Preiserhöhungen könnte es auch gekommen sein, weil sich die Oligopolisten abgestimmt haben, ohne daß ein Vertrag im Sinne von § 1 GWB zustandegekommen ist. Allerdings wäre auch in diesem Fall das Verhalten der Unternehmen rechtswidrig, da ein Verstoß gegen § 25 GWB vorläge, der **abgestimmtes Verhalten** verbietet. Die parallelen Preiserhöhungen können aber auch Folge **bewußten Parallelverhaltens** sein. Die Konkurrenten des A mögen unabhängig voneinander zu dem Schluß gekommen sein, es sei für sie das beste, ihre Preise ebenfalls von 10 DM auf 12 DM zu erhöhen, da sie erwarten, daß A sonst seine Preiserhöhung rückgängig machen werde. Ein solches Handeln im Bewußtsein der oligopolistischen Reaktionsverbundenheit stellt keinen Verstoß gegen eine Bestimmung des GWB dar.

22. **Ja!** Die Unternehmen binden sich hinsichtlich des Einsatzes des Aktionsparameters Werbung. Die Freiheit zum Einsatz eines Aktionsparameters wird vertraglich beschränkt. Das ist ein Verstoß gegen § 1 GWB, sofern die vertragliche Beschränkung geeignet ist, die Marktverhältnisse zu beeinflussen.

23. Effiziente Produktion setzt voraus, daß die **Grenzkosten** aller Unternehmen, die das gleiche Gut produzieren, **gleich** groß sind. Da sich in einem reinen Preiskartell die Menge zufällig auf die Anbieter verteilt, ist die Bedingung für effiziente (kostenminimale) Produktion in aller Regel nicht erfüllt.

24. In einem Preiskartell ist der **Preis höher als die Grenzkosten**. Der Gewinn des einzelnen Unternehmens steigt, wenn sich die abgesetzte Menge erhöht. Es lohnt sich deshalb für den einzelnen Anbieter zu versuchen, durch verstärkten Einsatz anderer Aktionsparameter Absatz auf Kosten der Konkurrenten zu gewinnen.

25. Es trifft zu, daß es als Folge eines reinen Preiskartells häufig zu verstärktem Qualitätswettbewerb kommt. Aber selbst wenn im allgemeinen Qualitätswettbewerb wichtiger ist als Preiswettbewerb, bedeutet dies **nicht**, daß jener **zusätzliche Qualitätswettbewerb**, zu dem es nur infolge der Blockierung des Aktionsparameters Preis kommt, **gesamtwirtschaftlich wünschenswert** ist. Auch bei

völlig freiem Wettbewerb findet Qualitätswettbewerb statt. Die Unternehmen werden die Qualität der Produkte verbessern, wenn das für sie lohnend ist. Es ist für die Unternehmen lohnend, wenn die Käufer bereit sind, für die verbesserten Produkte einen Preis zu zahlen, bei dem der zusätzliche Erlös, den die Unternehmen erzielen, die zusätzlichen Kosten mindestens deckt. Es werden also bei freiem Wettbewerb alle Qualitätsverbesserungen durchgeführt, deren Wert - gemessen an der Zahlungsbereitschaft der Käufer - mindestens so groß ist wie die zusätzlichen Kosten, die den Unternehmen entstehen. Daraus folgt: Jene Qualitätsverbesserungen, die nur deshalb vorgenommen werden, weil der Preis als Aktionsparameter blockiert ist, sind Verbesserungen, deren Wert geringer ist als die Kosten, die den Unternehmen entstehen. Das bedeutet: Jener zusätzliche Qualitätswettbewerb, zu dem es wegen der Blockierung des Aktionsparameters Preis kommt, stellt zum Teil eine volkswirtschaftliche Verschwendung dar.

26. In einem Preiskartell sind die Grenzkosten des einzelnen Anbieters niedriger als der Preis. Der einzelne kann seinen Gewinn erhöhen, wenn er Absatz auf Kosten der Konkurrenten gewinnt. Jedes einzelne Kartellmitglied hat daher einen **Anreiz, gegen die Kartellvereinbarung zu verstoßen** und den Preis heimlich zu senken. Wenn viele sich so verhalten, bricht das Kartell zusammen.

27. In einem reinen Preiskartell werden die Mitglieder des Kartells versuchen, durch verstärkten Einsatz der sonstigen Aktionsparameter die Absatzmenge zu erhöhen. In einem Quotenkartell gibt es diese Möglichkeit nicht, da die Menge, die der einzelne ausbringt, vertraglich festgelegt wird. Der Wettbewerb wird insofern im Quotenkartell wirksamer beschränkt. Allerdings besteht auch im Quotenkartell die Gefahr, daß sich die Mitglieder nicht an die Vereinbarungen halten. Auch ein Quotenkartell ist instabil.

28. Ausnahmen vom Kartellverbot sind Konditionenkartelle (§ 2 GWB), Rabattkartelle (§ 3 GWB), Strukturkrisenkartelle (§ 4 GWB), Rationalisierungskartelle (§ 5 GWB), Spezialisierungskartelle (§ 5a GWB), Kooperationskartelle (§ 5b GWB), Ausfuhrkartelle (§ 6 GWB), Einfuhrkartelle (§ 7 GWB) und Sonderkartelle (§ 8 GWB).

29. a. Um die Zahl der Unternehmen zu bestimmen, die bei Konkurrenz das Gut X anbieten, ist zunächst die Menge zu bestimmen, die im Stückkostenminimum produziert wird.

$$K = 4 + 2x_i + x_i^2$$

$$\frac{K}{x_i} = \frac{4}{x_i} + 2 + x_i$$

$$\frac{d\left(\frac{K}{x_i}\right)}{dx_i} = -\frac{4}{x_i^2} + 1 = 0$$

$$\mathbf{x_i = 2}$$

Das einzelne Unternehmen stellt pro Periode 2 Einheiten her, wenn es im Minimum der Stückkosten produziert. Die Stückkosten betragen für x_i=2

$$\frac{K}{x_i} = \frac{4}{2} + 2 + 2$$

$$= 6$$

Bei Konkurrenz bildet sich ein Preis von p=6. Kein Anbieter erzielt einen Gewinn. Um die Zahl der Unternehmen zu bestimmen, die das Gut X anbieten, ist die Menge zu ermitteln, die bei einem Preis p=6 nachgefragt wird.

$$p = 12 - 0{,}1x \quad ; \quad 6 = 12 - 0{,}1x \quad ; \quad x = 60$$

Es ist $n = x/x_i = 60/2 = 30$.

Das Gut X wird von 30 Unternehmen angeboten.

b. Die Mitglieder des Kartells maximieren den Gewinn, wenn sie die Bedingung Grenzerlös gleich Grenzkosten erfüllen.

Aus $K'(x_i) = 2 + 2x_i$

und $30x_i = x$ erhält man:

$$K'(x) = 2 + \frac{x}{15}$$

als Grenzkostenfunktion des Kartells.

Wegen $R'(x) = 12 - 0{,}2x$ gilt bei Gewinnmaximierung:

$$12 - 0{,}2x = 2 + \frac{x}{15} \quad \Rightarrow \quad 150 = 4x \quad \Rightarrow \quad x = \frac{150}{4} = \mathbf{37{,}5} \quad ; \quad \mathbf{x_i = 1{,}25}$$

Wegen $p = 12 - 0{,}1x$ ist $p = 12 - 0{,}1 \cdot 37{,}5$; $\mathbf{p = 8{,}25}$

Wenn jedes Unternehmen 1,25 Einheiten produziert, sind die Stückkosten

$$\frac{K}{x_i} = \frac{4}{1{,}25} + 2 + 1{,}25 \quad ; \quad \frac{K}{x_i} = 6{,}45$$

Der Gewinn des einzelnen Unternehmens beträgt

$$G = (8{,}25 - 6{,}45) \cdot 1{,}25 \; ; \quad G = \mathbf{2{,}25}$$

Algebraisch zu lösende Aufgaben zur Oligopolpreistheorie

30. Cournot-Dyopol bei kostenloser Produktion

Auf einem homogenen Markt gibt es zwei Anbieter. Die Produktion ist kostenlos. Die inverse Gesamtnachfragefunktion ist

$$p = 12 - 0{,}1x \qquad (x = x_1 + x_2)$$

Die Menge ist Aktionsparameter. Jeder Anbieter sieht die Menge, die der Konkurrent ausbringt, als Datum an und setzt die eigene Menge so fest, daß er bei gegebener Menge des Konkurrenten seinen Gewinn maximiert.

a. Leiten Sie für beide Anbieter die Funktion ab, die angibt, wie groß die gewinnmaximale Menge bei alternativen Ausbringungsmengen des Konkurrenten ist. Stellen Sie diese Funktionen, die man **Reaktionsfunktionen** nennt, graphisch in einem Koordinatensystem dar.

b. Bestimmen Sie algebraisch die Gleichgewichtsmengen, bei denen keiner der Anbieter einen Anreiz hat, die Ausbringungsmenge zu ändern. Wie hoch ist der einheitliche Marktpreis p? Wie hoch sind G_1 und G_2?

c. Bestimmen Sie den Preis, bei dem der Gesamtgewinn der Anbieter maximiert wird.

31. Cournot-Oligopol bei drei Anbietern

Im homogenen Oligopol ist die inverse Gesamtnachfragefunktion wie in Aufgabe 30

$$p = 12 - 0{,}1x \qquad (x = x_1 + x_2 + x_3)$$

Es gibt drei Anbieter. Jeder sieht die Ausbringungsmenge der Konkurrenten als Datum an. Leiten Sie die Reaktionsfunktionen der drei Anbieter ab und bestimmen Sie die Menge, die die Anbieter insgesamt ausbringen. Wie hoch ist der Preis p?

32. Stackelbergsches asymmetrisches Dyopol auf dem vollkommenen Markt

Auf einem heterogenen Markt gibt es zwei Anbieter. Die Menge ist Aktionsparameter. Die Produktion ist kostenlos. Die inverse Gesamtnachfragefunktion ist wie in Aufgabe 30

$$p = 12 - 0{,}1x \qquad (x = x_1 + x_2)$$

Der **zweite Anbieter** sieht die Menge, die der erste Anbieter ausbringt, als **Datum** an und bringt stets jene Menge aus, die für ihn bei gegebener Menge des ersten Anbieters gewinnmaximal ist. Der zweite Anbieter verhält sich als Cournot-Dyopolist. Er paßt sich entsprechend der in Aufgabe 30 abgeleiteten Reaktionsfunktion x_2=60-0,5x_1 an. Man sagt auch, er nehme die **Abhängigkeitsposition** ein.

Der **erste Anbieter** erkennt, daß sich der zweite Anbieter stets entsprechend der Reaktionsfunktion $x_2=60-0{,}5x_1$ anpaßt. Er bringt die Menge aus, die seinen Gewinn bei der erwarteten Reaktion des Konkurrenten maximiert. Der erste Anbieter setzt die Reaktion des Konkurrenten von vornherein in sein Kalkül ein. Er bringt die Menge aus, die seinen Gewinn nicht vor, sondern nach der Anpassung des zweiten Anbieters maximiert. Man sagt auch, daß er die **Unabhängigkeitsposition einnimmt.** Bestimmen Sie x_1, x_2 und x. Wie hoch ist der Preis p? Wie hoch sind die Gewinne G_1 und G_2?

33. **Cournot-Dyopol und asymmetrisches Dyopol mit Kosten**

Im homogenen Dyopol ist die inverse Gesamtnachfragefunktion

$$p = 12 - 0{,}1x \qquad (x = x_1 + x_2)$$

Die Kostenfunktionen der beiden Anbieter sind:

$$K_1 = 60 + 2x_1$$

$$K_2 = 20 + 4x_2$$

Bei beiden Anbietern ist die Menge Aktionsparameter.

a. Die Anbieter verhalten sich als Cournot-Dyopolisten. Leiten Sie die Reaktionsfunktionen ab. Bestimmen Sie die Mengen, die jeder der beiden Dyopolisten im Gleichgewicht ausbringt. Wie hoch sind der Preis und der Gewinn der beiden Anbieter?

b. Der erste Anbieter nimmt die Unabhängigkeitsposition, der zweite Anbieter die Abhängigkeitsposition ein. Bestimmen Sie x_1, x_2, x, p und die Gewinne G_1 und G_2.

34. **Cournot-Dyopol mit Steuern**

Die inverse Gesamtnachfragefunktion und die Kostenfunktionen sind wie in Aufgabe 33

$$p = 12 - 0{,}1x \qquad (x = x_1 + x_2)$$

$$K_1 = 60 + 2x_1$$

$$K_2 = 20 + 4x_2$$

Beide Anbieter verhalten sich als Cournot-Dyopolisten. Die Menge ist Aktionsparameter.

a. Anbieter 1 muß pro Ausbringungseinheit eine Steuer von 3 DM zahlen. Wie groß sind x_1, x_2 und p?

b. Beide Anbieter müssen pro Ausbringungseinheit eine Steuer von 1,50 DM zahlen. Wie groß sind x_1, x_2 und p?

35. **Heterogenes Oligopol: Launhardt-Hotelling-Lösung und asymmetrisches Dyopol**

Auf einem heterogenen Markt gibt es zwei Anbieter. Die Nachfragefunktionen sind:

$$x_1 = 120 - 2p_1 + p_2$$

$$x_2 = 120 - 2p_2 + p_1$$

Die Produktion ist kostenlos. Der **Preis ist Aktionsparameter.**

a. Jeder Anbieter sieht den Preis des anderen Anbieters als Datum an und setzt den eigenen Preis so fest, daß der Gewinn maximiert wird. Bestimmen Sie die Reaktionsfunktionen der Anbieter und stellen Sie diese graphisch dar. Wie hoch sind x_1, x_2, p_1, p_2, G_1 und G_2?

b. Anbieter 1 berücksichtigt bei der Festsetzung des Preises, daß Anbieter 2 sich stets gemäß der in Teilaufgabe a ermittelten Reaktionsfunktion anpaßt. Anbieter 1 nimmt also die Unabhängigkeitsposition, Anbieter 2 die Abhängigkeitsposition ein. Bestimmen Sie p_1 und p_2. Wie hoch sind G_1 und G_2?

c. Bei welchen Preisen wird der Gesamtgewinn maximiert?

36. **Heterogenes Dyopol mit Kosten**

Auf einem heterogenen Markt gibt es zwei Anbieter. Die Nachfragefunktionen sind:

$$x_1 = 120 - 2p_1 + p_2$$

$$x_2 = 120 - 2p_2 + p_1$$

Die Kostenfunktionen sind:

$$K_1 = 12x_1$$

$$K_2 = 12x_2$$

a. Jeder Anbieter sieht den Preis des anderen Anbieters als Datum an und setzt den eigenen Preis so fest, daß der Gewinn bei gegebenem Preis des Konkurrenten maximiert wird. Bestimmen Sie p_1, p_2, G_1 und G_2.

b. Der erste Anbieter nimmt die Unabhängigkeitsposition, der zweite die Abhängigkeitsposition ein. Bestimmen Sie p_1, p_2, G_1 und G_2.

c. Bei welchen Preisen wird der Gesamtgewinn maximiert?

Lösungen der Aufgaben 30 - 36

30. a. Wegen der Annahme kostenloser Produktion ist der Gewinn gleich dem Erlös. Der Gewinn des ersten Anbieters ist:

$$G_1 = p_1 x_1$$

$$G_1 = [12 - 0{,}1(x_1 + x_2)] \cdot x_1$$

$$G_1 = 12x_1 - 0{,}1x_1^2 - 0{,}1x_2x_1$$

Die gewinnmaximale Menge des ersten Anbieters findet man, indem man die Gewinnfunktion nach x_1 ableitet und die erste Ableitung gleich Null setzt. Da der Anbieter die Menge x_2 als Datum ansieht, ist x_2 bei der Ableitung als Konstante zu behandeln. Man erhält:

$$\frac{d(p_1 \cdot x_1)}{dx_1} = 12 - 0{,}2x_1 - 0{,}1x_2 = 0$$

$$0{,}2x_1 = 12 - 0{,}1x_2$$

$$\mathbf{x_1 = 60 - 0{,}5x_2}$$

Die letzte Gleichung gibt an, welche Mengen x_1 für den Anbieter 1 bei alternativen Ausbringungsmengen x_2 gewinnmaximal sind. Die Gleichung x_1=60-0,5x_2 ist also die **Reaktionsfunktion des ersten Anbieters.**

Ganz analog erhält man als **Reaktionsfunktion des Anbieters 2**

$$\mathbf{x_2 = 60 - 0{,}5x_1}$$

In Abbildung G.4 ist RF_1 der Graph der **Reaktionsfunktion x_1=60-0,5x_2** des Anbieters 1. Für x_2=0 erhält man x_1=60. Für x_2=120 erhält man x_1=0. Die Reaktionsfunktion des Anbieters 1 schneidet also die Abszisse bei x_1=60 und die Ordinate bei x_2=120.

Abb. G.4

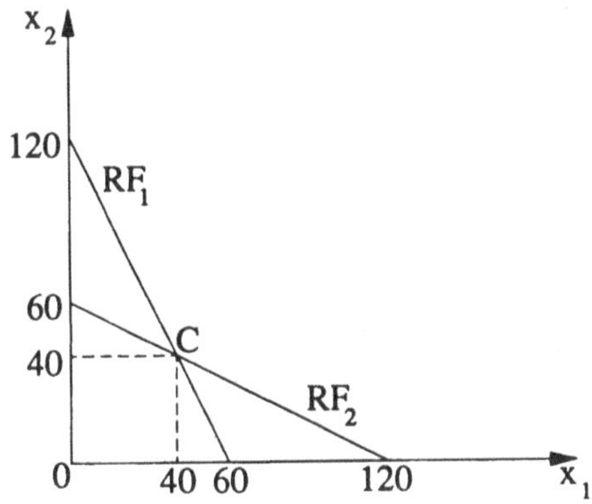

Der Graph der **Reaktionsfunktion** x_2=60-0,5x_1 des zweiten Anbieters ist RF_2. Die Reaktionsfunktionen RF_1 und RF_2 schneiden sich im Punkt C. Wenn die Anbieter die dem Punkt C entsprechenden Mengen x_1=40 und x_2=40 ausbringen, hat keiner der Anbieter einen Anlaß, die Ausbringungsmenge zu ändern. Deshalb sind x_1=40 und x_2=40 die gesuchten Gleichgewichtsmengen.

b. Die Gleichgewichtsmengen von x_1 und x_2 erhält man algebraisch als Lösung des Gleichungssystems

$$x_1 = 60 - 0{,}5x_2$$

$$x_2 = 60 - 0{,}5x_1$$

Durch Einsetzen erhält man:

$$x_1 = 60 - 0{,}5(60 - 0{,}5x_1) \quad \Rightarrow \quad x_1 = 30 + 0{,}25x_1 \quad \Rightarrow \quad 0{,}75x_1 = 30$$

$$\mathbf{x_1 = 40 \quad ; \quad x_2 = 40}$$

Insgesamt wird also die Menge **x=80** ($x=x_1+x_2$) ausgebracht.

Wegen $p = 12 - 0{,}1x$

erhält man $p = 12 - 0{,}1 \cdot 80$

$\mathbf{p = 4}$

Der einheitliche Marktpreis ist p=4. Die Oligopolisten erzielen einen Gewinn von **G_1=G_2=40·4=160**. Der Gesamtgewinn ist **G=320**.

c. Der Gesamtgewinn ist G=p·x.

$$G = p \cdot x = 12x - 0{,}1x^2$$

$$\frac{d(p \cdot x)}{dx} = 12 - 0{,}2x = 0$$

$$0{,}2x = 12$$

$$\mathbf{x = 60}$$

$$\mathbf{p = 6}$$

Soll der Gesamtgewinn maximiert werden, muß ein Preis von p=6 festgesetzt werden. Der Gesamtgewinn ist **G=6·60=360.**

In dem in Teilfrage 1 behandelten **Cournotschen Dyopol** wird der Gesamtgewinn nicht maximiert. Es wird im Cournotschen Dyopol eine größere Menge (x=80 statt x=60) ausgebracht, die nur zu dem niedrigeren Preis p=4 verkauft werden kann.

Anmerkung: In Aufgabe 9 wurde bereits abgeleitet, daß im homogenen Oligopol mit konstanten und für alle Oligopolisten gleichen Grenzkosten und bei der linearen inversen Nachfragefunktion p=a-bx sich bei Cournot-Verhalten der Preis

$$p = \frac{a + nc}{n + 1}$$

ergibt. In unserem Fall ist a=12, n=2 und c=0. Man erhält:

$$p = \frac{12}{3} \Rightarrow \mathbf{p = 4}$$

31.

$$G_1 = p \cdot x_1 = 12x_1 - 0{,}1(x_1 + x_2 + x_3) \cdot x_1$$

$$= 12x_1 - 0{,}1x_1^2 - 0{,}1x_2x_1 - 0{,}1x_3x_1$$

$$\frac{d(p \cdot x_1)}{dx_1} = 12 - 0{,}2x_1 - 0{,}1x_2 - 0{,}1x_3 = 0$$

$$0{,}2x_1 = 12 - 0{,}1x_2 - 0{,}1x_3$$

$$\mathbf{x_1 = 60 - 0{,}5x_2 - 0{,}5x_3}$$

Das ist die **Reaktionsfunktion des ersten Anbieters**. Analog erhält man:

$$x_2 = 60 - 0{,}5x_1 - 0{,}5x_3$$

$$x_3 = 60 - 0{,}5x_1 - 0{,}5x_2$$

Aus dem Gleichungssystem

$$x_1 = 60 - 0{,}5x_2 - 0{,}5x_3$$

$$x_2 = 60 - 0{,}5x_1 - 0{,}5x_3$$

$$x_3 = 60 - 0{,}5x_1 - 0{,}5x_2$$

erhält man durch Addition wegen $x_1+x_2+x_3=x$

$$x = 180 - x_1 - x_2 - x_3$$

$$2x = 180$$

$$\mathbf{x = 90}$$

Die Erhöhung der Zahl der Anbieter von zwei auf drei führt dazu, daß die Ausbringungsmenge von 80 auf 90 steigt. Wegen p=12-0,1x sinkt der Preis von p=4 in Aufgabe 30 b. auf **p=3**.

32. Die inverse Gesamtnachfragefunktion ist:

$$p = 12 - 0{,}1x_1 - 0{,}1x_2$$

Der erste Anbieter, der erwartet, daß sein Konkurrent sich entsprechend der Reaktionsfunktion x_2=60-0,5x_1 anpaßt, ermittelt seine Preisabsatzfunktion, indem er in

$$p = 12 - 0{,}1x_1 - 0{,}1x_2$$

x_2 durch 60-0,5x_1 ersetzt. Man erhält:

$$p = 12 - 0{,}1x_1 - 0{,}1 \cdot (60 - 0{,}5x_1) \quad \Rightarrow \quad p = 6 - 0{,}1x_1 + 0{,}05x_1 \quad \Rightarrow \quad \mathbf{p = 6 - 0{,}05x_1}$$

Dies ist die **Preisabsatzfunktion** des ersten **Anbieters, der die Unabhängigkeitsposition** einnimmt. Um die gewinnmaximale Menge für den ersten Anbieter zu erhalten, bildet man die Gewinnfunktion, die dann nach x_1 abgeleitet wird. Die Ableitung wird gleich Null gesetzt.

$$G_1 = p \cdot x_1 = 6x_1 - 0{,}05x_1^2$$

$$\frac{d(p \cdot x_1)}{dx_1} = 6 - 0{,}1x_1 = 0$$

$$\mathbf{x_1 = 60}$$

Wegen $x_2 = 60 - 0{,}5x_1$ erhält man:

$$\mathbf{x_2 = 30}$$

Die insgesamt ausgebrachte Menge ist $\mathbf{x=x_1+x_2=90}$. Der einheitliche Marktpreis ist $\mathbf{p=3}$. Es ist $G_1=180$, $G_2=90$.

Der Gewinn des ersten Anbieters, der die Unabhängigkeitsposition einnimmt, **ist größer** als im Cournot-Dyopol. Der **Gewinn des zweiten Anbieters**, der die Abhängigkeitsposition einnimmt, **ist kleiner. Es gilt $G_A<G_C<G_U$.**

33. a. Der Erlös des ersten Anbieters ist:

$$R_1 = p \cdot x_1 = 12x_1 - 0{,}1x_1^2 - 0{,}1x_2x_1$$

$$\frac{dR_1}{dx_1} = \frac{d(p \cdot x_1)}{dx_1} = 12 - 0{,}2x_1 - 0{,}1x_2$$

Bei Gewinnmaximierung ist der Grenzerlös gleich den Grenzkosten

$$12 - 0{,}2x_1 - 0{,}1x_2 = 2$$

$$0{,}2x_1 = 10 - 0{,}1x_2$$

$\mathbf{x_1 = 50 - 0{,}5x_2}$ **Reaktionsfunktion des ersten Anbieters**

Der Grenzerlös des zweiten Anbieters ist

$$\frac{dR_2}{dx_2} = 12 - 0{,}2x_2 - 0{,}1x_1$$

Bei Gewinnmaximierung muß $R'_2 = K'_2$ sein.

$$12 - 0{,}2x_2 - 0{,}1x_1 = 4 \quad \Rightarrow \quad 0{,}2x_2 = 8 - 0{,}1x_1$$

$\mathbf{x_2 = 40 - 0{,}5x_1}$ **Reaktionsfunktion des zweiten Anbieters**

Aus dem Gleichungssystem

$$x_1 = 50 - 0{,}5x_2$$

$$x_2 = 40 - 0{,}5x_1$$

erhält man:

$$x_1 = 50 - 0{,}5 \cdot (40 - 0{,}5x_1) \quad \Rightarrow \quad x_1 = 30 + 0{,}25x_1 \quad \Rightarrow \quad 0{,}75x_1 = 30$$

$$\mathbf{x_1 = 40} \quad ; \quad \mathbf{x_2 = 20} \quad ; \quad x = x_1 + x_2 = \mathbf{60} \quad ; \quad p = \mathbf{6}$$

Es ist
$$\mathbf{G_1} = 40 \cdot 6 - 60 - 2 \cdot 40 = \mathbf{100}$$

$$\mathbf{G_2} = 20 \cdot 6 - 20 - 4 \cdot 20 = \mathbf{20}$$

b. Die Preisabsatzfunktion des ersten Anbieters erhält man, wenn man in $p=12-0{,}1x_1-0{,}1x_2$ für x_2 die Reaktionsfunktion des zweiten Anbieters einsetzt. Man erhält:

$$p = 12 - 0{,}1x_1 - 0{,}1 \cdot (40 - 0{,}5x_1) \quad \Rightarrow \quad p = 12 - 0{,}1x_1 - 4 + 0{,}05x_1 \quad \Rightarrow \quad p = 8 - 0{,}05x_1$$

Als Grenzerlösfunktion ergibt sich:

$$R'_1 = 8 - 0{,}1x_1$$

Der Gewinn wird maximiert, wenn $R'_1 = K'_1$ ist.

$$8 - 0{,}1x_1 = 2 \quad \Rightarrow \quad 0{,}1x_1 = 6 \quad \Rightarrow \quad \mathbf{x_1 = 60}$$

$$\mathbf{x_2} = 40 - 30 = \mathbf{10} \quad ; \quad \mathbf{x = 70} \quad ; \quad \mathbf{p = 5}$$

$$\mathbf{G_1} = 60 \cdot 5 - 60 - 2 \cdot 60 = \mathbf{120}$$

$$\mathbf{G_2} = 10 \cdot 5 - 20 - 4 \cdot 10 = \mathbf{-10}$$

Der zweite Anbieter wird langfristig aus dem Markt ausscheiden. Er wird kurzfristig die Produktion aufrechterhalten, wenn die kurzfristig nicht vermeidbaren fixen Kosten größer als zehn sind.

34. a. Der Gewinn des ersten Anbieters ist:

$$G_1 = 12x_1 - 0{,}1x_1^2 - 0{,}1x_1x_2 - 60 - 2x_1 - t_1x_1$$

Der Gewinn wird maximiert, wenn die erste Ableitung Null ist.

$$\frac{\delta G_1}{\delta x_1} = 12 - 0{,}2x_1 - 0{,}1x_2 - 2 - t_1 = 0 \quad \Rightarrow \quad 0{,}2x_1 = 10 - t_1 - 0{,}1x_2$$

$$\mathbf{x_1 = 50 - 5t_1 - 0{,}5x_2}$$

Das ist die **Reaktionsfunktion des ersten Anbieters**. Die Reaktionsfunktion des zweiten Anbieters ist wie in Aufgabe 33

$$\mathbf{x_2 = 40 - 0{,}5x_1}$$

Aus dem Gleichungssystem

$$x_1 = 50 - 5t_1 - 0{,}5x_2$$

$$x_2 = 40 - 0{,}5x_1$$

erhält man:

$$x_1 = 40 - \frac{20}{3}t_1$$

$$x_2 = 20 + \frac{10}{3}t_1$$

Für t_1=3 ergibt sich:

$$x_1 = 20$$

$$x_2 = 30$$

Die Besteuerung des ersten Anbieters bewirkt also, daß die Ausbringungsmenge des zweiten Anbieters von 20 auf 30 steigt. Der Preis ist

$$p = 12 - 0{,}1 \cdot 50$$

$$p = 7$$

Infolge der Steuer von drei Mark, die der erste Anbieter pro Ausbringungseinheit zahlen muß, steigt also der Preis von 6 auf 7.

b. Wenn beide Anbieter eine Steuer von t_1=t_2=t zu zahlen haben, ergibt sich als Reaktionsfunktion des ersten Anbieters wie in Teilaufgabe a:

$$x_1 = 50 - 5t_1 - 0{,}5x_2$$

Der Gewinn des zweiten Anbieters ist

$$G_2 = 12x_2 - 0{,}1x_2^2 - 0{,}1x_1x_2 - 20 - 4x_2 - t_2x_2$$

$$\frac{\delta G_2}{\delta x_2} = 12 - 0{,}2x_2 - 0{,}1x_1 - 4 - t_2 = 0$$

$$0{,}2x_2 = 8 - t_2 - 0{,}1x_1$$

$$\mathbf{x_2 = 40 - 5t_2 - 0{,}5x_1}$$

Das ist die **Reaktionsfunktion des zweiten Anbieters.**

Aus dem Gleichungssystem

$$x_1 = 50 - 5t_1 - 0{,}5x_2$$

$$x_2 = 40 - 5t_2 - 0{,}5x_1$$

erhält man:

$$x_1 = 40 - \frac{20}{3}t_1 + \frac{10}{3}t_2$$

$$x_2 = 20 - \frac{20}{3}t_2 + \frac{10}{3}t_1$$

$$x = 60 - \frac{10}{3}t_1 - \frac{10}{3}t_2$$

$$\mathbf{x = 60 - \frac{10}{3}(t_1 + t_2)}$$

$$p = 12 - 0{,}1x$$

$$p = 12 - 0{,}1\left(60 - \frac{10}{3}(t_1 + t_2)\right)$$

$$\mathbf{p = 6 + \frac{1}{3}(t_1 + t_2)}$$

Für $t_1=t_2=1{,}5$ erhält man:

$$x_1 = 35$$

$$x_2 = 15$$

$$\mathbf{x = 50}$$

$$\mathbf{p = 7}$$

Der Preis und die insgesamt produzierte Menge sind also genauso hoch wie in Teilaufgabe a. Tatsächlich zeigen die Gleichungen

$$x = 60 - \frac{10}{3}(t_1 + t_2) \quad \text{und}$$

$$p = 6 + \frac{1}{3}(t_1 + t_2),$$

daß es nur von der **Summe der Steuersätze** t_1+t_2 abhängt, wie groß bei Besteuerung die ausgebrachte Menge und der Preis sind. Es kommt bei konstanten Grenzkosten der Oligopolisten nicht darauf an, wie hoch t_1 relativ zu t_2 ist!

35. a. Die Gewinnfunktion des ersten Anbieters lautet:

$$G_1 = 120p_1 - 2p_1^2 + p_2p_1$$

Um den gewinnmaximalen Preis zu ermitteln, bildet man die erste Ableitung nach p_1 und setzt diese gleich Null. Da Anbieter 1 den Preis p_2 als Datum ansieht, ist p_2 als Konstante anzusehen. Man erhält:

$$\frac{dG_1}{dp_1} = 120 - 4p_1 + p_2 = 0$$

$$4p_1 = 120 + p_2$$

$$\mathbf{p_1 = 30 + 0{,}25p_2}$$

Dies ist die **Reaktionsfunktion des ersten Anbieters.** Analog erhält man als **Reaktionsfunktion des zweiten Anbieters:**

$$\mathbf{p_2 = 30 + 0{,}25p_1}$$

Abb. G.5

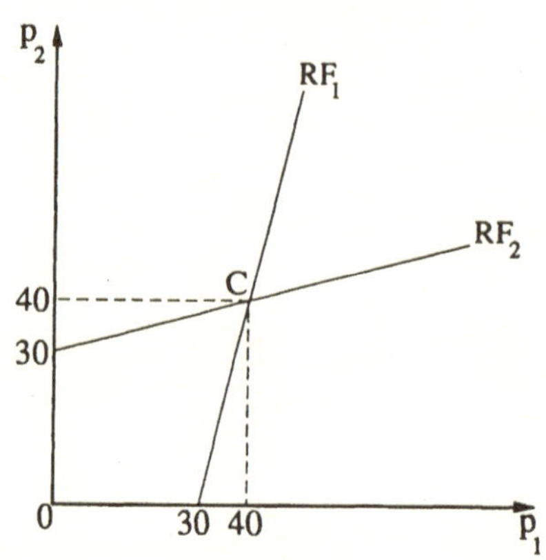

Nur im Punkt C, in dem sich die Reaktionsfunktion des ersten Anbieters (RF_1) und die Reaktionsfunktion des zweiten Anbieters (RF_2) schneiden, hat keiner der beiden Anbieter ein Interesse an einer Preisänderung. Jeder setzt den Preis so fest, daß er bei gegebenem Preis des Konkurrenten seinen Gewinn maximiert. Die dem Punkt C entsprechenden Preise p_1=40 und p_2=40 sind die gesuchten Gleichgewichtspreise. Man bezeichnet diese Lösung auch als **Launhardt-Hotelling-Lösung.**

Algebraisch findet man die Preise p_1 und p_2, indem man das aus den Reaktionsfunktionen bestehende Gleichungssystem

$$p_1 = 30 + 0{,}25p_2$$

$$p_2 = 30 + 0{,}25p_1$$

löst. Durch Einsetzen erhält man:

$$p_1 = 30 + 0{,}25 \cdot (30 + 0{,}25p_1)$$

$$\mathbf{p_1 = 40} \quad ; \quad \mathbf{p_2 = 40} \quad ; \quad x_1 = 120 - 2 \cdot 40 + 40 = \mathbf{80} \quad ; \quad x_2 = 120 - 2 \cdot 40 + 40 = \mathbf{80}$$

$$\mathbf{G_1 = 3200} \quad ; \quad \mathbf{G_2 = 3200}$$

b. Da der erste Anbieter erwartet, daß sich sein Konkurrent entsprechend der Reaktionsfunktion p_2 = 30+0,25 p_1 anpaßt, ergibt sich als erwartete Nachfragefunktion:

$$x_1 = 120 - 2p_1 + 30 + 0{,}25p_1 \quad \Rightarrow \quad x_1 = 150 - 1{,}75p_1$$

Um den gewinnmaximalen Preis zu finden, bildet man die Gewinnfunktion des ersten Anbieters und leitet diese nach p_1 ab.

$$G_1 = p_1 \cdot x_1 = 150p_1 - 1{,}75p_1^2$$

$$\frac{dG_1}{dp_1} = 150 - 3{,}5p_1 = 0$$

$$\mathbf{p_1 = 42{,}86}$$

Wegen p_2 = 30+0,25 p_1 erhält man:

$$\mathbf{p_2 = 40{,}71}$$

Durch Einsetzen ergibt sich:

$$x_1 = 75{,}00 \quad ; \quad x_2 = 81{,}42 \quad ; \quad G_1 = 3214{,}50 \quad ; \quad G_2 = 3315{,}42$$

Sowohl der Gewinn des Anbieters 1, der die Unabhängigkeitsposition einnimmt, als auch der Gewinn des Anbieters 2, der die Abhängigkeitsposition einnimmt, sind höher als bei der Launhardt-Hotelling-Lösung. Der Gewinn G_2 ist jedoch höher als G_1. Es ist also im heterogenen Oligopol **vorteilhaft, die Abhängigkeitsposition einzunehmen!**

c. Der Gesamtgewinn ist:

$$G = 120p_1 - 2p_1^2 + p_2p_1 + 120p_2 - 2p_2^2 + p_2p_1$$

$$\frac{\delta G}{\delta p_1} = 120 - 4p_1 + p_2 + p_2 = 0$$

$$\frac{\delta G}{\delta p_2} = 120 - 4p_2 + 2p_1 = 0$$

Aus dem Gleichungssystem

$$120 - 4p_1 + 2p_2 = 0$$

$$120 - 4p_2 + 2p_1 = 0$$

ergibt sich:

$$\mathbf{p_1 = 60 \quad ; \quad p_2 = 60 \quad ; \quad x_1 = 60 \quad ; \quad x_2 = 60 \quad ; \quad G_1 = G_2 = 3600}$$

36. a. Die Gewinnfunktion des ersten Anbieters ist:

$$G_1 = 120p_1 - 2p_1^2 + p_2p_1 - 12x_1$$

Um den Preis p_1 zu bestimmen, bei dem der erste Anbieter bei gegebenem Preis des zweiten Anbieters seinen Gewinn maximiert, bildet man die erste Ableitung der Gewinnfunktion nach p_1.

$$\frac{dG_1}{dp_1} = 120 - 4p_1 + p_2 - 12\frac{dx_1}{dp_1}$$

Wegen $x_1 = 120 - 2p_1 + p_2$ ist

$$\frac{dx_1}{dp_1} = -2$$

$$\frac{dG_1}{dp_1} = 120 - 4p_1 + p_2 - 12 \cdot (-2)$$

$$\frac{dG_1}{dp_1} = 144 - 4p_1 + p_2 = 0$$

$$4p_1 = 144 + p_2$$

$$\mathbf{p_1 = 36 + \frac{p_2}{4}}$$

Das ist die **Reaktionsfunktion des ersten Anbieters**. Analog erhält man als **Reaktionsfunktion des zweiten Anbieters:**

$$\mathbf{p_2 = 36 + \frac{p_1}{4}}$$

Aus dem Gleichungssystem

$$p_1 = 36 + \frac{p_2}{4}$$

$$p_2 = 36 + \frac{p_1}{4}$$

erhält man:

$$\mathbf{p_1 = 48} \quad ; \quad \mathbf{p_2 = 48}$$

$$x_1 = 120 - 2 \cdot 48 + 48 \quad ; \quad \mathbf{x_1 = 72} \quad ; \quad \mathbf{G_1 = 2592}$$

$$x_2 = 120 - 2 \cdot 48 + 48 \quad ; \quad \mathbf{x_2 = 72} \quad ; \quad \mathbf{G_2 = 2592}$$

b. Wenn der erste Anbieter die Unabhängigkeitsposition einnimmt, erhält man aus $x_1 = 120\text{-}2p_1\text{+}p_2$ die Nachfragefunktion des ersten Anbieters, indem man entsprechend der Reaktionsfunktion des zweiten Anbieters $p_2 = 36\text{+}p_1/4$ setzt. Man erhält:

$$x_1 = 156 - 2p_1 + \frac{p_1}{4}$$

$$x_1 = 156 - \frac{7}{4}p_1$$

Als Gewinnfunktion des ersten Anbieters ergibt sich:

$$G_1 = 156p_1 - \frac{7}{4}p_1^2 - 12x_1$$

$$\frac{dG_1}{dp_1} = 156 - \frac{7}{2}p_1 - 12 \cdot (-2) = 0$$

$$p_1 = 51{,}43 \quad ; \quad p_2 = 48{,}86$$

Durch Einsetzen in die Nachfragefunktionen erhält man:

$$x_1 = 66 \quad ; \quad x_2 = 73{,}71$$

Als Gewinn ergibt sich:

$$G_1 = 2602 \quad ; \quad G_2 = 2717$$

Es ist also $G_2 > G_1 > G_c$

c. Der Gesamtgewinn ist:

$$G = 120p_1 - 2p_1^2 + p_2p_1 - 12x_1 + 120p_2 - 2p_2^2 + p_2p_1 - 12x_2$$

Man leitet partiell nach p_1 und p_2 ab und setzt die Ableitungen gleich Null.

$$\frac{\delta G}{\delta p_1} = 120 - 4p_1 + p_2 + 24 + p_2 \quad ; \quad \frac{\delta G}{\delta p_2} = 120 - 4p_2 + p_1 + 24 + p_1$$

$$144 - 4p_1 + 2p_2 = 0 \quad ; \quad 144 - 4p_2 + 2p_1 = 0$$

Aus dem Gleichungssytem

$$144 - 4p_1 + 2p_2 = 0$$

$$144 - 4p_2 + 2p_1 = 0$$

erhält man:

$$p_1 = 72 \quad ; \quad p_2 = 72$$

Es ist

$$x_1 = 48 \quad ; \quad x_2 = 48$$

$$G_1 = 2880 \quad ; \quad G_2 = 2880$$

H. Externe Effekte

1. Was sind externe Effekte?

2. Wie unterscheiden sich "technologische" und "pekuniäre" externe Effekte?

3. Wenn die Produktion eines Gutes mit technologischen externen Effekten verbunden ist, versagt der Markt. Eine paretooptimale Allokation kann ohne staatliche Eingriffe nicht erreicht werden. Wahr oder falsch?

4. Wenn es infolge Marktversagens nicht zu einer optimalen Allokation der Ressourcen kommt, muß der Staat eingreifen. Trifft das zu?

5. Ohne staatliche Eingriffe werden öffentliche Güter nicht produziert. Stimmt das?

6. Wenn eine Straße von A benutzt wird, so schließt das nicht aus, daß sie auch von B benutzt wird. Straßen zeichnen sich also stets durch Nichtrivalität im Konsum aus. Wahr oder falsch?

7. In Abbildung H.1 sind N^A und N^B die Nachfragekurven von A und B nach dem öffentlichen Gut Z, das durch Nichtrivalität im Konsum charakterisiert ist.

Abb. H.1

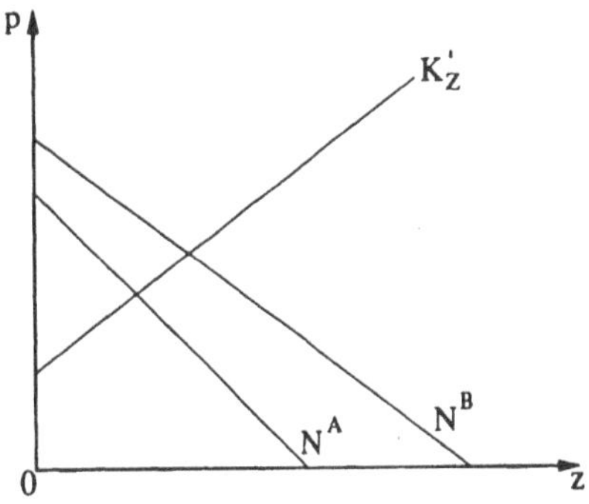

Die Grenzkosten der Produktion von Z sind K'_z. Bestimmen Sie graphisch die optimale Menge von Z.

8. Ein Unternehmen produziert das Gut X, das auf einem Markt vollständiger Konkurrenz angeboten wird. Es maximiert den Gewinn, indem es die Menge x_1 ausbringt, bei der die privaten Grenzkosten (PGK) gleich dem Marktpreis p sind. (Siehe Abbildung H.2). Die Produktion ist mit (technologischen) externen Effekten verbunden. Die sozialen Grenzkosten (SGK) sind - wie Abbildung H.2 zeigt - größer als die privaten Grenzkosten. Bestimmen Sie graphisch die gesamtwirtschaftlich optimale Ausbringungsmenge. Wie hoch müßte der Steuerbetrag t sein, der pro Ausbringungseinheit zu zahlen ist, wenn das Unternehmen veranlaßt werden soll, die gesamtwirtschaftlich optimale Menge herzustellen.

Abb. H.2

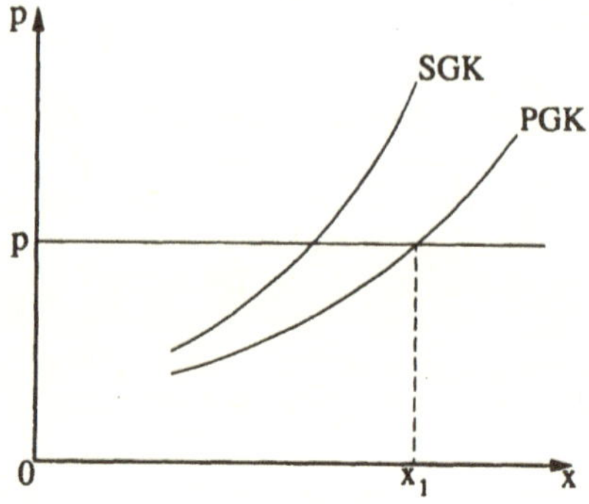

9. Das Unternehmen A produziert das Gut X, das in vollständiger Konkurrenz angeboten wird. Die Produktion von X ist mit negativen externen Effekten verbunden, durch die B geschädigt wird. In Abbildung H.3 sind der Grenzgewinn des A (G'_A) und der Grenzschaden des B als Funktion der Ausbringungsmenge von A dargestellt.

Abb. H.3

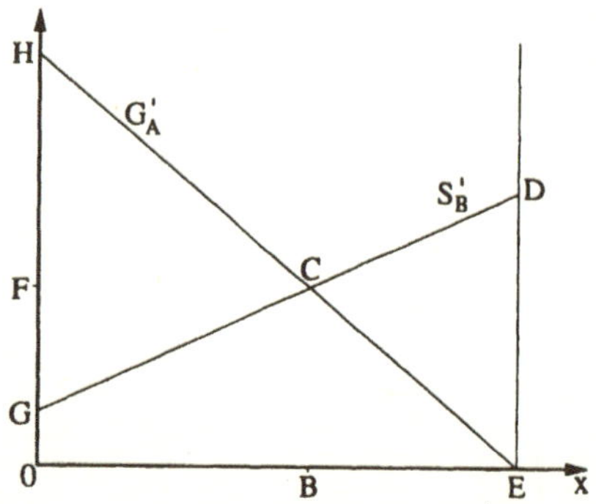

A berücksichtigt bei seiner Produktionsentscheidung nicht den Schaden, den er B zufügt, und bringt in der Ausgangssituation die Menge 0E aus, bei der sein Gewinn maximiert wird.

a. Wie groß ist die optimale Ausbringungsmenge? Wie groß ist der Wohlfahrtsgewinn, wenn statt der Menge 0E die optimale Menge ausgebracht wird?

b. A muß pro Ausbringungseinheit eine Steuer t zahlen. Wie hoch muß t sein, wenn A durch die Steuer veranlaßt werden soll, die wohlfahrtsoptimale Menge auszubringen?

c. B habe keinen Rechtsanspruch, vor den Schäden, die bei ihm infolge der Produktion von X entstehen, geschützt zu sein. A und B verhandeln über eine Reduktion der Ausbringungsmenge. B bietet A Kompensationszahlungen an, falls A durch Reduktion der Ausbringungsmenge die Schäden vermindert. Die Verhandlungen sind kostenlos. Zu welcher Verhandlungslösung wird es kommen?

d. B habe einen Anspruch, nicht geschädigt zu werden. A bietet deshalb B Entschädigungszahlungen an, falls dieser die Emissionen, die mit der Produktion von X verbunden sind, duldet. Zu welchem Ergebnis kommt es bei kostenlosen Verhandlungen?

10. Anders als in Aufgabe 9 wird infolge der mit der Produktion von X verbundenen Schadstoffemission nicht nur einer, sondern es werden viele geschädigt. Wird es auch in diesem Fall durch Verhandlungen zu einer effizienten Lösung kommen?

11. In Abbildung H.4 muß A eine Steuer t in Höhe von BC pro Ausbringungseinheit zahlen. A produziert daher nur die Menge 0B. B, der keinen Rechtsanspruch auf Schutz vor den Emissionen hat, die mit der Produktion von X verbunden sind, bietet A Kompensationszahlungen an, um diesen zu veranlassen, durch Verminderung der Produktion von X die Schadstoffemission zu reduzieren. Bestimmen Sie die für die Verhandlungspartner optimale Lösung. Ist die Lösung gesamtwirtschaftlich effizient?

Abb. H.4

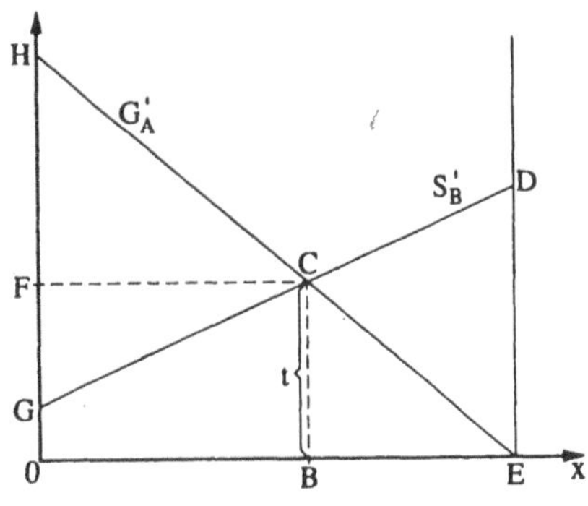

Lösungen der Aufgaben 1 - 11

1. Von **externen Effekten** spricht man, wenn Aktionen eines Wirtschaftssubjektes nicht beabsichtigte Nebenwirkungen haben, durch die andere begünstigt oder geschädigt werden.

2. Von **technologischen externen Effekten** oder von externen Effekten im eigentlichen Sinn spricht man, wenn Aktionen eines Wirtschaftssubjektes Nebenwirkungen haben, durch die andere unmittelbar begünstigt oder geschädigt werden. Genauer formuliert: Technologische externe Effekte liegen vor, wenn die Produktionsfunktion oder die Nutzenfunktion eines Wirtschaftssubjektes reale

Variablen enthält, deren Wert durch die Entscheidungen anderer Wirtschaftssubjekte bestimmt wird. Beispiel: Eine Zementfabrik produziert außer Zement als Nebenwirkung Staub, durch den die Wohlfahrt anderer Wirtschaftssubjekte vermindert wird. Die technologischen externen Effekte führen zu einer Fehlallokation der Ressourcen, wenn es nicht zu einer Internalisierung der externen Effekte kommt. Die privaten Kosten der Zementfabrik sind in diesem Fall kleiner als die gesamtwirtschaftlichen Kosten.

Von **pekuniären externen Effekten** spricht man, wenn Aktionen eines oder mehrerer Wirtschaftssubjekte Nebenwirkungen auslösen, die **primär durch den Preismechanismus** vermittelt werden. Wenn zum Beispiel die Produzenten einer Branche einen Faktor verstärkt nachfragen, mag der Faktorpreis steigen. Dies wird bei Herstellern anderer Branchen, die den gleichen Faktor nachfragen, zu Kostensteigerungen führen. Diese Kostensteigerungen mögen bewirken, daß die Güterpreise steigen.

Die Käufer der Güter erleiden Verluste. Diesen Verlusten stehen jedoch die höheren Einkommen der Faktoreigner gegenüber, die höhere Faktorpreise erzielen. Die pekuniären externen Effekte sind Ausdruck der normalen Allokationsfunktion des Marktes, auf dem Nachfrageänderungen zu Preisänderungen führen. Sie führen nicht zu einer Verletzung der Marginalbedingungen des sozialökonomischen Optimums.

3. **Falsch!** In besonderen Fällen ist es möglich, daß durch **Verhandlungen** der Beteiligten eine optimale Ressourcenallokation herbeigeführt wird. (Vergleiche Aufgabe 9).

   Auch Unternehmenszusammenschlüsse können zu einer Internalisierung externer Effekte führen.

   Verfügt der Produzent eines Gutes, dessen Produktion mit negativen externen Effekten verbunden ist, über Marktmacht, ist es im Grenzfall denkbar, daß die marktmachtbedingte Angebotsbeschränkung gerade so groß ist, daß die gesamtwirtschaftlich optimale Menge des Gutes produziert wird.

4. Das wäre nur dann richtig, wenn man sicher sein könnte, daß durch staatliche Eingriffe die Allokation der Ressourcen verbessert würde. Es gibt jedoch nicht nur Marktversagen, sondern auch **Staatsversagen**. Die These, der Staat müsse immer eingreifen, wenn der Markt versagt, erinnert an das Verhalten einer Jury bei einem Wettstreit zweier Sängerinnen, die sich entschied, den Preis der zweiten Sängerin zu geben, nachdem sie die erste Sängerin gehört hatte.

5. Das braucht nicht so zu sein. Auch wenn das Ausschlußprinzip versagt und Güter sich durch Nichtrivalität im Konsum auszeichnen, mag der Anreiz für den einzelnen hinreichend groß sein, das Gut zu produzieren. Ein Leuchtturm ist das **klassische Beispiel** für ein **öffentliches Gut**. Man kann diejenigen Schiffahrtsgesellschaften, die nicht zahlen, nicht ausschließen. Die Leistungen zeichnen sich durch Nichtrivalität im Konsum aus. Trotzdem mag sich eine Schiffahrtsgesellschaft entscheiden, den Leuchtturm zu bauen, wenn sie das Risiko, daß sonst der Leuchtturm nicht errichtet wird, für zu groß hält.

6. Straßen zeichnen sich nur dann durch Nichtrivalität in der Nutzung aus, wenn sie wenig befahren sind und es nicht zu **Stockungskosten** kommt. Ist eine Straße stark befahren, so daß es zu Stockungskosten kommt, führt die Entscheidung des einzelnen, die Straße zu benutzen, dazu, daß die Reisezeit aller anderen Benutzer der Straße steigt. Die Entscheidung jedes einzelnen ist mit (technologischen) negativen externen Effekten verbunden. Bei kostenloser Nutzung der Straße kommt es zu Übernutzung.

7. Da jede Einheit des Gutes sowohl von A als auch von B benutzt werden kann, findet man die optimale Menge des öffentlichen Gutes, indem man die Nachfragekurven vertikal addiert. Die optimale Menge ergibt sich durch den Schnittpunkt der Grenzkostenkurve K'_z mit der vertikal aggregierten Nachfragekurve ΣN.

Abb. H.5

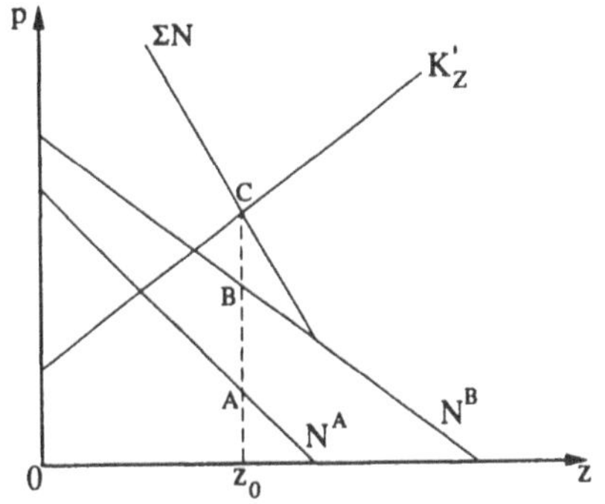

In Abbildung H.5 ist z_0 die optimale Menge von Z. Bei der Menge z_0 ist die Summe aus der marginalen Zahlungsbereitschaft des A (z_0A) und der marginalen Zahlungsbereitschaft des B (z_0B) gleich den Grenzkosten der Produktion von Z.

8. Die optimale Menge von X ist durch den Schnittpunkt der Kurve der sozialen Grenzkosten mit der Preisgeraden p bestimmt.

Abb. H.6

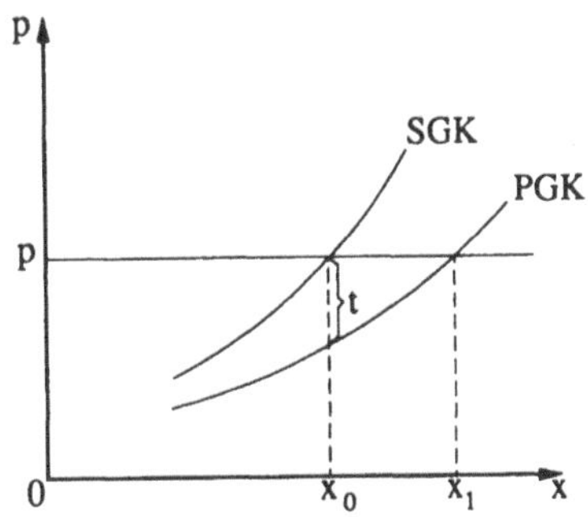

In Abbildung H.6 ist x_0 die gesamtwirtschaftlich optimale Menge. Der Steuersatz t, durch den das Unternehmen veranlaßt werden soll, die gesamtwirtschaftlich optimale Menge auszubringen, ist gleich der Differenz aus sozialen und privaten Grenzkosten bei der Menge x_0.

9. a. Die optimale Ausbringungsmenge ist 0B. Bei dieser Menge ist der **Grenzgewinn gleich dem Grenzschaden.** Wird statt der Menge 0E die Menge 0B produziert, vermindert sich der Schaden um die Fläche unter der Grenzschadenskurve S'_B zwischen B und E. Der Gewinn sinkt um die Fläche unter der Kurve des Grenzgewinns des A zwischen B und E. Es entsteht ein Wohlfahrtsgewinn in Höhe von CDE.

   b. Die Steuer muß gleich 0F = BC sein. Das bedeutet, daß der Nettogrenzgewinn des A (G'_A-t) Null wird, wenn die Menge 0B ausgebracht wird. Der Anbieter wird so durch die Steuer veranlaßt, die optimale Menge 0B auszubringen.

Abb. H.7

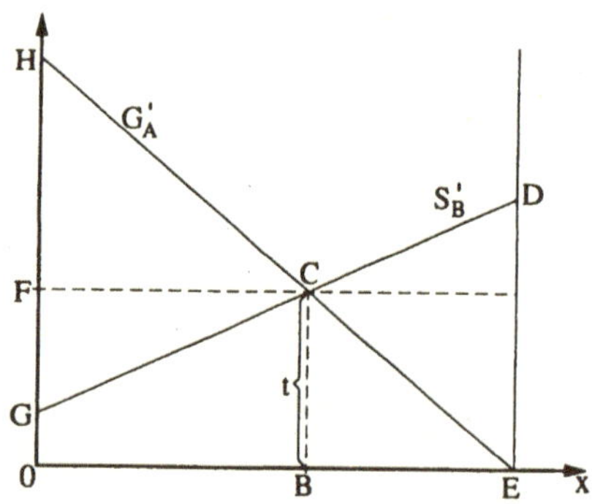

   c. Der Betrag, den B maximal zu zahlen bereit ist, wenn A die Schadstoffemission um eine Einheit reduziert, wird durch den Abstand der Grenzschadenskurve S'_B von der Abszisse angegeben. Es lohnt sich für A, das Angebot des B anzunehmen, wenn der Betrag, den B zahlt, größer ist als der Grenzgewinn des A. Wenn die Menge, die A produziert, größer ist als 0B, ist der Grenzschaden größer als der Grenzgewinn. Beide können ihre Lage verbessern, wenn sie vereinbaren, daß nur die Menge 0B ausgebracht wird. Optimales Verhandeln bedeutet, daß die Menge 0B ausgebracht wird. **Die effiziente Lösung kann also durch Verhandlungen erreicht werden.** Allerdings ist der Betrag, den B zahlt, nicht eindeutig bestimmt; er hängt vom Verhandlungsgeschick ab. B muß an A mindestens einen Betrag in Höhe der Fläche BCE zahlen. Er wird maximal einen Betrag zahlen, der gleich der Fläche BCDE ist.

   d. Der Betrag, den A maximal zu zahlen bereit ist, wenn B es ihm gestattet, eine zusätzliche Einheit zu produzieren, ist gleich dem Grenzgewinn des A. Es lohnt sich für B, das Angebot anzunehmen, wenn der Betrag, den A zahlt, größer ist als der Grenzschaden, den B erleidet. Wenn der Grenzgewinn des A größer ist als der Grenzschaden des B, können beide ihre Lage durch Verhandeln verbessern. Bei optimaler Verhandlung wird A die Menge produzieren, bei der der

Grenzgewinn des A gleich dem Grenzschaden des B ist. Das ist der Fall, wenn 0B Einheiten von X hergestellt werden. Durch Verhandeln kann die effiziente Lösung verwirklicht werden. A muß mindestens einen Betrag in Höhe der Fläche 0GCB an B zahlen. A wird maximal einen Betrag von 0HCB zahlen.

Die Aufgabe zeigt, daß es möglich ist, ohne staatliche Eingriffe durch Verhandlungen der Beteiligten die effiziente Lösung herbeizuführen. Es ist gleichgültig, ob B einen Rechtsanspruch darauf hat, durch Emissionen des A nicht geschädigt zu werden oder ob A einen Rechtsanspruch hat, Schadstoffe zu emittieren. Man bezeichnet das Ergebnis als **Coase-Theorem**. Es besagt: Wenn kostenlose Verhandlungen möglich sind und Eigentumsrechte hinreichend spezifiziert sind, kommt es auch im Falle externer Effekte zu einer effizienten Allokation der Ressourcen. Nicht hinreichend definierte Eigentumsrechte können die effiziente Lösung verhindern. Wenn A glaubt, er habe das Recht, Schadstoffe zu emittieren, und B der Ansicht ist, er habe einen Rechtsanspruch darauf, vor Emissionen geschützt zu sein, ergeben sich Probleme.

Wenn unabhängig von der Verteilung der Eigentumsrechte durch kostenloses Verhandeln eine effiziente Lösung herbeigeführt wird, so bedeutet dies allerdings **nicht**, daß das **Ergebnis von der Verteilung der Eigentumsrechte unabhängig ist.**

Dies sei an einem Beispiel erläutert. A, der Raucher ist, und der Nichtraucher B arbeiten in einem Büro zusammen. Rauchen ist erlaubt. B ist bereit, 100 DM pro Monat an A zu zahlen, wenn A nicht raucht. A ist nur dann bereit auf das Rauchen im Büro zu verzichten, wenn ihm mindestens 120 DM gezahlt werden. Bei der gegebenen Verteilung der Eigentumsrechte wird A rauchen.

Nehmen wir jetzt an, A könne nur rauchen, wenn B dies erlaubt. Wie hoch ist der Betrag, den A an B mindestens zahlen muß, damit dieser das Rauchen gestattet? Es wäre voreilig zu schließen, daß B bereit sein wird, das Rauchen zu gestatten, wenn er 100 DM erhält. Die Eigentumsrechte sind jetzt anders verteilt als in der Ausgangssituation. Das Einkommen des B ist größer als in der Situation, in der Rauchen erlaubt ist. Nur wenn der Einkommenseffekt des Gutes "rauchfreie Luft im Büro" Null wäre, wäre B bereit, gegen Zahlung von 100 DM das Rauchen zu gestatten. Ist "rauchfreie Luft" ein normales Gut, ist der Betrag, den A mindestens an B zahlen muß, größer als 100 DM. Er mag zum Beispiel gleich 130 DM sein. Andererseits steht A sich wegen der anderen Verteilung der Eigentumsrechte schlechter. Sein Einkommen ist gesunken. Ist Rauchen für A ein normales Gut, wird er weniger als 120 DM zahlen, um B zu veranlassen, ihm das Rauchen zu gestatten. Fazit: Bei der neuen Verteilung der Eigentumsrechte wird im Büro nicht geraucht. Das Ergebnis ist von der Verteilung der Eigentumsrechte abhängig.

10. Nehmen wir an, daß die Geschädigten keinen Rechtsanspruch haben, vor Emissionen geschützt zu sein. Sie müssen also A durch Zahlungen veranlassen, die Schadstoffemission zu reduzieren. Der Betrag, den sie insgesamt maximal an A zu zahlen bereit sind, sei größer als der Betrag, der mindestens notwendig ist, um A

zu veranlassen, weniger zu produzieren. Es ist also möglich, alle besser zu stellen, wenn die Schadstoffemission durch geringere Produktion reduziert wird. Wird es durch Verhandlungen zu der theoretisch optimalen Lösung kommen?

Wenn die Emission an Schadstoffen reduziert wird, so profitieren alle, die bisher geschädigt worden sind. Keiner kann ausgeschlossen werden. Die Verminderung der Schadstoffemission ist ein **öffentliches Gut**. Es gilt das **Nichtausschlußprinzip** und die **Nichtrivalität** im Konsum. Der Vorteil des einzelnen, der in den Genuß des öffentlichen Gutes kommt, ist um so größer, je geringer der Betrag ist, den er selbst an A zahlt. Jeder wird daher bestrebt sein, möglichst wenig zu zahlen. Der einzelne wird seine wahren Präferenzen verbergen, um nicht zur Finanzierung der Kompensationszahlungen beitragen zu müssen. Jeder wird versuchen, die Rolle des Trittbrettfahrers zu spielen, in der Erwartung, daß die anderen durch ihre Kompensationszahlungen A veranlassen, die Emission an Schadstoffen zu reduzieren. Wenn alle versuchen, die Rolle des Trittbrettfahrers zu spielen, wird es nicht zu einem Verhandlungsangebot an A kommen. Die Wahrscheinlichkeit, daß die Geschädigten als Trittbrettfahrer agieren, ist um so größer, je größer die Zahl der Geschädigten ist. Ist die **Zahl** der Geschädigten **gering**, so muß der einzelne damit rechnen, daß infolge seiner Weigerung, einen angemessenen Beitrag zu zahlen, ein für A akzeptables Verhandlungsangebot nicht zustandekommt. Der einzelne muß auch damit rechnen, daß sein Verhalten das Verhalten der anderen beeinflußt. Gibt es viele Geschädigte, so ist der Beitrag des einzelnen im Verhältnis zu dem Gesamtbetrag der Kompensationszahlung sehr gering. Der einzelne wird deshalb nicht damit rechnen, daß seine Weigerung, einen Beitrag zu leisten, Einfluß auf das Verhandlungsangebot hat. Jeder hält es für das beste, als Trittbrettfahrer zu agieren. Die optimale Verhandlungslösung kommt nicht zustande.

11. Der Betrag, den B maximal zu zahlen bereit ist, wenn A die Schadstoffemission um eine Einheit reduziert, wird durch den Abstand der Grenzschadenskurve S'_B von der Abszisse gegeben. Es lohnt sich für A, das Angebot anzunehmen, wenn der Betrag, den B zahlt, größer ist als der Nettogrenzgewinn des A, der gleich $G'_A - t$ ist.

Abb. H.8

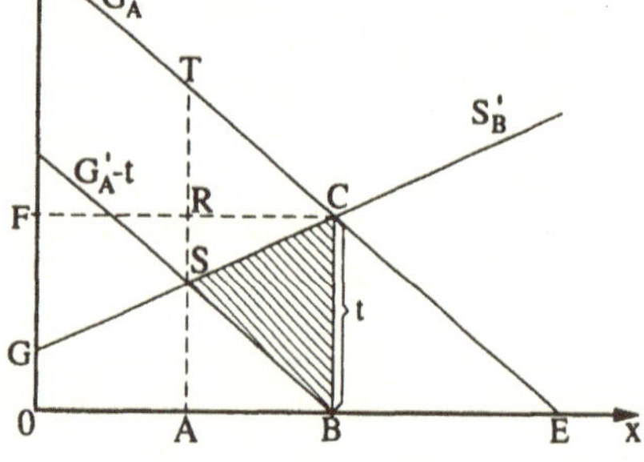

In Abbildung H.8 erhält man die Kurve des Nettogrenzgewinns des A, indem man die G'_A - Kurve um den Steuersatz t nach unten verschiebt. Wenn der Grenzschaden des B größer ist als der Nettogrenzgewinn des A, können A und B ihre Lage durch Verhandlungen verbessern, indem sie vereinbaren, durch Verminderung der Produktion von X die Schadstoffemission zu reduzieren. Das für die Beteiligten optimale Verhandlungsergebnis wird erreicht, wenn A die Menge produziert, bei der sein Nettogrenzgewinn gleich dem Grenzschaden des B ist. In Abbildung H.8 ist dies die Menge 0A, die durch den Schnittpunkt der Nettogrenzgewinnkurve $G'_A - t$ mit der Grenzschadenskurve S'_B bestimmt ist. Der Wohlfahrtsgewinn von A und B, der erzielt wird, wenn statt der Menge 0B die Menge 0A ausgebracht wird, ist gleich der in Abbildung H.8 schraffierten Fläche BCS.

Die Lösung ist gesamtwirtschaftlich nicht effizient. Wird die Menge 0A produziert, ist der Grenzschaden AS kleiner als der Grenzgewinn AT. Wird statt der effizienten Menge 0B die Menge 0A produziert, so ist der Steuerausfall $t \cdot AB$ größer als der Wohlfahrtsgewinn von A und B. Der Wohlfahrtsverlust ist gleich der Summe der Flächen ABS und RCS. Das ist gleich SCT. Die Erhebung der Steuer verhindert, daß durch Verhandlungen eine gesamtwirtschaftlich optimale Lösung erreicht wird.

Ergänzende, algebraisch zu lösende Aufgaben

12. Zwei Unternehmen produzieren das Gut X, das zu einem Preis $p = 70$ verkauft wird, der für die beiden Unternehmen ein Datum ist. Die Kostenfunktionen der Unternehmen sind:

$$K_1 = 18x_1 + x_1^2$$

$$K_2 = 4x_2 + 2x_2^2$$

Die Produktion ist mit externen Effekten verbunden. Der nicht vermeidbare Schaden ist $S = (x_1+x_2)^2$.

a. Bestimmen Sie die Mengen x_1 und x_2, bei denen die Unternehmen ihren Gewinn maximieren.

b. Die Unternehmen müssen pro Ausbringungseinheit eine Steuer t zahlen. Stellen Sie die gewinnmaximalen Mengen als Funktion des Steuersatzes t dar.

c. Bestimmen Sie die wohlfahrtsoptimalen Mengen x_1 und x_2.

d. Wie hoch müßte der Steuersatz t sein, durch den die Unternehmen veranlaßt werden, die wohlfahrtsoptimalen Mengen auszubringen?

13. Das Unternehmen A produziert das Gut X und emittiert Schadstoffe. Die Menge der von A pro Periode emittierten Schadstoffe ist e. Der Preis des Gutes X ist $p_X = 40$. Der Preis ist für A ein Datum. Die Kostenfunktion des A ist:

$K = x^2+(e-4)^2$. Durch die Schadstoffemission entstehen im Unternehmen B, das das Gut Y herstellt, zusätzliche Kosten. Die Kostenfunktion von B ist: $K = y^2+4e$. Das Gut Y wird zum Preis $p_Y = 16$ verkauft.

a. Wie groß sind die Mengen, die von X und Y produziert werden? Wie groß ist die Menge an Schadstoffen, die pro Periode emittiert wird, wenn es nicht zu einer Internalisierung der externen Effekte kommt?

b. Wie groß ist die Schadstoffmenge, die emittiert wird, wenn die Summe aus dem Gewinn des A und dem Gewinn des B maximiert wird?

14. In einer bestimmten Region werden von zwei Unternehmen Schadstoffe emittiert. Jedes Unternehmen emittiert 60 Schadstoffeinheiten. Bezeichnet man die Menge der von den Unternehmen 1 und 2 emittierten Schadstoffeinheiten mit e_1 und e_2, so ist in der Ausgangssituation $e_1 = 60$ und $e_2 = 60$. Es ist $e = e_1+e_2 = 120$. Die Kosten der **Schadstoffreduktion** betragen im ersten Unternehmen $K_1 = 0{,}5r_1^2$ und im zweiten Unternehmen $K_2 = r_2^2$. Es sind r_1 und r_2 die Mengen, um die die Schadstoffemission **reduziert** wird. Es ist also $r_1 = 60\text{-}e_1$, $r_2 = 60\text{-}e_2$ und $r = r_1+r_2 = 120\text{-}e$.

a. Die Regierung ordnet an, daß jedes Unternehmen die Schadstoffemission um 30 Einheiten reduzieren soll. Es ist $r_1 = r_2 = 30$. Die Emission soll also insgesamt um 60 Schadstoffeinheiten reduziert werden. Ist die Lösung effizient?

b. Um wieviel Schadstoffeinheiten müßten bei einer effizienten Lösung die Unternehmen jeweils die Emission reduzieren, wenn die Emission insgesamt um 60 Schadstoffeinheiten reduziert werden soll?

c. Pro emittierter Schadstoffeinheit muß eine Steuer von t DM gezahlt werden. Wie hoch muß t sein, wenn die Unternehmen veranlaßt werden sollen, die Schadstoffmenge um insgesamt 60 Einheiten zu reduzieren?

d. Der Schaden (S), der durch Emission entsteht, ist eine Funktion der Menge der insgesamt emittierten Schadstoffeinheiten. Es ist

$$S = 0{,}5e^2 \quad (e = e_1 + e_2)$$

Bestimmen Sie den optimalen Umweltstandard.

e. Der Staat gibt Umweltzertifikate aus. Die Unternehmen dürfen nur Schadstoffe emittieren, wenn sie im Besitz von Umweltzertifikaten sind. Um eine Schadstoffeinheit zu emittieren, ist ein Umweltzertifikat erforderlich. Durch die Zahl der ausgegebenen Umweltzertifikate (z) ist die Schadstoffmenge (e), die emittiert werden kann, fixiert. Es ist z = e. Es werden soviel Umweltzertifikate ausgegeben, daß der in Teilfrage d. bestimmte optimale Umweltstandard realisiert wird. Die Unternehmen fragen die Umweltzertifikate nach. Der Preis bildet sich durch Angebot und Nachfrage. (Unterstellen Sie, daß der Preis für das einzelne Unternehmen ein Datum ist). Stellen Sie die Nachfrage nach

Umweltzertifikaten als Funktion des Preises dar, der am Markt für ein Umweltzertifikat gezahlt wird. Wie hoch ist der Preis, der sich am Markt für ein Umweltzertifikat bildet? Ist die Lösung effizient?

15. Das Gut X wird mit Hilfe eines knappen fixen Faktors und mit Hilfe des variablen Faktors Arbeit erzeugt. Es gibt viele unabhängige Produzenten. Der in Gemeineigentum stehende knappe Faktor kann genutzt werden, ohne daß für die Nutzung gezahlt werden muß. Der Preis des Gutes X ist aus der Sicht der betrachteten Subindustrie ein Datum. Die funktionale Beziehung zwischen der Einsatzmenge des Faktors Arbeit in der Subindustrie und dem Ertrag wird durch die Ertragsfunktion

$$x = 100a - a^2$$

beschrieben. Der Preis des Gutes X ist 1. Der Lohnsatz w, der Ausdruck der Opportunitätskosten des Faktors Arbeit ist, ist gleich 10.

a. Bestimmen Sie die Menge des Faktors Arbeit, die in der Subindustrie eingesetzt wird. Wie groß ist der Output?

b. Wie groß ist die Menge, die maximal erzeugt werden könnte?

c. Wie groß ist die Menge, die bei effizientem Faktoreinsatz erzeugt wird? Welche Menge des Faktors Arbeit wird bei effizienter Nutzung des knappen Faktors eingesetzt?

16. Auf der Insel Uri leben 32 Fischer, 16 Männer und 16 Frauen. Es gibt zwei Seen, den See R und den See S, auf denen gefischt wird. Die Beziehung zwischen dem Arbeitseinsatz und dem in Fischen gemessenen Ertrag wird durch die Ertragsfunktionen

$$x_R = 22a_R - 0{,}5a_R^2 \quad \text{und}$$

$$x_S = 6a_S$$

beschrieben. Es sind a_R und a_S die Zahl der Fischer, die auf dem See R und dem See S fischen; x_R ist der in Fischen gemessene Ertrag auf See R, x_S ist der Ertrag auf See S.

a. Der Inselherrscher ordnet an, daß alle Männer auf See R und alle Frauen auf See S fischen. Jeder Mann muß zwei Fische an die Frauen geben. Wieviel Fische erhält jeder Mann? Wieviel Fische erhält jede Frau? Wieviel Fische werden gefangen?

b. Der Inselherrscher wird durch eine Revolution der Frauen gestürzt. Das Revolutionskomittee ordnet an, daß jeder dort fischen kann, wo er will. Wieviel Fische werden gefangen?

c. Nach Beratung durch den Ökonomen A wird bestimmt, daß alle, die auf dem See R fischen, eine Gebühr zu zahlen haben. Wieviel Fische sollten als Gebühr verlangt werden, wenn der Gesamtertrag maximiert werden soll?

Lösungen der Aufgaben 12 - 16

12. a. Die Gewinnfunktionen der beiden Unternehmen sind:

$$G_1 = 70x_1 - 18x_1 - x_1^2 \quad ; \quad G_2 = 70x_2 - 4x_2 - 2x_2^2$$

$$G_1 = 52x_1 - x_1^2 \quad ; \quad G_2 = 66x_2 - 2x_2^2$$

Um die gewinnmaximalen Mengen zu bestimmen, werden die ersten Ableitungen gebildet und gleich Null gesetzt.

$$\frac{dG_1}{dx_1} = 52 - 2x_1 = 0 \quad ; \quad \frac{dG_2}{dx_2} = 66 - 4x_2 = 0$$

$$\mathbf{x_1 = 26} \quad ; \quad \mathbf{x_2 = 16{,}5}$$

b. Muß pro Ausbringungseinheit eine Steuer t gezahlt werden, lauten die Gewinnfunktionen:

$$G_1 = 52x_1 - x_1^2 - tx_1 \quad ; \quad G_2 = 66x_2 - 2x_2^2 - tx_2$$

Man bildet die ersten Ableitungen und setzt diese gleich Null.

$$\frac{dG_1}{dx_1} = 52 - 2x_1 - t = 0 \quad ; \quad \frac{dG_2}{dx_2} = 66 - 4x_2 - t = 0$$

$$\mathbf{x_1 = 26 - \frac{t}{2}} \quad ; \quad \mathbf{x_2 = 16{,}5 - \frac{t}{4}}$$

c. Um die wohlfahrtsoptimalen Mengen zu bestimmen, muß berücksichtigt werden, daß ein Schaden von $S = (x_1+x_2)^2$ entsteht. Man erhält die Wohlfahrtsfunktion, indem man die Gewinnfunktion der beiden Unternehmen addiert und den Schaden, der ja volkswirtschaftlich Kosten darstellt, subtrahiert.

$$W = 52x_1 - x_1^2 + 66x_2 - 2x_2^2 - (x_1 + x_2)^2$$

Man findet die wohlfahrtsoptimalen Mengen, indem man partiell nach x_1 und x_2 ableitet und die Ableitungen gleich Null setzt.

$$\frac{\delta W}{\delta x_1} = 52 - 2x_1 - 2x_1 - 2x_2 = 0 \qquad \Rightarrow \qquad 52 - 4x_1 - 2x_2 = 0$$

$$\frac{\delta W}{\delta x_2} = 66 - 4x_2 - 2x_1 - 2x_2 = 0 \qquad \Rightarrow \qquad 66 - 6x_2 - 2x_1 = 0$$

Aus dem Gleichungssystem

$$52 - 4x_1 - 2x_2 = 0$$

$$66 - 6x_2 - 2x_1 = 0$$

erhält man $\mathbf{x_1 = 9}$ und $\mathbf{x_2 = 8}$ als die wohlfahrtsoptimalen Mengen.

d. Der Steuersatz t muß gleich dem Grenzschaden bei Produktion der wohlfahrtsoptimalen Mengen sein.

$$S = (x_1 + x_2)^2$$

$$\frac{dS}{dx} = 2x \quad (x = x_1 + x_2)$$

Wegen $x = x_1 + x_2 = 17$ ist

$$\frac{dS}{dx} = 2 \cdot 17 = 34$$

$$\mathbf{t = 34}$$

Für t = 34 erhält man aus b.

$$x_1 = 26 - \frac{t}{2} \quad ; \quad x_2 = 16{,}5 - \frac{t}{4}$$

$$x_1 = 26 - 17 \quad ; \quad x_2 = 16{,}5 - 8{,}5$$

$$\mathbf{x_1 = 9} \quad ; \quad \mathbf{x_2 = 8}$$

13. a. Der Gewinn des Unternehmens A ist:

$$G_A = 40x - x^2 - (e - 4)^2$$

Bei Gewinnmaximierung ist

$$\frac{dG_A}{dx} = 40 - 2x = 0 \qquad \Rightarrow \qquad x = 20$$

$$\frac{dG_A}{de} = -2e + 8 = 0 \qquad \Rightarrow \qquad e = 4$$

Der Gewinn des Unternehmens B ist:

$$G_B = 16y - y^2 - 4e$$

$$\frac{dG_B}{dy} = 16 - 2y = 0 \quad \Rightarrow \quad y = 8$$

b. Wenn effizient produziert wird, muß der Schaden berücksichtigt werden, der durch die Emission von A bei B entsteht. Effiziente Produktion bedeutet in unserem Beispiel, daß die Summe der Gewinne G_A und G_B maximiert wird.

$$G = 40x - x^2 - (e-4)^2 + 16y - y^2 - 4e$$

Leitet man partiell nach x, y und e ab und setzt die Ableitungen gleich Null, erhält man:

$$\frac{\delta G}{dx} = 40 - 2x = 0 \qquad \Rightarrow \qquad x = 20$$

$$\frac{\delta G}{dy} = 16 - 2y = 0 \qquad \Rightarrow \qquad y = 8$$

$$\frac{\delta G}{de} = -2e + 8 - 4 = 0 \qquad \Rightarrow \qquad e = 2$$

Bei effizienter Produktion wird die Emission von Schadstoffen auf die Hälfte reduziert.

14. a. Wenn die Schadstoffemission so reduziert werden soll, daß die Kosten der Schadstoffreduktion möglichst klein sind, müssen die Grenzkosten der Schadstoffreduktion in beiden Unternehmen gleich sein. Wegen $K'_1 = r_1$ und $K'_2 = 2r_2$ sind die Grenzkosten der Schadstoffreduktion im ersten Unternehmen gleich 30 und im zweiten Unternehmen gleich 60, wenn beide Unternehmen die Schadstoffemission um 30 Einheiten ($r_1 = r_2 = 30$) reduzieren. **Die Lösung ist nicht effizient.**

b. Bei einer effizienten Lösung gilt

$$K'_1 = K'_2$$

$$r_1 = 2r_2$$

Wegen $r_1+r_2 = 60$ erhält man

$$3r_2 = 60 \quad \Rightarrow \quad \mathbf{r_2 = 20} \quad \text{und} \quad \mathbf{r_1 = 40}$$

Wenn das erste Unternehmen die Schadstoffmenge um 40 Einheiten und das zweite Unternehmen die Schadstoffmenge um 20 Einheiten reduziert, sind die Grenzkosten der Schadstoffreduktion in beiden Unternehmen gleich 40.

c. Wenn pro emittierter Schadstoffeinheit eine Steuer gezahlt werden muß, ist es für das einzelne Unternehmen vorteilhaft, die emittierte Schadstoffmenge zu reduzieren, wenn die Grenzkosten der Schadstoffreduktion kleiner sind als der Steuersatz t. Das einzelne Unternehmen minimiert seine Kosten, wenn es die emittierte Schadstoffmenge so reduziert, daß die Grenzkosten der Schadstoffreduktion gleich dem Steuersatz t sind. Da beide Unternehmen die Bedingung Grenzkosten der Schadstoffreduktion gleich Steuersatz t erfüllen, sind die Grenzkosten der Schadstoffreduktion in beiden Unternehmen gleich. Die Lösung ist effizient.

Die Steuer ist so festzusetzen, daß die Unternehmen die Schadstoffmenge um insgesamt 60 reduzieren. Aus der Antwort auf Teilaufgabe b. wissen wir, daß bei einer effizienten Lösung die Grenzkosten der Schadstoffreduktion gleich 40 sind. Es muß als eine Steuer **t = 40** eingeführt werden.

Diese Lösung ergibt sich auch aus $K'_1 = r_1$, $K'_2 = 2r_2$ und $K'_1 = K'_2 = t$.

Wegen $\quad r_1 = t \quad \text{und} \quad r_2 = \frac{t}{2} \quad$ ergibt sich $\quad r_1 + r_2 = \frac{3}{2}t$

Wegen $\quad r_1 + r_2 = 60 \quad$ erhält man $\quad 60 = \frac{3}{2}t \quad$ und $\quad \mathbf{t = 40}$

d. Der optimale Umweltstandard wird erreicht, wenn die aggregierten Grenzkosten der Schadstoffreduktion K'_r gleich dem Grenzschaden sind.

Es muß zunächst die aggregierte Grenzkostenfunktion der Schadstoffreduktion gebildet werden. Da bei effizienter Lösung die Grenzkosten der Schadstoffreduktion in beiden Unternehmen gleich sind, können wir die individuellen Grenzkostenfunktionen addieren.

Aus $K'_1 = r_1$ und $K'_2 = 2r_2$ erhält man:

$$r_1 = K'_1 \quad \text{und} \quad r_2 = \frac{K'_2}{2}$$

Wegen $K'_1 = K'_2 = K'_r$ ist

$$r_1 + r_2 = \frac{3}{2}K'_r$$

$$K'_r = \frac{2}{3}r \quad (r = r_1 + r_2)$$

Wegen $S = 0{,}5e^2$ ist der Grenzschaden

$$\frac{dS}{de} = e$$

Bei optimalem Umweltstandard sind die Grenzkosten der Schadstoffreduktion gleich dem Grenzschaden.

$$\frac{2}{3}r = e \quad \Rightarrow \quad r = \frac{3}{2}e$$

$$120 - e = \frac{3}{2}e \quad (r = 120 - e) \quad \Rightarrow \quad e = 48 \quad ; \quad r = 72$$

Der optimale Umweltstandard wird erreicht, wenn nur noch 48 Schadstoffeinheiten emittiert werden. Die Emission muß um 72 Einheiten reduziert werden.

e. Für das einzelne Unternehmen ist es vorteilhaft, die emittierte Schadstoffmenge zu reduzieren, sofern die Grenzkosten der Schadstoffreduktion kleiner sind als der Preis, der am Markt für ein Umweltzertifikat zu zahlen ist, das die Emission einer Schadstoffeinheit erlaubt. Die Unternehmen minimieren ihre Kosten, wenn sie die Bedingung Grenzkosten der Schadstoffreduktion gleich Preis des Zertifikats erfüllen. Das bedeutet:

$$K'_1 = p \quad ; \quad K'_2 = p$$

$$r_1 = p \quad (K'_1 = r_1) \quad ; \quad 2r_2 = p \Rightarrow r_2 = \frac{p}{2} \quad (K'_2 = 2r_2)$$

$$(60 - e_1) = p \quad (r_1 = 60 - e_1) \quad ; \quad 60 - e_2 = \frac{p}{2} \quad (r_2 = 60 - e_2)$$

$$e_1 = 60 - p \quad ; \quad e_2 = 60 - \frac{p}{2}$$

Wegen $e_1 = z_1$ und $e_2 = z_2$ erhält man als Nachfragefunktionen der Unternehmen nach Umweltzertifikaten:

$$z_1 = 60 - p \quad ; \quad z_2 = 60 - \frac{p}{2}$$

Die Gesamtnachfrage nach Umweltzertifikaten ergibt sich durch Addition der individuellen Nachfragefunktionen. Da das erste Unternehmen Umweltzertifikate nur nachfragt, wenn p<60 ist, ergibt sich die abschnittsweise definierte Gesamtnachfragefunktion

$$z = 120 - \frac{3}{2}p \qquad (p < 60)$$

$$z = 60 - \frac{p}{2} \qquad (p \geq 60)$$

Soll der optimale Umweltstandard realisiert werden, werden 48 Zertifikate angeboten.

$$\text{Aus } z = 120 - \frac{3}{2}p \text{ und } z{=}48 \text{ erhält man} \Rightarrow 48 = 120 - \frac{3}{2}p \Rightarrow \frac{3}{2}p = 72 \Rightarrow \mathbf{p = 48}$$

Der Preis, der sich am Markt für Umweltzertifikate bildet, ist p = 48. Zu diesem Preis kauft das erste Unternehmen zwölf Zertifikate und das zweite Unternehmen 36 Zertifikate. Das erste Unternehmen reduziert also die Schadstoffemission um 48 Einheiten, das zweite Unternehmen um 24 Einheiten. Die Grenzkosten der Schadstoffredunktion sind $r_1 = 2r_2 = 48$. Sie sind also in beiden Unternehmen gleich. Die Lösung ist effizient.

15. a. Für den einzelnen Produzenten lohnt es sich, das Gut X zu produzieren, wenn das Durchschnittswertprodukt des Faktors Arbeit in der Subindustrie größer als w ist. Aus der Sicht des einzelnen Produzenten, der einer von vielen Produzenten in der Subindustrie ist, ist das Durchschnittswertprodukt der Subindustrie gleich seinem Grenzwertprodukt. Der Zustrom von Produzenten hält an, solange das Durchschnittswertprodukt der Subindustrie größer als w ist. Gleichgewicht herrscht, wenn das Durchschnittswertprodukt p·x/a gleich dem Lohnsatz w ist.

$$p \cdot \frac{x}{a} = w$$

Wegen $x = 100a - a^2$ und x/a = 100-a und wegen p = 1 und w = 10 erhält man:

$$100 - a = 10 \quad \Rightarrow \quad \mathbf{a = 90}$$

$$x = 100 \cdot 90 - 90^2 \quad \Rightarrow \quad \mathbf{x = 900}$$

b. Der Gesamtertrag wird maximiert, wenn der Grenzertrag Null ist.

$$\frac{dx}{da} = 100 - 2a = 0 \quad \Rightarrow \quad \mathbf{a = 50}$$

$$x = 100 \cdot 50 - 50^2 \quad \Rightarrow \quad \mathbf{x = 2500}$$

c. Bei effizientem Faktoreinsatz muß das Grenzwertprodukt in der Subindustrie gleich dem Lohnsatz w sein.

$$p \cdot \frac{dx}{da} = w$$

$$1 \cdot (100 - 2a) = 10 \quad \Rightarrow \quad \mathbf{a = 45}$$

$$x = 100 \cdot 45 - 45^2 \quad \Rightarrow \quad \mathbf{x = 2475}$$

Der Arbeitseinsatz, zu dem es in der Subindustrie kommt, ist mit a = 90 doppelt so groß wie bei effizientem Arbeitseinsatz. Der Ertrag ist dagegen mit x = 900 niedriger als bei effizientem Arbeitseinsatz. Es kommt infolge der "**common pool externalities**" zu einer ineffizienten Übernutzung des knappen Faktors, der von allen unentgeltlich genutzt werden kann.

Graphisch können die Ergebnisse wie folgt dargestellt werden:

Abb. H.9

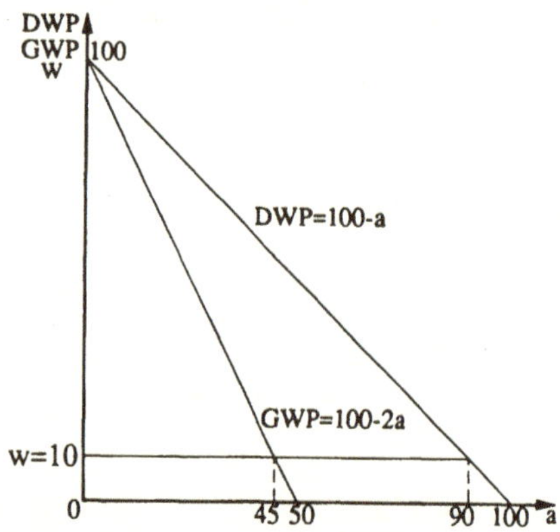

Wenn weniger als 90 Einheiten des Faktors Arbeit eingesetzt werden, ist das Durchschnittswertprodukt größer als w. Es ist für den einzelnen lohnend, mit Hilfe des kostenlos zu nutzenden Faktors das Gut X herzustellen. Gleichgewicht herrscht erst dann, wenn a = 90 ist und das Durchschnittswertprodukt gleich dem Lohn w ist, der bei alternativem Arbeitseinsatz erzielt werden kann. Bei der effizienten Lösung ist a = 45.

16. a. Wenn alle Männer auf dem See R fischen, ist der Durchschnittsertrag

$$\frac{x_R}{a_R} = 22 - 0{,}5 \cdot 16 \quad \Rightarrow \quad = 14$$

Wenn alle Frauen auf dem See S fischen, ist der Durchschnittsertrag

$$\frac{x_S}{a_S} = 6$$

Da jeder Mann zwei Fische an die Frauen gibt, erhalten alle Männer 12 Fische und alle Frauen 8 Fische. Insgesamt werden 16·(14+6) = 320 Fische gefangen.

b. Wenn jeder fischen kann, wo er will, werden alle dort fischen, wo der Ertrag pro Fischer am größten ist. Der Durchschnittsertrag auf dem See R ist größer als auf dem See S, wenn

$$\frac{x_R}{a_R} > \frac{x_S}{a_S}, \quad \text{also } 22 - 0{,}5a_R > 6 \quad \text{oder} \quad \mathbf{a_R < 32} \text{ ist}$$

Das bedeutet: Solange die Zahl der Fischer, die auf dem See R fischen, kleiner als 32 ist, ist der Durchschnittsertrag auf dem See R größer als auf dem See S.

Alle werden auf dem See R fischen. Der Gesamtertrag ist

$$x_R = 22 \cdot 32 - 0{,}5 \cdot 32^2 \quad \Rightarrow \quad x_R = 192$$

Jeder erhält 6 Fische. Alle stehen sich schlechter.

c. Um die Höhe der Gebühr zu bestimmen, die verlangt werden muß, damit es zu einer optimalen Aufteilung der Fischer auf die Seen R und S kommt, muß zunächst ermittelt werden, wieviel Fischer auf See R und See S fischen müssen, wenn der in Fischen gemessene Gesamtertrag maximiert werden soll.

Der Gesamtertrag wird maximiert, wenn der Grenzertrag des Faktors Arbeit beim Fischen auf See R gleich dem Grenzertrag des Faktors Arbeit beim Fischen auf See S ist.

$$\frac{dx_R}{da_R} = \frac{dx_S}{da_S} \quad \Rightarrow \quad 22 - a_R = 6 \quad \Rightarrow \quad \mathbf{a_R = 16}$$

Der Ertrag wird maximiert, wenn 16 Inselbewohner auf See R (und 16 Bewohner auf See S) fischen.

Für den einzelnen lohnt es sich, auf dem See R zu fischen, wenn der Durchschnittsertrag auf dem See R größer ist als der Durchschnittsertrag auf See S. Gleichgewicht herrscht erst, wenn der Ertrag pro Fischer, der auf dem See R fischt, gleich dem Ertrag pro Fischer ist, der auf dem See S fischt. Soll der Gesamtertrag maximiert werden, ist die Gebühr für das Recht, auf See R zu fischen, so festzusetzen, daß die Differenz aus Durchschnittsertrag auf See R minus Gebühr g gleich dem Durchschnittsertrag auf See S ist, wenn 16 Inselbewohner auf See R fischen. Für a_r = 16 muß also gelten

$$\frac{x_R}{a_R} - g = \frac{x_S}{a_S} \qquad | \, a_R = 16$$

$$\frac{x_R}{a_R} - \frac{x_S}{a_S} = g \qquad | \, a_R = 16$$

Wegen $\frac{x_R}{a_R} = 22 - 0{,}5a_R$ und $\frac{x_S}{a_S} = 6$ gilt für $a_R = 16$:

$$22 - 0{,}5 \cdot 16 - 6 = g$$

$$\mathbf{g = 8}$$

Für das Recht, auf See R fischen zu dürfen, muß eine Gebühr in Höhe von 8 Fischen erhoben werden.

Die folgende Abbildung zeigt, wie sich die Ergebnisse graphisch ableiten lassen.

Abb. H.10

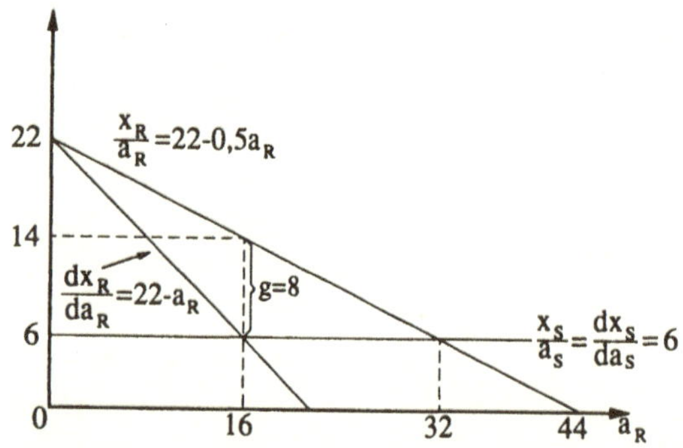

Wenn jeder dort fischen kann, wo er will, werden alle 32 Fischer auf See R fischen, weil für $a_R<32$ der Durchschnittsertrag auf See R größer ist als der Durchschnittsertrag auf See S.

Der Gesamtertrag wird maximiert, wenn 16 Fischer auf See R fischen. Für $a_R = 16$ ist die Bedingung Grenzertrag auf See R gleich Grenzertrag auf See S erfüllt.

Um zu bewirken, daß 16 Fischer sich entscheiden, auf See R zu fischen, ist eine Gebühr von g = 14-6 = 8 Fischen zu erheben.

I. Faktorpreisbildung

1. Ein Unternehmen, das auf einem Markt vollständiger Konkurrenz anbietet und einen variablen Faktor in vollständiger Konkurrenz nachfragt, maximiert seinen Gewinn, wenn eine solche Menge des variablen Faktors eingesetzt wird, daß die Bedingung Grenzerlösprodukt gleich Grenzfaktorkosten erfüllt wird. Trifft das zu?

2. Die Faktorangebotskurve in Abbildung I.1 gibt an, welche Mengen des Faktors ein bestimmter Nachfrager bei alternativen Preisen beziehen kann.

Abb. I.1

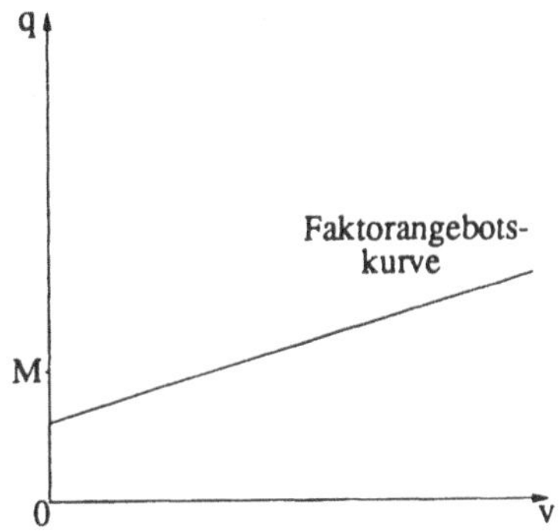

Wie verläuft die Grenzfaktorkostenkurve des Faktornachfragers? Wie verläuft die Kurve der Grenzfaktorkosten, wenn der Staat einen Mindestpreis 0M festsetzt?

3. Die Grenzerlösproduktkurve ist die Faktornachfragekurve eines Unternehmens, das auf dem Absatzmarkt eine Monopolstellung hat. Ist das wahr?

4. Die Grenzerlösproduktkurve eines Monopolisten hat nur deshalb einen fallenden Verlauf, weil bei steigendem Faktoreinsatz der Grenzertrag sinkt. Wahr oder falsch?

5. In einer Branche wird das Gut X in vollständiger Konkurrenz angeboten. Der variable Faktor V wird in vollständiger Konkurrenz nachgefragt. Der Preis des Gutes X und der Faktorpreis sind für jedes einzelne Unternehmen ein Datum. Die Gesamtnachfragekurve der Branche hat nur deshalb einen fallenden Verlauf, weil bei steigendem Faktoreinsatz der Grenzertrag sinkt. Stimmt das?

6. Ein Unternehmen, das auf dem Absatzmarkt eine Monopolstellung hat und das auf dem Faktormarkt Monopolist ist, maximiert den Gewinn, wenn das Grenzerlösprodukt gleich dem Faktorpreis ist. Wahr oder falsch?

7. Die Faktorangebotskurve ist aus der Sicht des Monopsonisten die Kurve der durchschnittlichen Faktorkosten. Warum?

8. In Abbildung I.2 sind eine Grenzwertproduktkurve, eine Grenzerlösproduktkurve, eine Faktorangebotskurve und die Kurve der Grenzfaktorkosten dargestellt.

Abb. I.2

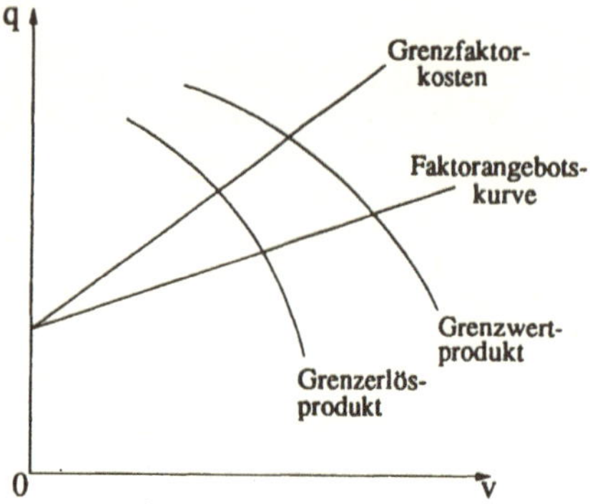

a. Welche Faktormenge wird nachgefragt, wenn das Gut, das mit Hilfe des Faktors V hergestellt wird, in vollständiger Konkurrenz angeboten wird und der Faktorpreis für das einzelne Unternehmen ein Datum ist? Wie hoch ist der Faktorpreis?

b. Welche Faktormenge wird nachgefragt, wenn das Gut, das mit Hilfe des Faktors V hergestellt wird, von einem Monopolisten angeboten wird, der auf dem Faktormarkt Monopsonist ist. Wie hoch ist der Faktorpreis?

9. Wenn es den Gewerkschaften möglich ist, einen höheren Mindestlohn durchzusetzen, kann sowohl die monopsonistische wie auch die monopolistische Beschränkung der Faktornachfrage beseitigt werden. Ist das wahr?

10. Wenn ein Anbieter, für den der Güterpreis und der Faktorpreis ein Datum sind, eine solche Menge des einzigen variablen Faktors einsetzt, daß das Grenzprodukt des Faktors größer ist als das Durchschnittsprodukt, maximiert er seinen Gewinn nicht. Wahr oder falsch?

11. In Abbildung I.3 gibt die Grenzwertproduktkurve BC an, wie groß in einem landwirtschaftlichen Betrieb, für den der Güterpreis ein Datum ist, das Grenzwertprodukt bei alternativem Arbeitseinsatz ist. Die Faktorangebotskurve ist für das betrachtete Unternehmen vollkommen elastisch. Der Lohn 0L ist für das Unternehmen ein Datum. Es ist Ausdruck der volkswirtschaftlichen Kosten des Arbeitseinsatzes.

Abb. I.3

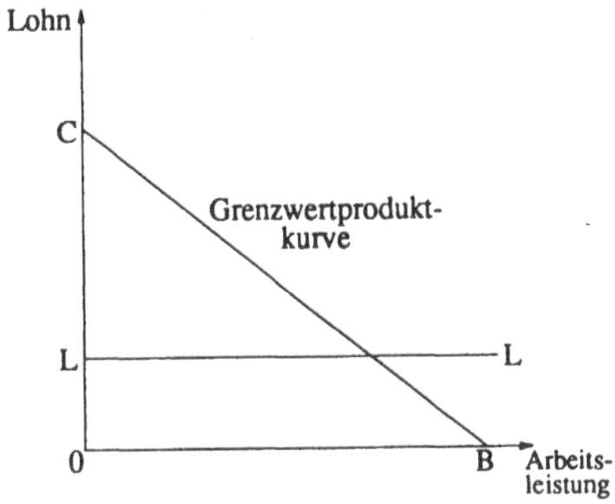

a. Welche Menge des Faktors Arbeit muß der Eigentümer einsetzen, wenn die Bodenrente maximiert werden soll?

b. Der Eigentümer überläßt die Bewirtschaftung einem Pächter, der bei alternativer Beschäftigung den Lohn 0L erhält. Wie hoch ist die Pacht, die der Eigentümer maximal erzielen kann?

c. Der Eigentümer überläßt die Bewirtschaftung einem Pächter und erhält vom Pächter die Hälfte der Ernte. Welche Menge des Faktors Arbeit wird der Pächter einsetzen? Wie ist dieser Ernteteilungsvertrag (engl: share-cropping) volkswirtschaftlich zu beurteilen?

Lösungen der Aufgaben 1 - 11

1. **Ja!** Grenzerlösprodukt gleich Grenzfaktorkosten ist die allgemeine Bedingung für gewinnmaximalen Faktoreinsatz. Für ein Unternehmen, das in vollständiger Konkurrenz anbietet, ist allerdings der Grenzerlös gleich dem Preis und somit das Grenzerlösprodukt gleich dem Grenzwertprodukt. Wird der Faktor in vollständiger Konkurrenz nachgefragt, sind die Grenzfaktorkosten, also die zusätzlichen Kosten, die wegen des Einsatzes einer zusätzlichen Faktoreinheit entstehen, gleich dem Faktorpreis. Bei vollständiger Konkurrenz auf Güter- und Faktormarkt gilt deshalb die spezielle Bedingung **Grenzwertprodukt gleich Faktorpreis.**

2. Die Kurve der Grenzfaktorkosten verläuft doppelt so steil wie die Faktorangebotskurve, die aus der Sicht des Faktornachfragers die Kurve der durchschnittlichen Faktorkosten ist. Die lineare Faktorangebotskurve in Abbildung I.4 kann durch die Gleichung

$$q = a + bv$$

beschrieben werden. Die gesamten Faktorkosten sind

$$q \cdot v = a \cdot v + bv^2$$

Die Grenzfaktorkosten sind

$$\frac{d(q \cdot v)}{dv} = a + 2bv$$

Abb. I.4

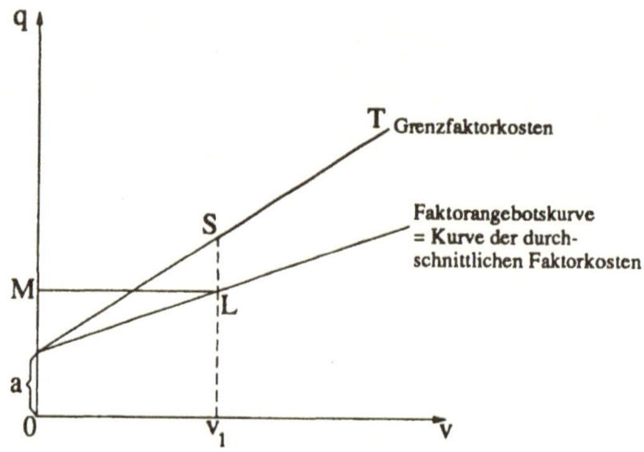

In Abbildung I.4 ist die Grenzfaktorkostenkurve doppelt so steil wie die Faktorangebotskurve. Wird ein **Mindestpreis 0M** festgesetzt, kann der Faktor V nicht zu einem Preis gekauft werden, der niedriger als 0M ist. Die Faktorangebotskurve verläuft bis zur Faktorangebotsmenge v_1 parallel zur Abszisse und fällt für Mengen, die gleich oder größer sind als v_1, mit der ursprünglichen Faktorangebotskurve zusammen. Sie hat bei der Menge v_1 einen Knick. Aus der Sicht des Faktornachfragers bedeutet dies, daß die durchschnittlichen Faktorkosten bis zur Faktormenge v_1 konstant sind. Die Grenzfaktorkosten sind daher bis zur Menge v_1 gleich den durchschnittlichen Faktorkosten. Die Kurve der Grenzfaktorkosten ist bis zur Menge v_1 eine Parallele zur Abszisse in Höhe des festgesetzten Mindestpreises, sie hat bei der Menge v_1, bei der die Faktorangebotskurve einen Knick hat, eine Sprungstelle und fällt für Mengen, die größer als v_1 sind, mit der ursprünglichen Grenzfaktorkostenkurve zusammen. Die Grenzfaktorkostenkurve bei einem Mindestpreis 0M ist MLST.

3. Das ist nur dann richtig, wenn der Faktorpreis für das betrachtete Unternehmen ein Datum ist. Wenn das Unternehmen auf dem Faktormarkt Monopsonist ist und den Preis setzen kann, ist eine Faktornachfragekurve nicht definiert. Die Faktornachfragekurve gibt an, wie groß bei **gegebenem Faktorpreis** die nachgefragte Menge ist. Für ein Unternehmen, das den Faktorpreis setzen kann, ist der Faktorpreis kein Datum.

4. **Falsch!** Die Grenzerlösproduktkurve fällt auch deshalb, weil mit sinkendem Faktorpreis und steigender Faktoreinsatzmenge die ausgebrachte Menge steigt. Dies bewirkt, daß der Preis des erzeugten Gutes sinkt.

5. **Nein!** Mit sinkendem Faktorpreis und steigender Faktoreinsatzmenge steigt die ausgebrachte Menge, und der Preis des erzeugten Gutes sinkt. Dadurch sinkt das Grenzwertprodukt.

6. **Falsch!** Der Gewinn wird maximiert, wenn die Bedingung **Grenzerlösprodukt** gleich **Grenzfaktorkosten** erfüllt wird. Für einen Monopsonisten sind die Grenzfaktorkosten in der Regel größer als der Faktorpreis. Nur wenn das Faktorangebot vollkommen elastisch ist, sind die Grenzfaktorkosten gleich dem Faktorpreis.

7. Die **Faktorangebotskurve** ist aus der Sicht des Monopsonisten dessen **Preisbezugskurve**. Sie gibt an, welchen Faktorpreis er pro Faktoreinheit bei alternativen Bezugsmengen zahlen muß. Anders gesagt: Die Faktorangebotskurve ist Ausdruck der durchschnittlichen Faktorkosten des Monopsonisten.

8. a. Bei vollständiger Konkurrenz auf Güter- und Faktormarkt wird die Bedingung Grenzwertprodukt gleich Faktorpreis erfüllt.

Abb. I.5

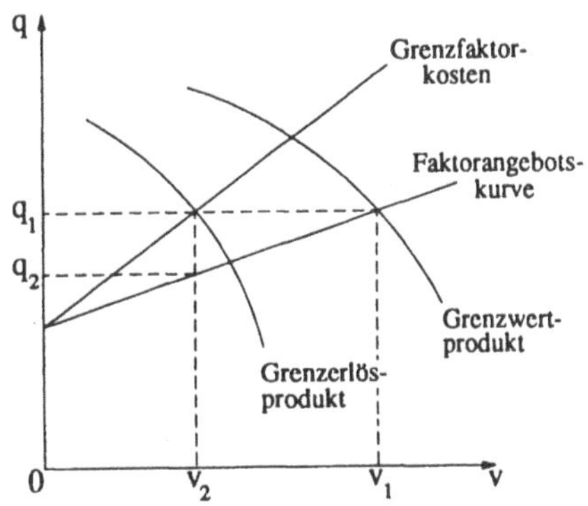

In Abbildung I.5 wird diese Bedingung erfüllt, wenn v_1 Einheiten des Faktors V eingesetzt werden. Der Faktorpreis ist q_1.

b. Ein Anbieter, der auf dem Absatzmarkt Monopolist und auf dem Faktormarkt Monopsonist ist, maximiert seinen Gewinn, wenn er die Bedingung Grenzerlösprodukt gleich Grenzfaktorkosten erfüllt. Er wird v_2 Einheiten des Faktors V einsetzen. Der Faktorpreis ist q_2.

9. **Falsch!** Durch einen Mindestlohn kann nur die monopsonistische Beschränkung der Faktornachfrage beseitigt werden.

Abb. I.6

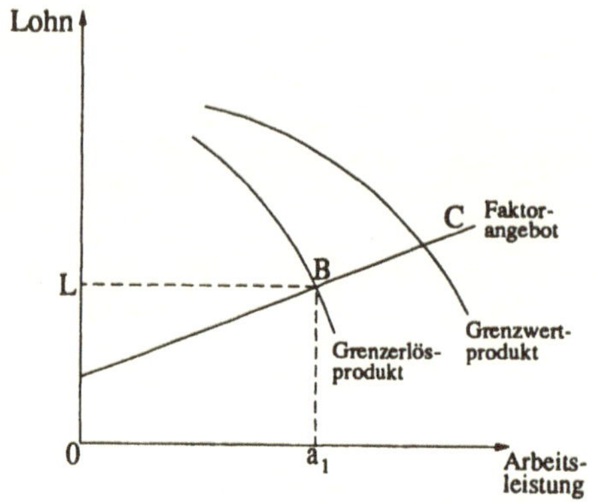

Wird ein Mindestlohn 0L festgesetzt, so verläuft die Faktorangebotskurve bis zur Einsatzmenge a_1 parallel zur Abszisse und fällt dann mit der ursprünglichen Faktorangebotskurve zusammen. Die Grenzfaktorkosten sind bis zur Menge a_1 gleich 0L. Der Monopsonist maximiert seinen Gewinn, wenn er a_1 Einheiten des Faktors Arbeit einsetzt. Er realisiert die Bedingung Grenzfaktorkosten gleich **Grenzerlösprodukt**. Die durch die Monopolstellung auf dem Absatzmarkt bedingte Beschränkung der Faktornachfrage wird nicht beseitigt. Die Menge a_1 ist kleiner als die Menge des Faktors Arbeit, die eingesetzt wird, wenn vollständige Konkurrenz auf Absatzmarkt und Faktormarkt herrscht.

10. **Wahr!** Aus

$$\frac{dx}{dv} > \frac{x}{v} \quad \text{folgt}$$

$$p \cdot \frac{dx}{dv} > \frac{p \cdot x}{v}$$

Ein Anbieter, für den der Güterpreis und der Faktorpreis ein Datum sind, maximiert den Gewinn nur dann, wenn

$$p \cdot \frac{dx}{dv} = q \quad \text{ist.}$$

Ersetzt man $p \cdot \frac{dx}{dv}$ durch q, erhält man:

$$q > \frac{p \cdot x}{v}$$

$$q \cdot v > p \cdot x$$

Das bedeutet: Die Ausgaben für den variablen Faktor sind größer als der Erlös. Der Verlust wäre geringer, wenn nicht produziert würde.

11. a. Die Bodenrente wird maximiert, wenn a_2 Einheiten des Faktors Arbeit eingesetzt werden.

Abb. I.7

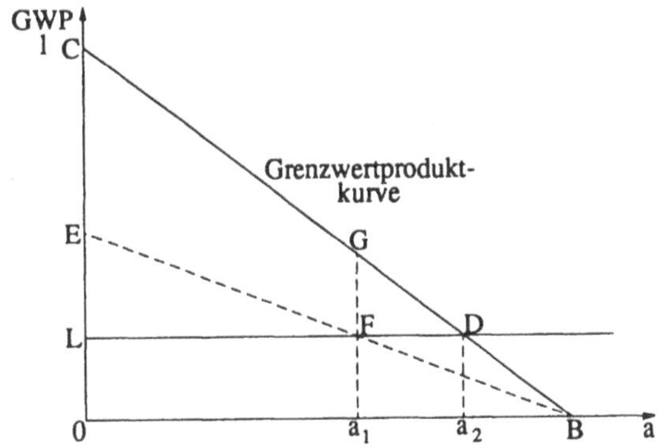

Der Inhalt des Dreiecks CLD ist die Bodenrente des Eigentümers.

b. Die Pacht, die der Eigentümer maximal erzielen kann, wird durch die Fläche CLD gegeben. Der Pächter erzielt für seine Arbeitsleistungen nur ein Einkommen, das gleich dem Lohn ist, den er bei alternativer Tätigkeit erzielen würde.

c. Wenn der Eigentümer die Hälfte der Ernte erhält, ist BE die Grenzerlösproduktkurve des Pächters (Es ist 0E = 0,5 0C.). Der optimale Arbeitseinsatz aus der Sicht des Pächters ist a_1. Der Boden wird also bei dem Ernteteilungsvertrag (engl. share-cropping) weniger intensiv bewirtschaftet. Der Wert der Produktion, die erzeugt werden kann, wenn der Arbeitseinsatz von a_1 auf a_2 erhöht wird, wird durch die Fläche unter der Grenzwertproduktkurve BC zwischen a_1 und a_2 angegeben. Dieser Produktionswert ist größer als der Wert der Produktion von $0L \cdot (a_2 - a_1)$, der bei alternativem Arbeitseinsatz erzeugt wird. Es kommt infolge des Ernteteilungsvertrages zu einem volkswirtschaftlichen Wohlfahrtsverlust von GFD.

Warum sollte sich der Eigentümer auf einen solchen Vertrag einlassen? Sein Einkommen ist um die Summe der Flächen der Dreiecke ELF und GFD kleiner als das maximal erzielbare Einkommen. Allerdings kann die Ernte gut oder schlecht sein. Ein Ernteteilungsvertrag bedeutet, daß Eigentümer und Pächter gemeinsam das Risiko tragen. Außerdem hat eine genaue Analyse realer Ernteteilungsverträge gezeigt, daß sie häufig vertragliche Vereinbarungen über die Arbeitsleistungen enthalten, die der Pächter zu erbringen hat.

Ergänzende und weiterführende Aufgaben

12. Die Faktorangebotskurve gibt stets an, welcher Preis für einen bestimmten Faktor bei alternativen Bezugsmengen mindestens gezahlt werden muß. Ist das wahr?

13. Wenn auf einem wettbewerblichen Arbeitsmarkt ein Mindestlohn festgesetzt wird, der höher ist als der Gleichgewichtslohn, entsteht Arbeitslosigkeit. Gilt das in jedem Fall?

14. Wenn alle Menschen die gleichen Fähigkeiten haben und die Mehrheit risikoscheu ist, muß eine Risikoprämie gezahlt werden, um die Menschen zu veranlassen, eine risikoreiche Tätigkeit zu übernehmen, sofern die risikoreiche Tätigkeit keine sonstigen nicht-monetären Vorteile gegenüber anderen Tätigkeiten aufweist. Trifft das zu?

15. Alle Bürger haben identische Präferenzen und Fähigkeiten. Um sie zu veranlassen, die unangenehme Tätigkeit A statt der angenehmen Tätigkeit B auszuüben, muß der Nettolohn für A mindestens doppelt so hoch sein wie für B. Eine Einkommensteuer wird eingeführt. Das höhere monetäre Einkommen, das diejenigen erhalten, die Tätigkeit A ausüben, wird besteuert, während das niedrigere Einkommen aus Tätigkeit B steuerfrei bleibt. Welche Wirkungen hat die Einkommensteuer?

16. Wenn Männer und Frauen gleich produktiv sind, wird ein Arbeitgeber den Männern keine höheren Löhne zahlen als den Frauen. Wenn er den Männern höhere Löhne zahlte, könnte er seinen Gewinn erhöhen, indem er Männerarbeit durch Frauenarbeit ersetzte. Stimmt das?

17. Ein Monopsonist, der für identische Faktorleistungen unterschiedliche Faktorpreise zahlen kann, wird für jene Faktorleistungen einen niedrigeren Preis zahlen, bei denen die Angebotselastizität kleiner ist. Trifft das zu?

18. Welche Ursache kann bewirken, daß die Angebotselastizität für Frauenarbeit kleiner ist als die für Männerarbeit?

19. Wenn Frauen trotz gleicher Produktivität von einem Monopsonisten ein niedrigerer Lohn gezahlt wird als Männern, wird ein Verbot der Lohndiskriminierung dazu führen, daß die Zahl der in den Unternehmen beschäftigten Frauen sinkt und die Zahl der beschäftigten Männer steigt, sofern sich die Zahl der insgesamt beschäftigten Arbeitnehmer nicht ändert. Wahr oder falsch?

Lösungen der Aufgaben 12 - 19

12. **Nein!** Die Faktorangebotskurve gibt nur an, welcher Preis bei alternativen Bezugsmengen pro Faktoreinheit mindestens gezahlt werden muß, wenn sie normal verläuft oder vorwärts geneigt ist. Wenn die Faktorangebotskurve **rückwärts geneigt** ist, gibt sie an, welche Menge **maximal bei gegebenem Preis angeboten wird**. Wenn zum Beispiel eine Arbeitsangebotskurve rückwärts geneigt ist, so

bedeutet dies, daß das Arbeitsangebot um so geringer ist, je höher der Lohn ist. Sie gibt also nicht an, wie hoch der Faktorpreis mindestens sein muß, wenn alternative Faktormengen beschafft werden sollen.

13. **Nein!** Auf einem wettbewerblichen Arbeitsmarkt wird ein Mindestlohn, der größer ist als der Gleichgewichtslohn, Arbeitslosigkeit verursachen, wenn Angebotskurve und Nachfragekurve wie in Abbildung I.8 normal verlaufen.

Abb. I.8

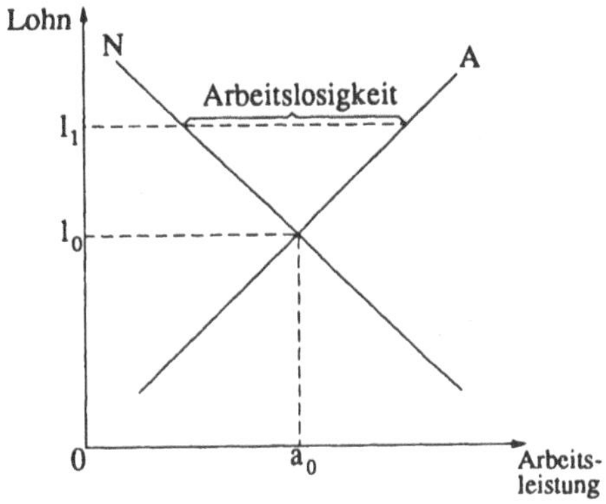

Wenn jedoch wie in Abbildung I.9 die Angebotskurve rückwärts geneigt ist und (absolut) flacher verläuft als die Nachfragekurve, ist bei dem festgesetzten Mindestlohn l_1 das Arbeitsangebot geringer als die Menge an Arbeitsleistungen, die beim Mindestlohn l_1 nachgefragt wird.

Abb. I.9

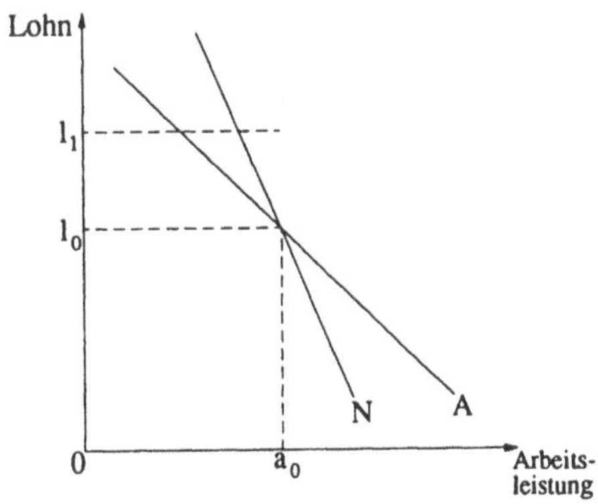

Bei steigendem Lohn sinkt die angebotene Menge stärker als die nachgefragte Menge. Das Gleichgewicht bei dem Lohn l_0 ist nicht stabil.

14. **Nein!** Ob für eine risikoreiche Tätigkeit eine Risikoprämie gezahlt werden muß, hängt davon ab, wie groß die Nachfrage relativ zum Angebot ist. Auch wenn die Mehrheit risikoscheu ist, kann die Nachfrage so gering sein, daß nur risikofreudige Menschen die risikoreiche Tätigkeit aufnehmen.

Abb. I.10

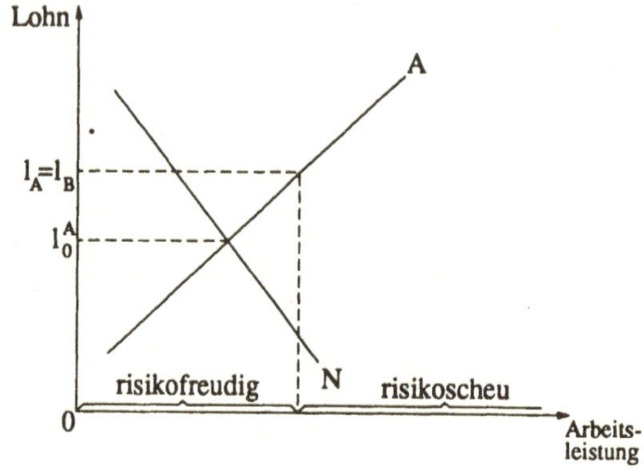

In Abbildung I.10 ist l_0^A der Lohn, der im Gleichgewicht für die risikoreiche Tätigkeit A gezahlt wird. Der Lohn l_0^A ist niedriger als der Lohn l_B, der für eine Tätigkeit B gezahlt wird, die mit keinem Risiko verbunden ist. Die Nachfrage ist so gering, daß nicht alle, die risikofreudig sind, eine risikoreiche Tätigkeit aufnehmen.

15. Das Angebot an Arbeitsleistungen für Tätigkeit A wird nur aufrechterhalten, wenn auch nach Einführung der Steuer der Nettolohn für A doppelt so hoch ist wie für B. Der Bruttolohn für Tätigkeit A muß also um den Betrag steigen, der von den einzelnen Beschäftigten als Steuer gezahlt wird. In Abbildung I.11 ist wegen der Annahme identischer Präferenzen das Arbeitsangebot für Tätigkeit A vollkommen elastisch.

Abb. I.11

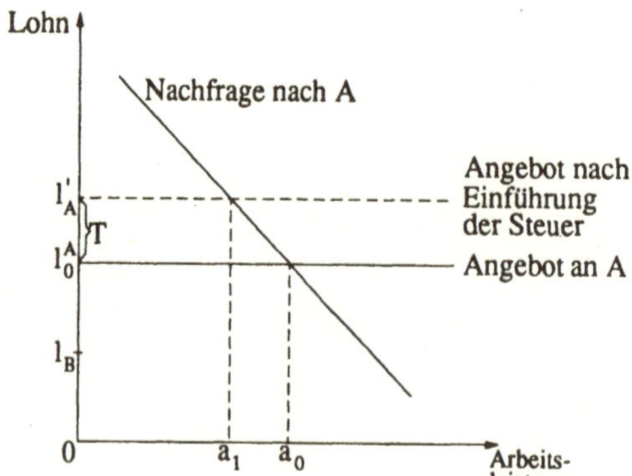

Abbildung I.11 zeigt, daß der Bruttolohn für Tätigkeit A von l_0^A um den Betrag T, der als Einkommensteuer zu zahlen ist, auf l'_A steigt. Die Einkommensteuer wird vollständig überwälzt. Die Zahl der in der Branche A beschäftigten Arbeitnehmer sinkt von a_0 auf a_1. Wie ändert sich das Ergebnis, wenn die Menschen unterschiedliche Präferenzen haben und Lohndifferenzen nur marginal kompensierend sind?

16. **Nein!** Wenn das Unternehmen, das Arbeitsleistungen nachfragt, Monopsonist ist, müssen die Grenzfaktorkosten beim Einsatz von Männerarbeit gleich den Grenzfaktorkosten beim Einsatz von Frauenarbeit sein, wenn mit minimalen Kosten produziert werden soll. Das folgt aus dem Äquimarginalprinzip. Ist die Arbeitsangebotselastizität der von Frauen angebotenen Arbeitsleistungen niedriger als die der Männer, wird der seinen Gewinn maximierende Monopsonist den Frauen einen niedrigeren Lohn zahlen als den Männern. Ersetzt der Monopsonist die besser bezahlte Männerarbeit durch die schlechter bezahlte Frauenarbeit, so sind die zusätzlichen Lohnkosten, die entstehen, wenn mehr Frauen beschäftigt werden, größer als die Lohnkosten, die der Monopsonist einspart, indem er entsprechend weniger Männer beschäftigt. In Abbildung I.12 wird die Angebotskurve für Frauenarbeit A_F von 0_F, die Angebotskurve für Männerarbeit von 0_M aus abgetragen. Wenn insgesamt $0_F\, 0_M$ Arbeitnehmer beschäftigt werden, müssen 0_F A Frauen und 0_M A Männer beschäftigt werden. Nur dann ist die Bedingung Grenzfaktorkosten der Frauenarbeit (GFK_F) gleich den Grenzfaktorkosten der Männerarbeit (GFK_M) erfüllt.

Abb. I.12

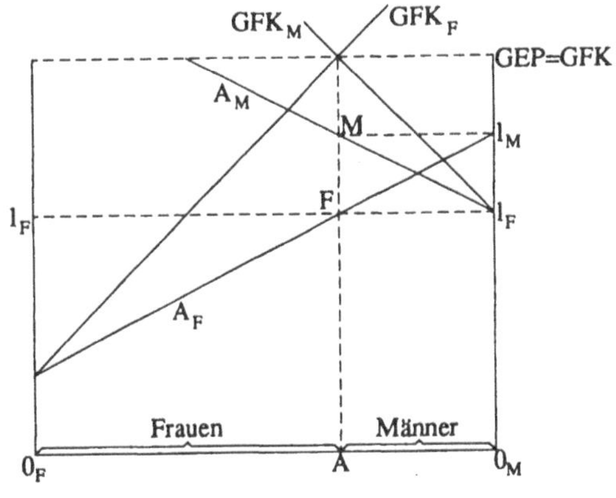

Wenn 0_FA Frauen beschäftigt werden, wird der Punkt F auf die Angebotskurve A_F realisiert. Der Lohn, der an die Frauen gezahlt wird, ist l_F. Wenn 0_MA Männer beschäftigt werden, erhalten diese einen Lohn von l_M. Der Lohn l_M, den die Männer erhalten, ist höher als der Lohn l_F, der an die Frauen gezahlt wird.

17. **Ja!** Der Monopsonist realisiert die Bedingung Grenzfaktorkosten auf dem ersten Teilmarkt (GFK_1) gleich Grenzfaktorkosten auf dem zweiten Teilmarkt (GFK_2). Die gesamten Faktorkosten auf dem ersten Teilmarkt sind $q_1 \cdot v_1$. Die Grenzfaktorkosten auf dem ersten Teilmarkt sind

$$GFK_1 = \frac{d(q_1 \cdot v_1)}{dv_1} \quad \Rightarrow \quad GFK_1 = \frac{dq_1}{dv_1} \cdot v_1 + q_1 \quad \Rightarrow$$

$$GFK_1 = \frac{dq_1}{dv_1} \cdot \frac{v_1}{q_1} \cdot q_1 + q_1 \quad \Rightarrow \quad GFK_1 = q_1 \cdot \left(1 + \frac{dq_1}{dv_1} \cdot \frac{v_1}{q_1}\right)$$

Wegen $\frac{dq_1}{dv_1} \cdot \frac{v_1}{q_1} = \frac{1}{\varepsilon_1}$ (ε_1 ist die Angebotselastizität auf Teilmarkt 1)

können wir schreiben: $GFK_1 = q_1 \cdot \left(1 + \frac{1}{\varepsilon_1}\right)$

Analog erhält man: $GFK_2 = q_2 \cdot \left(1 + \frac{1}{\varepsilon_2}\right)$

Bei kostenminimaler Produktion ist

$$q_1 \cdot \left(1 + \frac{1}{\varepsilon_1}\right) = q_2 \cdot \left(1 + \frac{1}{\varepsilon_2}\right)$$

Ist $\varepsilon_1 < \varepsilon_2$, so ist $\frac{1}{\varepsilon_1} > \frac{1}{\varepsilon_2}$ und $\left(1 + \frac{1}{\varepsilon_1}\right) > \left(1 + \frac{1}{\varepsilon_2}\right)$

Die Bedingung $q_1 \cdot \left(1 + \frac{1}{\varepsilon_1}\right) = q_2 \cdot \left(1 + \frac{1}{\varepsilon_2}\right)$

ist also bei $\varepsilon_1 < \varepsilon_2$ nur erfüllt, wenn $q_1 < q_2$ ist.

Das bedeutet: Der Monopsonist zahlt auf dem Teilmarkt, auf dem die **Angebotselastizität niedriger** ist, einen **niedrigeren Faktorpreis** als auf dem Teilmarkt, auf dem die Angebotselastizität größer ist.

18. Die Angebotselastizität der Frauenarbeit mag geringer sein als die Angebotselastizität von Männerarbeit, weil Frauen weniger **alternative Beschäftigungsmöglichkeiten** haben.

19. **Falsch!** Wenn der Monopsonist bei einem Verbot der Lohndiskriminierung einen einheitlichen Lohn festsetzt, der gleich dem bisher an die Frauen gezahlten Lohn ist, wird die Menge an Arbeitsleistungen, die von Männern angeboten wird, sinken. (In Abbildung I.13 wird bei einem einheilichen Lohn l_F gar keine Männerarbeit angeboten.) Der Monopsonist wäre nicht in der Lage, die gleiche Zahl an Arbeitnehmern zu beschäftigen wie bisher. Bei einem einheitlichen Lohn, der gleich dem Lohn ist, der bisher an die Männer gezahlt wurde, würde das Angebot an Frauenarbeit steigen (siehe Abbildung I.13).

Abb. I.13

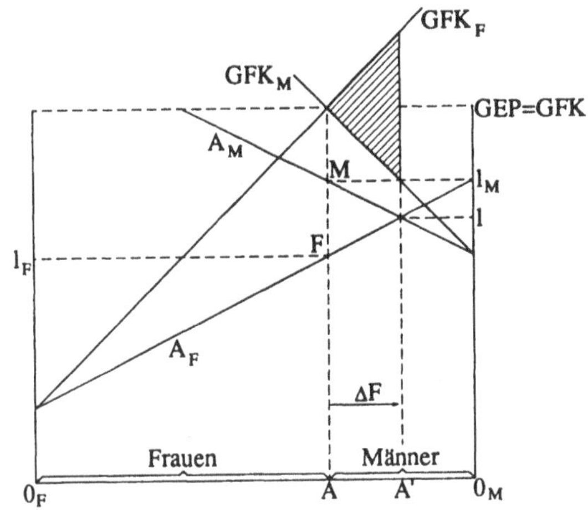

Das Gesamtangebot an Arbeit wäre größer als in der Ausgangssituation. Daher wird der einheitliche Lohn zwischen dem bisher an die Frauen gezahlten Lohn l_F und dem an die Männer gezahlten Lohn l_M liegen. In Abbildung I.13 ist der einheitliche Lohn l durch den Schnittpunkt der A_M - und der A_F - Kurven bestimmt. Bei einem Verbot der Lohndiskriminierung steigt die Zahl der beschäftigten Frauen um $\Delta F = AA'$, die Zahl der beschäftigten Männer sinkt um AA'. Die Ausgaben des Monopsonisten für Löhne steigen um die in Abbildung I.13 schraffierte Fläche. Die zusätzlichen Faktorkosten, die entstehen, weil ΔF Frauen zusätzlich beschäftigt werden, sind gleich der Fläche unter der GFK_F-Kurve zwischen A' und A. Die Kostenersparnis, die eintritt, weil AA' Männer weniger beschäftigt werden, ist gleich der Fläche unter der GFK_M-Kurve zwischen A' und A. Sie ist um die in Abbildung I.13 schraffierte Fläche kleiner als die zusätzlichen Faktorkosten, die infolge der Beschäftigung zusätzlicher Frauen entstehen.

Das Ergebnis gilt unter der Annahme, daß die Zahl der insgesamt beschäftigten Arbeitnehmer sich nicht ändert. Es fragt sich, ob es für den Monopsonisten bei Verbot der Lohndiskriminierung lohnend ist, die gleiche Zahl an Arbeitnehmern zu beschäftigen wie bei Lohndiskriminierung.

In Abbildung I.14 ist $BCD = \Sigma A$ die durch die horizontale Addition der Faktorangebotskurven entstandene aggregierte Faktorangebotskurve. Sie hat im Punkt C einen Knick. AC ist der Lohn, der Männern mindestens gezahlt werden muß, damit diese Arbeit anbieten.

Abb. I.14

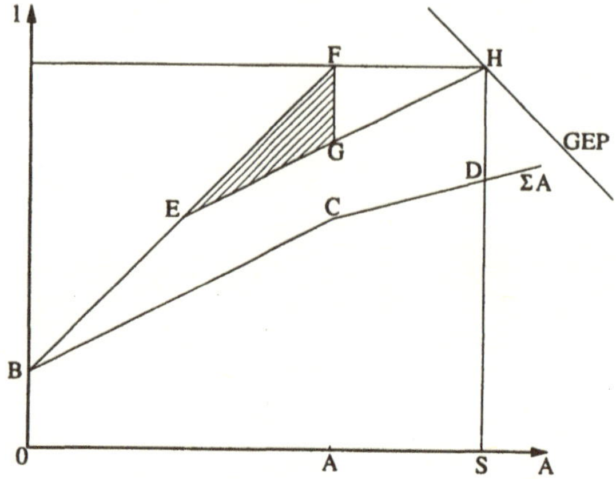

Der Monopsonist, der an Frauen und Männer unterschiedlich hohe Löhne zahlen kann, maximiert seinen Gewinn, wenn er die Bedingung $GFK_M = GFK_F = GEP$ erfüllt. Graphisch findet man die Zahl der Beschäftigten, indem man die Grenzfaktorkostenkurve für Frauenarbeit und die Grenzfaktorkostenkurve für Männerarbeit horizontal addiert. Durch den Schnittpunkt der aggregierten Kurve der Grenzfaktorkosten mit der Grenzerlösproduktkurve ist die gewinnmaximale Zahl der Beschäftigten bestimmt. In Abbildung I.14 ist BEGH die aggregierte Grenzfaktorkostenkurve. Sie hat in E einen Knick, und zwar bei dem gleichen Ordinatenwert, bei dem die aggregierte Angebotskurve einen Knick hat. Es werden insgesamt 0S Männer und Frauen beschäftigt (0A Frauen und AS Männer).

Wenn an Männer und Frauen der gleiche Lohn gezahlt werden muß, ist die aggregierte Angebotskurve aus der Sicht des Monopsonisten die Kurve der durchschnittlichen Faktorkosten. Die entsprechende Kurve der Grenzfaktorkosten hat an der Stelle eine Sprungstelle, an der die Faktorangebotskurve einen Knick hat. Sie fällt bei einem Arbeitseinsatz, der größer als OA ist, mit der aggregierten Grenzfaktorkostenkurve zusammen. Das bedeutet, daß die Grenzerlösproduktkurve (GEP) im Punkt H geschnitten wird. Auch bei einheitlichem Lohn für Männer und Frauen werden insgesamt OS Arbeitnehmer beschäftigt. Die Zahl der beschäftigten Arbeitnehmer ändert sich wegen des Verbots der Lohndiskriminierung nicht. Die Lohnkosten sind allerdings bei einem Verbot der Lohndiskriminierung für den Monopsonisten um die in Abbildung I.14 schraffierte Fläche größer. Der Inhalt dieser Fläche ist gleich dem Inhalt der schraffierten Fläche in Abbildung I.13.

Algebraisch zu lösende Aufgaben

20. Gewinnmaximaler Faktoreinsatz

Ein Unternehmen stellt mit Hilfe des Faktors V das Gut X her. Die Beziehung zwischen der Faktoreinsatzmenge und dem Ertrag wird durch die Ertragsfunktion

$$x = 80v - v^2$$

beschrieben. Das Unternehmen bietet das Gut X in vollständiger Konkurrenz an und fragt den Faktor V in vollständiger Konkurrenz nach.

a. Stellen Sie die gewinnmaximale Faktoreinsatzmenge als Funktion des Güterpreises p und des Faktorpreises q dar.

b. Welche Menge des Faktors V setzt das Unternehmen ein, wenn $p = 4$ und $q = 40$ ist?

c. Zeigen Sie, daß bei gewinnmaximalem Faktoreinsatz die Bedingung Grenzkosten gleich Preis erfüllt ist.

21. **Gewinnmaximaler Faktoreinsatz**

In der Produktion von X wird der variable Faktor V eingesetzt. Die Beziehung zwischen dem Ertrag und der Faktoreinsatzmenge wird durch die Ertragsfunktion

$$x = 2 \cdot \sqrt{v}$$

beschrieben. Der Güterpreis p und der Faktorpreis q sind für das Unternehmen ein Datum.

a. Wie lautet die Bedingung für gewinnmaximalen Faktoreinsatz?

b. Stellen Sie die Nachfrage nach v als Funktion des Güterpreises p und des Faktorpreises q dar. Wie groß ist v, wenn $p = 60$ und $q = 6$ ist?

c. Stellen Sie die Menge von X, die angeboten wird, als Funktion von p und q dar.

d. Bestimmen Sie die Grenzkostenfunktion des Unternehmens.

22. **Gesamtnachfrage nach einem Faktor**

Es gibt 100 identische Unternehmen, die mit Hilfe des Faktors V das Gut X herstellen. Der Güterpreis p und der Faktorpreis q sind für das einzelne Unternehmen ein Datum. Die Beziehung zwischen dem Ertrag und der Faktoreinsatzmenge wird für das einzelne Unternehmen durch die Ertragsfunktion

$$x_i = 2 \cdot \sqrt{v_i}$$

beschrieben. Der gesamte Output ist $x = 100\, x_i$. Die Gesamtnachfrage nach X ist

$$x = 8000 - 100p$$

a. Stellen Sie die Menge x, die insgesamt von den 100 Unternehmen angeboten wird, als Funktion von p und q dar.

b. Stellen Sie den Güterpreis p als Funktion des Faktorpreises q dar.

c. Wie lautet die um den Güterpreiseffekt korrigierte Faktornachfragefunktion?

d. Wie groß sind p, x, v, wenn q = 6 ist?

23. **Faktornachfrage durch einen Monopolisten**

Das Gut X wird von einem Monopolisten hergestellt, der auf dem Faktormarkt den Faktor V in Konkurrenz nachfragt. Der Monopolist produziert das Gut X in hundert identischen Betrieben. Für den einzelnen Betrieb wird die Beziehung zwischen der Faktoreinsatzmenge v_i und dem Ertrag x_i durch die Ertragsfunktion

$$x_i = 2 \cdot \sqrt{v_i}$$

beschrieben. (Vergleiche Aufgabe 22)

Die Gesamtnachfragefunktion ist

$$x = 8000 - 100p$$

a. Wie lautet die Gleichung der Faktornachfragefunktion des Monopolisten? (Stellen Sie $v = 100v_i$ als Funktion des Faktorpreises dar.)

b. Welche Faktormenge setzt der Monopolist ein, wenn q = 6 ist? Wie groß ist die Menge x ($x = 100x_i$), die von dem Monopolisten hergestellt wird? Zu welchem Preis wird das Gut X verkauft? Vergleichen Sie die Ergebnisse mit den Ergebnissen von Aufgabe 22.

24. **Monopson**

Ein Unternehmen stellt mit Hilfe des Faktors V das Gut X her, das auf einem Markt vollständiger Konkurrenz angeboten wird. Der Marktpreis des Gutes X ist p = 2. Die Beziehung zwischen der Faktoreinsatzmenge und dem Ertrag wird durch die Ertragsfunktion

$$x = 80v - 0{,}025v^2$$

beschrieben. Das Unternehmen ist auf dem Faktormarkt Monopsonist. Die inverse Faktorangebotsfunktion ist

$$q = 10 + 0{,}2v$$

a. Wie hoch ist der für den Monopsonisten gewinnmaximale Faktorpreis?

b. Prüfen Sie, ob bei der gewinnmaximalen Faktoreinsatzmenge die Bedingung Grenzkosten gleich Güterpreis erfüllt ist.

25. Monopson und Konkurrenz im Vergleich

In einer Branche gibt es 100 identische Unternehmen, die das Gut X mit Hilfe des Faktors V herstellen, das in vollständiger Konkurrenz angeboten wird und zum Weltmarktpreis $p = 2$ verkauft wird. Die Beziehung zwischen der Faktoreinsatzmenge und dem Ertrag wird für das einzelne Unternehmen durch die Ertragsfunktion

$$x_i = 10v_i - 0{,}025v_i^2$$

beschrieben. Die inverse Faktorangebotsfunktion ist

$$q = 2 + 0{,}002v$$

Es ist $v = 100v_i$ und $x = 100x_i$.

a. Die Unternehmen fragen den Faktor V in Konkurrenz nach. Der Faktorpreis ist für jedes einzelne Unternehmen ein Datum. Bestimmen Sie den Faktorpreis q, die insgesamt eingesetzte Menge v und die Ausbringungsmenge x.

b. Die hundert Unternehmen schließen sich zusammen. Das zusammengeschlossene Unternehmen ist auf dem Faktormarkt Monopsonist. Der Güterpreis $p = 2$ ist für das Unternehmen ein Datum. Bestimmen Sie v, q und x.

Lösungen der Aufgaben 20 - 25

20. a. Das Unternehmen maximiert den Gewinn, wenn es die Bedingung

$$\begin{array}{ccc} \text{Grenzwertprodukt} & = & \text{Faktorpreis} \\ p \cdot \frac{dx}{dv} & = & q \end{array}$$

erfüllt.

$$x = 80v - v^2$$

$$\frac{dx}{dv} = 80 - 2v$$

$$p \cdot \frac{dx}{dv} = p \cdot (80 - 2v) \text{ (Grenzwertprodukt)}$$

Bei gewinnmaximalem Faktoreinsatz gilt:

$$p \cdot (80 - 2v) = q$$

$$\Rightarrow \quad 80 - 2v = \frac{q}{p}$$

$$\Rightarrow \quad 2v = 80 - \frac{q}{p}$$

$$\Rightarrow \quad \mathbf{v = 40 - \frac{q}{2p}}$$

Die letzte Gleichung gibt an, wie groß bei alternativen Werten von p und q die Faktoreinsatzmenge ist.

b. Bei $p = 4$ und $q = 40$ ergibt sich als gewinnmaximale Faktoreinsatzmenge:

$$v = 40 - \frac{40}{8} \quad \Rightarrow \quad \mathbf{v = 35}$$

c. Die Grenzkosten sind der Quotient aus dem Faktorpreis (allgemein: Grenzfaktorkosten) und dem Grenzprodukt.

$$K' = \frac{q}{GPV} \quad ; \quad K' = \frac{40}{80 - 2v} \quad ; \quad K' = \frac{40}{80 - 70} \quad ; \quad \mathbf{K' = 4}$$

Da der Güterpreis $p = 4$ ist, ist die Bedingung Grenzkosten gleich Güterpreis erfüllt.

21. a. Ein Unternehmen, für das der Güterpreis und der Faktorpreis ein Datum sind, maximiert den Gewinn, wenn die Bedingung

$$\text{Grenzwertprodukt} = \text{Faktorpreis}$$

$$p \cdot \frac{dx}{dv} = q$$

erfüllt wird.

$$x = 2 \cdot \sqrt{v} \quad ; \quad \frac{dx}{dv} = \frac{1}{\sqrt{v}} \quad ; \quad p \cdot \frac{dx}{dv} = \frac{p}{\sqrt{v}}$$

Als Bedingung für gewinnmaximalen Faktoreinsatz erhält man:

$$\frac{p}{\sqrt{v}} = q$$

b. Aus $p/\sqrt{v} = q$ erhält man:

$$\sqrt{v} = \frac{p}{q} \quad \Rightarrow \quad v = \frac{p^2}{q^2}$$

Die letzte Gleichung gibt an, wie groß die Menge ist, die von v bei alternativen Mengen von p und q eingesetzt wird. Es ist die um den Güterpreiseffekt **nicht korrigierte individuelle Faktornachfragefunktion**. Wenn der Faktorpreis sinkt und alle Unternehmen den Faktoreinsatz und die Ausbringungsmenge erhöhen, wird der Güterpreis p sinken. In der Gleichung $v = (p/q)^2$ wird dieser Güterpreiseffekt nicht berücksichtigt.

Für p = 60 und q = 6 erhält man:

$$v = \left(\frac{60}{6}\right)^2 \quad \Rightarrow \quad \mathbf{v=100}$$

c. Aus $\sqrt{v} = p/q$ und $x = 2 \cdot \sqrt{v}$ erhält man

$$x = \frac{2p}{q}$$

als Angebotsfunktion des einzelnen Unternehmens. Die Funktion gibt an, wie groß bei alternativen Werten von p und q die Menge ist, die von x von dem einzelnen Unternehmen angeboten wird.

d. Aus $K' = p$ und $x = 2p/q$ ergibt sich

$$K' = \frac{q \cdot x}{2}$$

Das ist die Grenzkostenfunktion des Unternehmens.

22. a. Als individuelle Angebotsfunktion wurde in Aufgabe 21 ermittelt:

$$x_i = \frac{2p}{q}$$

Die Menge, die von hundert Unternehmen angeboten wird, ist $x = 100\ x_i$.

$$x = \frac{200p}{q}$$

b. Am Markt bildet sich der Preis, bei dem die angebotene Menge gleich der nachgefragten Menge ist.

$$\frac{200p}{q} = 8000 - 100p \quad \Rightarrow \quad 2p + p \cdot q = 80q \quad \Rightarrow \quad p = \frac{80q}{q+2}$$

Der Güterpreis ist eine Funktion von q. Er ist um so niedriger, je kleiner q ist.

c. Aus $v_i = p^2/q^2$ (siehe Aufgabe 21) erhält man durch Einsetzen von $p = 80q/q+2$

$$v_i = \left(\frac{80}{q+2}\right)^2$$

Die letzte Gleichung ist die um den Güterpreiseffekt korrigierte individuelle Faktornachfragefunktion des einzelnen Unternehmens. Das heißt: Bei der Ableitung der Faktornachfragefunktion wurde berücksichtigt, daß bei sinkendem Faktorpreis alle Unternehmen die Ausbringungsmenge erhöhen. Dies führt dazu, daß der Güterpreis sinkt.

Wegen $v = 100\ v_i$ erhält man als Gesamtnachfragefunktion

$$v = 100 \cdot \frac{80^2}{(q+2)^2}$$

d. Für $q = 6$ ist

$$p = \frac{80 \cdot 6}{6+2} \quad \Rightarrow \quad p = 60$$

Wegen $x = \frac{200p}{q}$ ist $x = \frac{200 \cdot 60}{6} \quad \Rightarrow \quad x = 2000$

Wegen $v = 100\left(\frac{80}{q+2}\right)^2$ ist $v = 100\left(\frac{80}{6+2}\right)^2 \quad \Rightarrow \quad v = 10000$

23. a. Die Bedingung für gewinnmaximalen Faktoreinsatz für einen Monopolisten, für den der Faktorpreis ein Datum ist, lautet:

$$\text{Grenzerlösprodukt} = \text{Faktorpreis}$$

$$\frac{dx}{dv} \cdot R'(x) = q$$

Um das Grenzerlösprodukt zu bestimmen, muß zunächst der Ertrag $x = 100x_i$ als Funktion von $v = 100v_i$ dargestellt werden.

$$x_i = 2\sqrt{v_i} \quad ; \quad x = 100x_i \quad ; \quad x = 200\sqrt{v_i} \quad ;$$

$$v = 100v_i \quad ; \quad x = 200 \cdot \sqrt{\frac{v}{100}} \quad ; \quad \mathbf{x=20\sqrt{v}}$$

Daher ist

$$\frac{\mathbf{dx}}{\mathbf{dv}} = \frac{\mathbf{10}}{\sqrt{\mathbf{v}}}$$

Der Grenzerlös wird ermittelt:

$$x = 8000 - 100p$$

$$p = 80 - 0{,}01x$$

$$p \cdot x = 80x - 0{,}01x^2$$

$$R'(x) = 80 - 0{,}02x$$

Für das Grenzerlösprodukt erhält man:

$$\frac{dx}{dv} \cdot R'(x) = \frac{10}{\sqrt{v}} \cdot (80 - 0{,}02x)$$

$$x = 20 \cdot \sqrt{v}$$

$$\frac{dx}{dv} \cdot R'(x) = \frac{10}{\sqrt{v}} \cdot (80 - 0{,}4\sqrt{v})$$

$$\frac{\mathbf{dx}}{\mathbf{dv}} \cdot \mathbf{R'(x)} = \frac{\mathbf{800}}{\sqrt{\mathbf{v}}} - \mathbf{4}$$

Die Bedingung für gewinnmaximalen Faktoreinsatz lautet:

$$\text{Grenzerlösprodukt} = \text{Faktorpreis}$$

$$\frac{800}{\sqrt{v}} - 4 = q \quad \Rightarrow \quad \frac{800}{\sqrt{v}} = q+4 \quad \Rightarrow \quad \sqrt{v} = \frac{800}{q+4}$$

$$\Rightarrow v = \frac{800^2}{(q+4)^2} \quad \Rightarrow \quad \mathbf{v=100 \cdot \frac{80^2}{(q+4)^2}}$$

b. Für q = 6 erhält man:

$$\mathbf{v=6400} \quad ; \quad v_i = 64 \quad ; \quad x = 20 \cdot \sqrt{6400} \quad ; \quad \mathbf{x=1600} \quad ; \quad x_i = 16$$

$$p = 80 - 0{,}01x \quad ; \quad p = 80 - 0{,}01 \cdot 1600 \quad ; \quad \mathbf{p=64}$$

Wenn 100 Betriebe das Gut X in Konkurrenz anbieten, ist v = 10 000, x = 2 000 und p = 60 (siehe Aufgabe 22). Infolge der monopolistischen Angebotsbeschränkung wird eine kleinere Menge des Faktors V eingesetzt und weniger von x produziert. Das Gut wird zu einem höheren Preis verkauft.

24. a. Der Monopsonist maximiert seinen Gewinn, wenn die Bedingung

$$\text{Grenzwertprodukt} = \text{Grenzfaktorkosten}$$

$$p \cdot \frac{dx}{dv} = \frac{d(q \cdot v)}{dv}$$

erfüllt ist. Wegen $x = 80v - 0{,}025v^2$ ist

$$\frac{dx}{dv} = 80 - 0{,}05v$$

Wegen p = 2 ist

$$p \cdot \frac{dx}{dv} = 160 - 0{,}1v$$

Wegen q = 10 + 0,2v ist

$$q \cdot v = 10v + 0{,}2v^2$$

$$\frac{d(q \cdot v)}{dv} = 10 + 0{,}4v$$

Bei gewinnmaximalem Faktoreinsatz ist

$$160-0{,}1v=10+0{,}4v \quad \Rightarrow \quad 0{,}5v=150 \quad \Rightarrow \quad \mathbf{v=300} \quad ;$$

$$q=10+0{,}2\cdot 300 \quad \Rightarrow \quad \mathbf{q=70}$$

b. Die Grenzkosten sind gleich dem Quotienten aus Grenzfaktorkosten (GFK) und Grenzprodukt des Faktors V.

$$K'=\frac{GFK}{GPV}=\frac{10+0{,}4v}{80-0{,}05v}$$

Für v = 300 erhält man:

$$K'=\frac{10+0{,}4\cdot 300}{80-0{,}05\cdot 300}=\frac{130}{65}=2$$

Da der Güterpreis 2 ist, ist die Bedingung Grenzkosten gleich Güterpreis erfüllt.

25. a. Es wird zunächst der gesamte Output $x = 100x_i$ als Funktion der insgesamt eingesetzten Faktormenge $v = 100v_i$ dargestellt.

$$x_i=10v_i-0{,}05v_i^2 \quad ; \quad x=100x_i \quad ; \quad x=100\cdot(10v_i-0{,}05v_i^2)$$

$$\Rightarrow x=1000v_i-5v_i^2 \quad ; \quad v=100v_i \quad ; \quad \mathbf{x=10v-0{,}0005v^2}$$

Wenn der Faktor V in Konkurrenz nachgefragt wird, ist der Faktorpreis ein Datum. Es wird die Menge des Faktors V eingesetzt, bei der das Grenzwertprodukt gleich dem Faktorpreis q ist.

$$p\cdot\frac{dx}{dv}=q$$

$$2\cdot(10-0{,}001v)=2+0{,}002v$$

$$20-0{,}002v=2+0{,}002v$$

$$0{,}004v=18$$

$$v=\mathbf{4500}$$

$$q = 2 + 0{,}002 \cdot v$$

$$q = 2 + 0{,}002 \cdot 4500$$

$$\mathbf{q=11}$$

$$x = 10v - 0{,}0005v^2$$

$$\mathbf{x=34875}$$

b. Das zusammengeschlossene Unternehmen maximiert den Gewinn, indem es die Bedingung Grenzwertprodukt gleich Grenzfaktorkosten erfüllt.

Aus $q = 2 + 0{,}002v$ erhält man $q \cdot v = 2v + 0{,}002v^2$. Die Grenzfaktorkosten sind also $2 + 0{,}004v$. Da das Grenzwertprodukt gleich $20 - 0{,}002v$ ist (siehe Teilaufgabe 25a), erhält man als Bedingung für gewinnmaximalen Faktoreinsatz:

$$20 - 0{,}002v = 2 + 0{,}004v$$

$$0{,}006v = 18$$

$$\mathbf{v=3000}$$

$$q = 2 + 0{,}002 \cdot 3000$$

$$\mathbf{q=8}$$

$$x = 10v - 0{,}0005v^2$$

$$x=\mathbf{25500}$$

Infolge der Marktmacht des Monopsonisten wird eine geringere Menge des Faktors V eingesetzt als bei Konkurrenz auf dem Faktormarkt. Die eingesetzte Faktormenge sinkt von 4 500 auf 3 000. Der Faktorpreis sinkt von $q = 11$ auf $q = 8$. Die ausgebrachte Menge beträgt nur 25 500 statt 34 875 bei Konkurrenz auf dem Faktormarkt.

www.ingramcontent.com/pod-product-compliance
Lightning Source LLC
LaVergne TN
LVHW042236300926
849161LV00003B/371
9783486236323